HEYNE <

D1995348

SÜDDEUTSCHE ZEITUNG /
HARALD EGGEBRECHT (HRSG.)

Geheimnisse aus der Geschichte

Erstaunlich, vergessen, sagenhaft:
Auf der Spur von Mythen, Rätseln und Skandalen

WILHELM HEYNE VERLAG
MÜNCHEN

Der Verlag behält sich die Verwertung der urheberrechtlich geschützten Inhalte dieses Werkes für Zwecke des Text- und Data-Minings nach § 44b UrhG ausdrücklich vor.
Jegliche unbefugte Nutzung ist hiermit ausgeschlossen.

MIX
Papier | Fördert gute Waldnutzung
FSC® C014496

Penguin Random House Verlagsgruppe FSC® N001967

2. Auflage
Originalausgabe 10/2025

Copyright © 2025 by Wilhelm Heyne Verlag, München,
in der Penguin Random House Verlagsgruppe GmbH,
Neumarkter Straße 28, 81673 München
produktsicherheit@penguinrandomhouse.de
(Vorstehende Angaben sind zugleich
Pflichtinformationen nach GPSR.)

www.heyne.de

Redaktion: Florian Oppermann
Umschlaggestaltung von wilhelm typo grafisch, Zollikon
Umschlagabbildung von Bridgeman Images (Liszt Collection, Photo Josse, Granger, Bridgeman Images) und Shutterstock.com (Rawpixel.com, i_fleur, Valentin Agapov)
Satz: Uhl + Massopust, Aalen
Druck und Bindung: GGP Media GmbH, Pößneck
Printed in Germany
ISBN: 978-3-453-60710-1

Inhalt

Vorwort

Unendliche Lust am Geheimnis

Ach, wie gut, dass niemand weiß, dass ich ...!

Nichts weckt so unmittelbar die Neugier, den Forscherdrang, die Abenteuerlust und Entdeckerfreude wie das bislang Verborgene, das Unbekannte, das Noch-nie-Gesehene und Noch-nie-Betretene.

Davon künden Märchen, Mythen und Geschichten, man denke nur an den armen Ali Baba, der die Schätze in der Räuberhöhle findet, weil er das Codewort zufällig erfährt, mit dem der verborgene Ort zu öffnen ist: »Sesam, öffne dich.« Nicht weniger märchenhaft kommen einem da die Entdeckungen der eiszeitlichen Höhlen von Altamira oder Lascaux vor mit ihren fantastischen, jahrtausendealten Malereien, deren tiefere Bedeutung unlösbare Rätsel aufgibt und daher Forscher der verschiedensten Disziplinen bis heute beschäftigt. Oder man denke an Wilhelm Hauffs Märchen »Kalif Storch«, in dem der Kalif Chasid und sein Großwesir sich durch ein Pulver in Störche verwandeln können. Doch sie vergessen das Entzauberungswort »mutabor«, weil sie während ihres Storchseins das Lachverbot nicht beachten, und es dauert eine Weile, bis sie endlich erlöst werden.

Dieses Zauberwort-Vergessen erinnert in gewisser Weise an die Hilflosigkeit gegenüber uralten Schriften, deren Lesekenntnis nicht durch eine Verbotsverletzung, sondern durch historisch allmähliches Verschwinden der Entzifferungsfähigkeiten bei den Nachfahren verloren ging. Die Entschlüsselung etwa der altägyptischen Hieroglyphen durch den Franzosen Jean-François Champollion oder der mesopotamischen Keilschrift durch Georg Friedrich Grotefend eröffnete dann die Wiederentdeckung und -erleuchtung der Geschichte und des Verstehens ganzer, nur scheinbar ins Dunkle versunkener Menschheitsepochen und ermöglicht seither die Erforschung der alten Reiche bis in die aktuelle Gegenwart.

Doch schon jedes kindliche Versteckspiel trägt den Geist des Geheimen, aber auch den Impuls des Finden-Wollens in sich, jede unvorhersehbare Nachricht wird überraschen und kann bisherige Blickwinkel ändern, jeder Heureka-Moment – ich habe gefunden, erfunden, entdeckt, verstanden – erhellt die Welt um ein Lumen mehr an Erkenntnis, Verständnis und Wissen. Vorausgesetzt, die Jäger, Abenteurer, Pioniere, Detektive und Wissenschaftler vermögen die Spuren zu lesen, die zu den Rätseln und Geheimnissen, ihrer Entschlüsselung oder Aufdeckung führen oder wenigstens in deren Nähe.

Wer sich auf das Unerforschte oder Übersehene, Versteckte oder noch nie Wahrgenommene einlässt, wird rasch feststellen müssen, dass unsere Welt keineswegs transparent ist und gleichsam offen daliegt. Vielmehr ist sie voll blinder Flecke, gefährlicher, weil übersehener Untiefen, dunkler, weil vergessener Ecken. Tückisch ausgelegte Fallstricke können die Schritte verwirren, grobe Missverständnisse und falsche Gewissheiten die Blicke trüben. »Ich weiß, dass ich nichts weiß«, soll der Philosoph Sokrates gesagt haben, von dem wir kein einziges eigenes Dokument haben, sondern den wir nur durch die Schriften seines Schülers, des Philosophen Platon, zu kennen glauben. Sein Satz gilt jedoch für unaufgeklärte Verbrechen ebenso wie für vermeintlich gesichertes Wissen, für unheimliche Geschehnisse, befremdende Orte oder auch für als wahr ausgegebene Einbildungen, für seltsame Visionen und noch seltsamere Träume oder rätselhafte Naturphänomene.

Als die SZ-Kolumne »Dem Geheimnis auf der Spur« im Oktober 2014 begonnen wurde, vermuteten die Redaktion und die ersten Autoren, dass das Reservoir an Geheimnissen welcher Art auch immer wohl nur über einen begrenzten Zeitraum reichen würde. Doch mit jeder neuen Autorin, jedem neuen Autor öffnete sich ein neues Segment von Kuriosem, Rätselhaftem, Unentziffertem, Unbekanntem oder Ungelöstem, weil die jeweils Neuen von jeweils unterschiedlichen Interessen geleitet wurden. Und so drangen die Recherchierenden und Schreibenden gleichsam immer tiefer in den Wald von Cold Cases ein, von archäologischen Fragestellungen, erstaunlichen Betrügereien, absonderlichen Gebräuchen und verschwiegenen Ritualen, von ungeklärt verschwundenen Personen wie dem berühmten Erfinder Rudolf Diesel und versunkenen Schiffen und ihren Schätzen.

Die Kolumnisten haben dem legendären Atlantis und anderen sagenhaften Inseln und Städten genauso nachgespürt, wie sie Sagengestalten – etwa den Rattenfänger von Hameln oder Till Eulenspiegel – auf ihren je historischen Wahrheitskern überprüft haben. Fälschern und Trickbetrügern sind sie auf die Schliche gekommen, siehe der angebliche schottische Barde Ossian, den Goethe und andere Zeitgenossen für echt hielten, oder der vermeintliche Diamantenschöpfer Hermann Meincke, der in der frühen Bundesrepublik sogar vom Bundeswirtschaftsministerium unterstützt wurde. Intrigen und Skandale, geheime Gesellschaften und

Geheimschriften, angebliche Kaiser und Könige, selbstmörderische Hunde und Seen voller Gebeine, erfundene Lebensläufe und Ufo-Sichtungen – es gibt nichts auf und unter der Erde, in Ozeanen oder am Himmel, bei Mensch und Tier, dessen Fährte die Autoren nicht verfolgen und ihr nachforschen könnten.

Hinzu kommen zahllose Schleier, die zu heben wären, um etwa die Umstände und Bedingungen der Entstehung von Kunstwerken und Büchern, Musik und Filmen besser verstehen zu können. So gibt es beispielsweise gleich vier mögliche Biografien zum Maler des Isenheimer Altars, der einem Grünewald zugeschrieben wird ohne tatsächlich fundierte Basis. Wen stellt möglicherweise Leonardos »Mona Lisa« dar? Hat sich der Maler Vincent van Gogh wirklich selbst erschossen? Wie hat sich der taube Komponist Beethoven verständigt, wer war seine »Unsterbliche Geliebte«? Oder wer mag der Darsteller des Jesus sein in William Wylers *Ben Hur*, der nie von vorne zu sehen ist? Wieso ruinierte Erich von Stroheims *Queen Kelly*, der letzte große Hollywoodstummfilm, gleich mehrere Karrieren? Wer mag Thomas Pynchon wirklich sein, der berühmte Schriftsteller, von dem kaum Fotos existieren? Fragen über Fragen also, die zu Enthüllungsversuchen und manchmal auch Antworten verlocken.

Doch letzte Klarheit gibt es selten. Übrigens eröffnet nahezu jede Entschlüsselung und Aufklärung sogleich ein frisches Feld daraus folgender Fragen, die wieder nach neuen Antworten verlangen, und so fort. Manchmal erscheinen einem daher die Rätsel und ihre Lösungen wie die berühmten russischen Puppen, bei denen eine in der anderen steckt und so weiter.

Dementsprechend versammelt diese Auswahl aus zehn Jahren »Dem Geheimnis auf der Spur« plus ein paar exklusiv für diese Gelegenheit verfasste Beiträge nahezu alle Facetten bisheriger Recherchen zu einem kunterbunten Lesebuch, dessen Ordnungsprinzip der Chronologie des Erscheinens folgt, um so höchste Abwechslung von Themen und Schreibenden zu garantieren. So ist daraus in gewisser Weise ein Buch für alle Lebens- und Interessenlagen geworden, mit dem man so leger umgehen kann, wie man will, ganz gleich, wo man es aufschlägt. Überall lässt sich beginnen, überall verführen die Texte je nach Lust und Laune zum Weiter- oder Zurückblättern.

Eines bleibt aber gewiss: Hinter dem letzten gehobenen Schleier wartet sogleich der nächste.

Harald Eggebrecht
Juli 2025

Dank

Die erste Dankesverbeugung gilt Tanja Rest und Christian Mayer, die im Herbst 2014 auf die Idee kamen, auf der Rätselseite am Wochenende genügend Platz zu schaffen für eine Kolumne, die zu der fraglichen Seite inhaltlich passen könnte. Harald Hordych wiederum fiel dankenswerterweise der griffige Kolumnentitel ein. Ohne allerdings das bei den Autorenrecherchen stets liebenswürdig hilfsbereite SZ-Textarchiv-Team – Soraya-Viktoria Agireen, Katharina Celary, Cornelius Esau, Florian Haller, Tanja Koch, Christoph Kocher, Michael Langgärtner, Jens Luther, Jens Potschka, Benjamin Regler, Antje Schaarschmidt, Andreas Vogt, Ernestine Weiß – gäbe es keine Kolumne »Dem Geheimnis auf der Spur« und damit auch diesen Band nicht. Das Gleiche gilt für Franz Wimmers unbeirrbaren Elan, das zehnjährige Jubiläum der Kolumne zum Anlass zu nehmen, dieses Buchprojekt anzustoßen und mit Rat und Tat zu begleiten. Ebenso sei allen Autoren gedankt, dass sie für diesen Band ihre Beiträge auf den jeweils aktuellen Wissensstand gebracht haben. Last but not least seien Jessica Hein und Florian Oppermann im Heyne Verlag für Geduld und sorgfältige Betreuung herzlich bedankt.

Der Stein der Weisen

Wie der sprachbegabte Franzose Jean-François Champollion vor 200 Jahren die Hieroglyphen entschlüsselte.

von Harald Eggebrecht

Vier Namen prägen den Weg zur Entschlüsselung der altägyptischen Hieroglyphen: Rosette, Ptolemaios, Kleopatra und Champollion. In der Nähe von Rosette, einer Stadt im Nildelta, wurde am 15. Juli 1799 jene Stele entdeckt, auf der ein priesterlicher Text zu Ehren des Pharaos in Griechisch, Demotisch und in Hieroglyphen eingemeißelt war. Der Fund geschah während der desaströsen Militärexpedition Napoleons nach Ägypten.

Der König, um den es in der Inschrift geht, war Ptolemaios V., sein Name findet sich in den drei inhaltsgleichen Inschriften. Kleopatra war der zweite Königsname, der für den Träger des vierten Namens Bedeutung hatte: für Jean-François Champollion, ein Sprachgenie, das mit achtzehn Jahren schon acht alte Sprachen beherrschte. Am 23. Dezember 1790 in Figeac geboren, hatte Champollion sich schon als Dreizehnjähriger für altorientalische Sprachen interessiert. Sein Vater war Buchhändler, und der ältere Bruder Jacques-Joseph wurde später Professor für Altgriechisch in Grenoble. Wegen der revolutionären Umtriebe erhielt Champollion vor allem Privatunterricht.

Diese Stele fiel Napoleon auf seinem Ägypten-Feldzug bei Rosette in die Hände.

Die Leidenschaft für Ägypten war durch Napoleons Feldzug in ganz Frankreich geweckt worden. Napoleon hatte, wie einst Alexander der Große bei seinem Eroberungszug nach Asien, einen Tross mit Wissenschaftlern dabei. Der Rosette-Stein wurde eingehend geprüft, und es wurden Abschriften gefertigt, bevor er 1801 nach der Niederlage gegen die Engländer den Briten übergeben werden musste. Deshalb wird er im British Museum aufbewahrt. 1802 konnte Champollion beim Mathematiker Joseph Fourier – er war in Ägypten dabei – dessen Aegyptiaca-Sammlung besichtigen. Fourier erklärte, niemand könne Hieroglyphen lesen.

Tatsächlich waren die Kenntnisse über das Schriftsystem, das mehr als 3000 Jahre lang in Altägypten benutzt wurde, im Zuge der Römerherrschaft am Nil allmählich vergessen worden. Die letzten hieroglyphischen Inschriften gab es unter Kaiser Theodosius 384 n. Chr.

Da die ungewöhnlichen Schriftzeichen immer faszinierten, versuchte man sich schon im Mittelalter an Erklärungen, erst recht in der Renaissance. Einen ersten Fortschritt erzielte Athanasius Kircher im 17. Jahrhundert. Der Jesuit lernte Koptisch und bemerkte, dass die von antiken Autoren überlieferten Königs- und Ortsnamen mit dem Koptischen verwandt sind. Er fand heraus, dass Koptisch ein Überrest des Altägyptischen ist und die sogenannten hieratischen Zeichen »kursive Hieroglyphen« sind. Das hat Champollion, von dem die Bezeichnung »hieratisch« stammt, später bestätigt. Der französische Gelehrte Abbé Barthélemy betonte im 18. Jahrhundert die Bedeutung des Koptischen fürs Altägyptische und entdeckte, dass Königsnamen stets in sogenannte Kartuschen geschrieben sind.

Immer wieder beschäftigten sich Forscher mit dem Stein. Der Schwede Johan David Åkerblad, der Koptisch beherrschte, konnte bald die Namen auf der Inschrift in Demotisch lesen. Am weitesten kam vor und gleichzeitig mit Champollion der Physiker Thomas Young. Obwohl er kein Koptisch konnte, entzifferte der Engländer auf dem Rosette-Stein einige Königsnamen und mehrfach erscheinende Begriffe wie »König«, »Tempel«, »Ägypten«.

1808 veröffentlichte er ein Lexikon des Altägyptischen mit 204 Zeichen, davon sind fünfzig korrekt, und mit vierzehn Hieroglyphen mit phonetischer Lesung, sieben von ihnen stimmen.

Champollion nun konnte seit 1808 nicht nur Übereinstimmungen zwischen Koptisch und Demotisch belegen, sondern durch Vergleich von Inschriften die Entwicklung von den Hieroglyphen zum Hieratischen und daraus das Demotische ableiten. Ohne die Texte lesen zu können, transkribierte er Hieroglyphen ins Hieratische und ins Demotische und umgekehrt.

Weiter teilte er wie Young die Inschrift in Wörter ein, die hieroglyphische Wortfolge entsprach der des Koptischen. Nun zählte Champollion Hieroglyphen und griechische Wörter: 1419 zu 486. Also konnte nicht jede Hieroglyphe einem Wort entsprechen. Er verglich den Namen Ptolemaios in der Kartusche mit dessen griechischem Schriftbild. Doch es gab nur acht Hieroglyphen für zehn griechische Buchstaben. Aber er hatte schon 1813 herausgefunden, dass reine Vokale im Altägyptischen nicht notiert wurden.

Jetzt kommt Kleopatra ins Spiel, Champollion nahm die griechische Schreibweise ihres Namens und verglich sie mit den entsprechenden Hieroglyphen. Vier Buchstaben – P, T, O und L – kommen auch in »Ptolemaios« vor. Die Kleopatra-Hieroglyphen stammten vom Sockel eines Obelisken aus Philae. Ob er korrekt gelesen hatte, testete er durch die Transkribierung von »Kleopatra« ins Hieratische und Demotische. Auf diese Weise hatte er allein aus den beiden Königsnamen zwölf Buchstaben gefunden und gesichert.

1822 entdeckte er beim Studium von Inschriften aus dem Tempel von Abu Simbel eine Kartusche, deren erstes Zeichen die Sonne darstellte, die im Koptischen Ra heißt. Dann wäre Ra-M-S (Ramses) möglich. Eine andere Kartusche aus einem Tempel in Nubien enthielt ein M und ein S. Als drittes Zeichen steht ein Ibis da, der den Gott Thot darstellt. Also schloss Champollion: Thot-M-S (Thutmosis). Damit hatte er phonetische Elemente der Hieroglyphenschrift erkannt und so neben dem Alphabet auch die Struktur des Altägyptischen entschlüsselt. Er stürzte ins Institut de France zu seinem Bruder und schrie: »Je tiens l'affaire!« Dann soll er in Ohnmacht gefallen sein. Champollions Tat machte in der Folge nicht nur die Inschriften lesbar, sondern begründete auch eine neue Altertumswissenschaft: die Ägyptologie.

Harald Eggebrecht, geboren in Helmstedt, schreibt unter anderem seit 1983 für die SZ.

Großspuriges Phantom

Der Bigfoot ist das wohl bekannteste Monster Nordamerikas. Jäger versuchen seine Existenz nun auch mit Satellitenbildern zu beweisen.

von Sofia Glasl

Geodaten können nicht lügen, oder? Deshalb sind Satellitenbilder ein wichtiges Hilfsmittel für Forschung und Wirtschaft, etwa bei der Ermittlung von Waldbeständen oder beim Abschätzen der Ausmaße von Naturkatastrophen. Deshalb funktionieren aber auch Navigationssysteme in PKWs mittlerweile in Echtzeit, und die Ortungsdaten von Mobiltelefonen können für die Behörden ein Hilfsmittel bei Ermittlungen sein. Das geht zwar in den wenigsten Fällen so spektakulär vonstatten wie im Jahr 2024, als in Spanien Satellitenbilder bei einer Mordermittlung halfen: Auf Fotos, die für Google Street View entstanden waren, scheint ein Verdächtiger beim Verladen einer Leiche in einen Kofferraum geknipst worden zu sein. Die Verlässlichkeit der Daten und Bilder jedoch ist auch in den alltäglicheren Anwendungen unangefochten.

Entsprechend war der Aufruhr groß, als im Jahr 2023 in einem Online-Forum Satellitenbilder aus Google Earth auftauchten, Koordinaten: 38°16′24″ nördlicher Breite, 108°08′32″ westlicher Länge. Darauf zu sehen ist ein Waldabschnitt im Westen des US-Bundesstaats Colorado, genauer gesagt, eine Lichtung, auf der ein dunkler Fleck erkennbar ist. Bei näherem Heranzoomen wird dieser zum Umriss einer aufrechten Gestalt – zwar nur schemenhaft, doch setzt die Figur sich unverkennbar von der grünen Umgebung ab: zweibeinig, sehr groß gewachsen und im Laufschritt vom östlichen Ende der Lichtung in Richtung Westen begriffen.

Für einige Kenner und Gläubige stand damit fest, dass nach Jahrzehnten der Spurensuche und Schnitzeljagd einer der berühmtesten Kryptiden ausgerechnet Google Earth vor die Linse gelaufen war – der Bigfoot. Kurz zur Erinnerung, Kryptiden, das sind Lebewesen, für deren Existenz es bisher keine oder nur unzureichende wissenschaftliche Beweise gibt. Betonung auf: bisher. Was nicht ist, kann ja bekanntlich immer noch werden, zumal nur ein Bruchteil der Flora und Fauna auf der Erde wissenschaftlich erfasst und klassifiziert ist.

Gäbe es eine internationale Vereinigung der Kryptiden, wäre vermutlich der Amerikaner Bigfoot deren Präsident. Um kein anderes Monsterwesen ranken sich so viele Geschichten wie um ihn, und wenn auch nur ein Bruchteil der angeblichen Sichtungen stimmt, ist er auch noch enorm mobil. Von Georgia über Colorado und Kalifornien bis hinauf nach Washington und Kanada wollen ihn vor allem seit Ende der 1950er Jahre immer wieder Menschen gesehen haben. Auch bei den indigenen Völkern Nordamerikas ist er kein Unbekannter und firmiert dort als »Sasquatch« und »Hairy Man«.

Seinen wohl bekanntesten Namen erhielt er um das Jahr 1958, als bei Waldarbeiten in Kalifornien übermenschlich große Fußabdrücke gefunden wurden. Über die Jahre kamen immer weitere Beschreibungen hinzu: Der Zweibeiner soll groß gewachsen sein und in Statur und Behaarung einem

Menschenaffen oder Bären gleichen, seine Haarfarbe wird als rotbraun bis schwarz beschrieben. Lediglich bei der Körper- und Schuhgröße variieren die Aussagen derjenigen, die ihn gesehen haben wollen. Zwischen 1,80 und 2,70 Metern groß soll er sein. Die gefundenen Fußabdrücke, die ihm zugeschrieben werden, messen 40 bis 61 Zentimeter, was einer Schuhgröße zwischen 62 und 91 entspricht. Handelt es sich also womöglich nicht um ein Exemplar des Bigfoots, sondern um eine ganze Familie? Die Sichtungen berichten in den meisten Fällen nur von einzelnen Wesen. Auf über hundert Jahre alten Petroglyphen beim kalifornischen Painted Rock ist allerdings eine ganze Familie zotteliger Wesen abgebildet.

Jenseits der Fußabdrücke gibt es auch allerlei Ton- und Videoaufnahmen. Eines der bekanntesten Artefakte ist der sogenannte »Patterson-Gimlin-Film«, eine 59 Sekunden lange 16-mm-Filmaufnahme aus dem Jahr 1967, die auch heute noch heiß diskutiert wird. Das Material ist im besten Falle fragwürdig. Ob hier ein Schatten, ein Tier oder ein stark behaarter Mensch durchs Bild huscht, lässt sich beim besten Willen nicht sagen.

Natürlich gibt es auch in der Kryptozoologie Rückschläge: Im Jahr 2002 brachte die Familie eines der Waldarbeiter, die die ersten Abdrücke fanden, die gesamte Welt der Bigfoot-Fans und -Forscher ins Wanken: Nach dem Tod von Ray Wallace hatten sie in dessen Nachlass aus Holz geschnitzte Füße gefunden, mit denen der Vater einst die ersten Fußspuren gelegt habe, um Diebe von der Baustelle fernzuhalten. Obendrein sei seine Frau im Gorillakostüm durch den Wald gelaufen. Der Hype um Bigfoot war jedoch 2002 bereits so weit fortgeschritten, dass diese Richtigstellung kaum noch etwas bewirken konnte.

Das Wesen hatte sich bereits verselbstständigt und in die Popkultur eingeschrieben. Die Jagd auf den Bigfoot ist in den USA ein regelrechter Sport: Mit Kameras und Gewehren bewaffnet, ziehen Gruppen durch die Wälder und versuchen einen Blick auf ihn zu erhaschen. Das geht bisweilen so weit, dass sich das Skamania County im Staat Washington zu einem Gesetz veranlasst sah, das es verbietet, auf Bigfoot-Jagd zu gehen. Womöglich geht es da eher um den Schutz der Jäger: Weihnachten 2024 starben zwei Männer, die sich auf einer Bigfoot-Jagd im Gifford Pinchot National Forest verliefen und nach mehreren Tagen nur noch tot geborgen werden konnten. Ob die beiden ein GPS-Gerät dabeihatten, ist nicht überliefert.

Und die angeblichen Schnappschüsse von Google Maps? Der dunkle Fleck, so die Stimmen in kryptozoologischen Online-Foren, könnte alles gewesen sein: eine Pfütze, ein Schatten oder eben doch ein Lebewesen. Die Bilder verschwanden jedoch sang- und klanglos und wurden 2023 durch neuere Aufnahmen ersetzt, vermutlich ein Routine-Update. Auf den entsprechenden Koordinaten: nur Wiese. Das Kryptischste am Bigfoot ist bei allem märchenhaften Wunschdenken also weiterhin die Beweislage.

Sofia Glasl, geboren in München, ist unter anderem seit 2016 als Autorin für die SZ tätig.

Sagenhafter Barde

Hat die folgenreichste Fälschung der Literaturgeschichte vielleicht doch einen wahren Kern? Warum der Dichter Ossian bis heute populär ist.

von Florian Welle

Ossian wer? Fragt man in geselliger Runde nach dem keltischen Barden, dann erinnern sich meist nur diejenigen dunkel an den Namen, die in der Schule Goethes empfindsamen Briefroman *Die Leiden des jungen Werthers* durchgekaut haben. War da nicht etwas? Ja, da war etwas. Der unglückliche Werther liest seiner angebeteten Lotte lange Passagen aus der eigenen Ossian-Übersetzung vor, und alles, was er von dem greisen, blinden Sänger tränenumflort zum Besten gibt, verweist auf das eigene Schicksal, den Selbstmord. »Aber die Zeit meines Welkens ist nahe ...«

Tragik und Empfindsamkeit vor nebelverhangener, gespenstisch-grauer Vorzeitkulisse, die Beschwörung großer Schlachten und Helden: Anders als heute, wo kaum jemand mehr etwas mit Ossian verbindet, war es diese düstere Mischung, die die Heldenlieder um Ossians Vater Fingal seit ihrer Veröffentlichung durch den schottischen Hauslehrer, Dichter und Übersetzer James Macpherson und dessen Auftraggeber Hugh Blair in den 1760er Jahren auf Jahrzehnte hinaus populär gemacht hat. Mehr noch: Es kam zu einer regelrechten Ossianomanie. Vor allem in Deutschland, wo Michael Denis 1768/69 die erste vollständige Übertragung gelang.

Hierzulande outeten sich Herder, Klopstock und der Sturm-und-Drang-Goethe als Fans des Dichter-Sängers aus dem 3. nachchristlichen Jahrhundert – für Herder galt Ossian als Originalgenie und Inbegriff naturpoetischen Schreibens. Wenig später begeisterten sich Hölderlin, Kleist, Jean Paul, die Romantiker sowie die Gothic-Novel-Schreiber für die ossianischen Dichtungen um Liebe und Krieg, herübergeweht aus einem längst vergangenen Zeitalter, geschrieben in einem klagenden und sentimentalen Tonfall. Jenseits des Rheins soll Madame de Staël den Dichter als »Homer des Nordens« bezeichnet haben. Und Napoleon, der vielleicht größte Ossian-Verehrer seiner Zeit, begab sich nie ohne dessen Werke auf Reisen.

Auch die bildenden Künstler setzten sich mit ihm auseinander – Philipp Otto Runge und Ingres sind hier zu nennen. Legion sind zudem die Adaptionen für das Musiktheater des 18. und 19. Jahrhunderts; auch Liedvertonungen gab es en masse. Am bekanntesten: die von Schubert und Brahms.

Die einzigartige Karriere der ossianischen Werke ist umso erstaunlicher, weil sich seit dem Erscheinen der *Fragments of Ancient Poetry collected in the Highlands of Scotland, and translated from the Gaelic or Erse Language* im Jahre 1760 Diskussionen um deren Authentizität ranken. Diskussionen, die heute wieder in der Forschung ausgiebig und kontrovers geführt werden, nachdem man eigentlich die Dichtungen schon längst als geschickte Fälschung des 23-jährigen Macpherson entlarvt zu haben glaubte. Seitdem William Hamilton Drummond und Edward O'Reilly 1830 ihre ausführliche Untersuchung vorlegten, galten die *Fragments of Ancient Poetry* sowie die beiden nachfolgenden Epen *Fingal* (1761/62)

Ossian beschwört die Flussgeister.
Gemalt von Kisfaludy Karoly (1822)

und *Temora* (1763) der überwiegenden Mehrheit als die folgenreichste Fälschung der Literaturgeschichte.

Die Reihe der Kritiker war lang, ihre Argumente unterschieden sich allerdings. Nationalpatriotische Befindlichkeiten spielten darin eine nicht unerhebliche Rolle. Während etwa der irische Lexikograf John O'Brien vor dem Hintergrund uralter irischer Chroniken darauf verwies, dass Ossian keineswegs ein schottischer, sondern ein irischer Sänger gewesen sei – nämlich Oisín, der Sohn des Helden Fion –, sprach Englands damaliger Literaturpapst Samuel Johnson den vermeintlich urschottischen Gedichten gleich jegliche dichterische Gabe ab, um sie ihrer Glaubwürdigkeit zu berauben. Auf die Frage des Macpherson-Verteidigers Hugh Blair, ob irgendein zeitgenössischer Autor überhaupt in der Lage sei, Gedichte von solcher Erhabenheit zu verfassen, antwortete er süffisant: »Yes, Sir, many men, many women, and many children.«

Über all diesen Angriffen zog sich James Macpherson aus dem öffentlichen Leben zurück. Immer wieder wurde er aufgefordert, das gälische Original, auf das sich seine Übersetzungen doch stützen würden, herauszugeben. Vergeblich. Abgesehen davon, dass es nicht das eine Original, sondern vielmehr mehrere Vorlagen gab, verwies der Schotte stets auf Geldprobleme, die ihn an einer Publikation hindern würden. Macpherson starb 1796 und wurde in der Londoner Westminster Abbey begraben.

Mit dem Verfasser sank auch dessen Wissen um »seinen« Ossian ins Grab. Macpherson gibt noch heute der Forschung Rätsel auf. Jüngste Untersuchungen ergaben, dass er sehr wohl gälische Quellen benutzt hat. Freilich entspricht seine Arbeitsweise nicht heutigen Maßgaben. Er ging mit seinem Material recht frei um. Er übersetzte, kompilierte und frisierte eben auch viel, nicht zuletzt mündlich Gehörtes. Und er dichtete hinzu. Daher kommt Wolf Gerhard Schmidt in seiner über 2000-seitigen Studie *Homer des Nordens und Mutter der Romantik* zu dem Ergebnis, dass der »Begriff der Fälschung vollkommen inadäquat zur Beschreibung eines zwischen produktiver und reproduktiver Rezeptionsform oszillierenden Kunstwerks« ist, »über dessen Vorlagentreue das letzte Wort noch nicht gesprochen ist«.

Florian Welle, geboren in München, schreibt unter anderem seit 2010 für die SZ.

Die Erscheinung

Hedy Lamarr galt als schönste Frau der Welt. Doch auch jenseits des Glamours führte sie ein faszinierendes Leben. Bis heute ist ungeklärt, ob sie auch eine geniale Erfinderin war.

von Christian Mayer

Kann man diese Frau vergessen, wenn man sie einmal gesehen hat? Diesen melancholischen Blick, dieses Sehnsuchtsgesicht? Nicht wenige Männer hat sie um den Verstand gebracht – sechs Ehemänner, zahlreiche Geliebte, jede Menge Regisseure und Filmkritiker, die sie in den Himmel lobten und in ihr die »schönste Frau des Jahrhunderts« sahen, wie der US-Kolumnist Ed Sullivan.

Doch selbst eine Legende kann der Vergessenheit anheimfallen, ganz leise aus dem öffentlichen Bewusstsein verschwinden – so wie Hedy Lamarr, die sich selbst und den anderen ein Rätsel war. Als sie im Jahr 2000 in ihrem Anwesen bei Orlando in Florida starb, war sie ganz allein; ihre glamouröse Hollywoodkarriere lag schon Jahrzehnte zurück, auch wenn sie kurz vor ihrem Tod wenigstens unverhofften Reichtum genießen konnte: Die Schauspielerin hatte eine Software-Firma, die ohne Genehmigung ein Foto von ihr für ein Produkt verwendet hatte, auf fünfzehn Millionen Dollar verklagt und fünf Millionen zugesprochen bekommen.

Hedwig Eva Maria Kiesler hieß das Mädchen aus einer jüdi-

Hedi Lamarr in Algiers (1938)

schen Großbürgerfamilie, das im November 1914 in Wien zur Welt kam. Es heißt, dass ihr Vater, ein Bankdirektor, die hübsche Tochter verhätschelt habe. Schon früh wusste sie ihren Charme gezielt einzusetzen, etwa als sie den großen Theatermann Max Reinhardt davon überzeugte, sie an seiner Berliner Schauspielschule aufzunehmen. Reinhardt war nicht ganz überzeugt von ihren darstellerischen Künsten, aber sehr von ihrer Chuzpe, und so bekam sie erste Theaterrollen. Der Ruhm kam früh und heftig: *Ekstase* hieß der 1933 uraufgeführte Film von Gustav Machatý. Für die Medien war er eine Offenbarung: Hedwig Kiesler spielt da eine Naturschönheit namens Eva, die ihrem gefühllosen Gatten davonläuft und sich in die Arme eines Jüngeren flüchtet. Vor allem die freizügigen Nacktbadeszenen elektrisierten die Zuschauer in ganz Europa.

»A Star was born«: Selten trifft dieser Ausdruck mehr zu als bei der jungen Wienerin, deren Leben einem Abenteuerroman glich. Die Flucht vor ihrem ersten Ehemann, dem eifersüchtigen Waffenfabrikanten Fritz Mandl, könnte aus einem Drehbuch stammen: Mehrmals versuchte sich die Schauspielerin aus ihrem goldenen Käfig zu befreien, schließlich türmte sie im August 1937, als ihr eigenes Dienstmädchen verkleidet, mit den Juwelen im Gepäck. Von London aus nahm sie den Ozeandampfer nach New York. Rasch machte sie auch hier Karriere. Der Durchbruch kam 1938 mit dem Film *Algiers* – es war auch das Coming-out der Hedy Lamarr, wie sich die Schauspielerin von nun an nannte. Die unwirklich schöne Touristin, die im Gassengewirr der Altstadt von Algier einen Juwelendieb (Charles Boyer) in ihren Bann zieht, das war eine Paraderolle für eine Hollywoodmigrantin, die noch nicht mal richtig Englisch konnte.

Seit diesem Debüt war Hedy Lamarr eine Luxusmarke, ein Gesicht auf hundert Zeitschriften-Covern, eine Stilikone, deren brünetter Mittelscheitel von anderen Schauspielerinnen kopiert wurde. »Sie spielt nicht, sie erscheint«, hat der Filmkritiker Peter Körte in seinem Buch *Die stumme Sirene* über sie geschrieben. Bis zum Ende des Zweiten Weltkriegs drehte sie vierzehn Filme mit Stars wie Spencer Tracy, Clark Gable oder James Stewart. Lamarr konnte kapriziös und kühl sein, aber auch leidenschaftlich und geheimnisumwittert oder alles zugleich, so wie im Film *Der Ring der Verschworenen (The Conspirators)*, in dem sie eine raffinierte Widerstandskämpferin in einem Agentennetzwerk gegen die Nazis spielt.

Auch Hedy Lamarr hasste die Nazis, und das war ein Grund

dafür, gemeinsam mit dem Komponisten George Antheil an einer Erfindung zu arbeiten, die heute als Frequenzsprungverfahren bekannt ist. Es sollte ein System zur Fernsteuerung von Torpedos werden, jedenfalls hofften die beiden Erfinder wohl, die Seeschlacht im Atlantik damit zu Gunsten der Alliierten zu beeinflussen. Aber welchen Beitrag hat Hedy Lamarr dabei geleistet? Die Schauspielerin verfügte seit ihrer Ehe mit dem Waffenproduzenten Fritz Mandl offenbar über Insiderwissen in der Militär- und Waffentechnik. Tatsache ist, dass Antheil und Lamarr im Juli 1941 gemeinsam ein Patent anmeldeten: Mithilfe eines Lochkartenstreifens sollte der Mechanismus den feindlichen Radar austricksen, um die eigenen Torpedos störungsfrei ans Ziel zu bringen – es blieb eine Idee. Erst Jahre später entwickelte die US-Marine ein eigenes System zur Radarsteuerung.

Nach dem Krieg hatte Hedy Lamarr ihre guten Jahre hinter sich. Filmangebote kamen nur noch selten, stattdessen machte sie mit Skandalen, immer neuen Männergeschichten und diversen Gerichtsverfahren auf sich aufmerksam. »Hedys Leben war ein unvollendeter Kinofilm, der zweite Teil war für die Katz ... Schönheit war erst ihr Kapital, dann ihr Fluch«, hat Anthony Loder über seine egomanische Mutter geschrieben.

Eines war die rätselhafte Hedy Lamarr allerdings nie: langweilig. Und so langsam kehrt die Erinnerung an die Leinwandgöttin wieder zurück. Seit 2014 ist ihr Name sogar in der Ruhmeshalle der amerikanischen Erfinder verewigt. Wie ihr das wohl gefallen hätte?

Christian Mayer, geboren in Konstanz, schreibt seit 1997 für die SZ.

Die chinesische Legion

In dem Dorf Zhelaizhai sind die Einwohner fest davon überzeugt, dass sie die Nachfahren versprengter römischer Soldaten sind.

von Alexander Menden

In Zhelaizhai, einem Wüstendorf in der nordwestchinesischen Provinz Gansu, gibt es ein vom Kolosseum in Rom inspiriertes Besucherzentrum mit elf bronzefarbenen Statuen, die römische Kaiser und Legionäre darstellen sollen. Ein kürzlich erbauter Tempel mit kannelierten Säulen vereint buddhistische und römische Architekturelemente. Was wie eine kulturelle Transplantation im Las-Vegas-Stil anmutet, erwächst aus der festen Überzeugung der Bürger von Zhelaizhai, römische Vorfahren zu haben. Sie stützen sich dabei auf eine Theorie, nach der sich um 30 v. Chr. in der Stadt Liqian, die hier einst gestanden haben soll, Soldaten eines römischen Heeres ansiedelten.

Der einzige verbürgte antike Kontakt zwischen Rom und China erfolgte erst 166 n. Chr., als laut chinesischen Quellen ein Gesandter des Kaisers Marc Aurel im Reich der Mitte erschien. Die Römer importierten zwar schon vorher Seide aus Fernost, doch kam es anscheinend nie zum direkten Handel mit China. Fest steht auch, dass Zhelaizhais Einwohner physiognomisch nicht ins Bild dessen passen, was man sich gemeinhin unter »ethnischen Chinesen« vorstellt. Viele haben lange, gerade Nasen, blondes Haar, blaue oder grüne Augen. Könnte die Erklärung dafür tatsächlich darin liegen, dass ein Trupp von Legionären die rund 7000 Kilometer zwischen dem spätrepublikanischen Rom und dem China der Han-Dynastie schon 200 Jahre vor der Regierungszeit des Marc Aurel überwand?

Die Theorie einer »verlorenen Legion« formulierte der Oxforder Sinologe Homer Hasenpflug Dubs 1941 erstmals im *American Journal of Philology*. Dubs zufolge begann der lange Treck nach Osten mit einer der traumatischsten Niederlagen der römischen Geschichte: 53 v. Chr. wurden in der Schlacht bei Carrhae in der heutigen Türkei sechs Legionen unter Führung von Marcus Licinius Crassus vom Reiterheer des skythisch-iranischen Partherreichs vernichtend geschlagen. Die Parther eroberten sogar die römischen Feldzeichen, die größte denkbare Demütigung. Feldherr Crassus wurde enthauptet, mindestens 20 000 Legionäre fielen, 10 000 weitere gerieten in Gefangenschaft.

Laut Plinius dem Älteren verbrachten die Parther die Gefangenen zur Ostgrenze ihres Reichs im heutigen Turkmenistan zur Zwangsarbeit. Horaz vermutete, dass diese Römer später »Barbarinnen« geheiratet hätten und in die parthische Armee eingegliedert worden seien. Dubs ging davon aus, dass einige Richtung Osten desertierten und sich als Söldner bei den Xiongnu verdingten. Diesen Nomaden war militärische Unterstützung willkommen: Ihr Häuptling, der Chaynu Zhizhi, begann gerade, zwischen Mongolei und Gansu ein eigenes Imperium zu errichten. 36 v. Chr. wurden Zhizhis Ambitionen den Chinesen zu bedrohlich. Chen Tang, Vizegouverneur der westlichen Regionen des Han-Kaiserreichs, belagerte mit einem Heer Zhizhis Festung im heutigen Kasachstan. Nach harten Kämpfen besiegte Chen Tang die Xiongnu, Zhizhi verlor seinen Kopf. Während der Schlacht fiel den Chinesen ein Truppenteil des Gegners auf, der bei der Festungsverteidigung eine ihnen bis dahin unbekannte Taktik anwandte: Bestehend aus »mehr als hundert Fußsoldaten«, so der chinesische Historiker Ban Gu, seien sie in einer »Fischschuppen-Formation« aus dem Tor gekommen. Erst im Bolzenhagel der chinesischen Armbrustschützen hätten sie sich wieder hinter die Palisaden zurückgezogen.

Homer Dubs interpretierte das als Beschreibung der berühmten »Testudo« oder Schildkröten-Formation, einer damals noch relativ neuen Taktik der römischen Infanterie: In einer rechteckigen Formation vorrückend, hielt die vorderste Reihe die Schilde vor sich, während die folgenden über ihren Köpfen aus den überlappenden Schilden ein Dach bildeten. Diese Frühform eines Panzers war sehr widerstandsfähig und effektiv. Das nützte in der Zhizhi-Schlacht aber nichts – nach Dubs geriet die römische Exilzenturie leider ein zweites Mal in Kriegsgefangenschaft. Dubs hielt es zunächst für »relativ unwahrscheinlich«, dass die Römer am Ende wirklich bis nach China gelangten. Doch später hatte er die Idee, dass der Ortsname »Liqian« eine chinesische Version von »Legion« sein könnte. Das antike Liqian soll ausgerechnet in der Gegend gelegen haben, in der es Menschen gibt, die irgendwie europäisch aussehen.

Der Mythos einer römischen Siedlung in China hat sich seither weiter verfestigt, und die Region hat das angebliche römische Erbe als touristische Einnahmequelle entdeckt. Rund 130 Millionen Euro sind bereits in Römerbauten und Touristik-Infrastruktur geflossen. Von Investitionen aus Taiwan und der Ansiedlung buddhistischer Mönche in einem nachgebauten Römerdorf ist die Rede. Die Universität Lanzhou gründete ein Zentrum für Italienstudien, das sich exklusiv mit Liqian befasst. Für die Existenz des alten Liqian gibt

Chinesische Dorfbewohner posieren als römische Legionäre.

es nur einen einzigen schriftlichen, keinen archäologischen Beleg. Ein in Zhelaizhai ausgegrabenes, etwa 2000 Jahre altes Skelett, mit 1,80 Meter für einen Chinesen recht groß, wurde sofort zum Römer erklärt.

2005 ergab eine genetische Untersuchung an 93 Männern aus Zhelaizhai mit kaukasischen Merkmalen, dass fünf von ihnen zentralasiatische oder europäische Vorfahren hatten. Das spricht nicht für die Römer-These, obwohl es kein genetisches Vergleichsmaterial von antiken Römern gibt und der Genpool sich seit damals stark verändert haben muss. Viele Historiker halten Dubs' Theorie für romantische, unhaltbare Spekulation. Die Bürger von Zhelaizhai ficht das nicht an. Sie sind trotzdem stolz auf ihr »römisches Erbe« und verkleiden sich neuerdings auch gerne mal als Legionäre.

Alexander Menden, geboren in Bonn, ist unter anderem seit 2001 für die SZ tätig.

Jäger des verlorenen Schatzes

Die Bundeslade, in der einst die Tafeln der Zehn Gebote aufbewahrt wurden, wird seit mindestens 2600 Jahren vermisst – und bis heute gesucht.

von Rudolf Neumaier

Wo ist die Bundeslade? Einer der neueren Hinweise stammt von der Österreichischen Gesellschaft für Mythenforschung. »Was kaum jemand weiß«, raunten die Ösis im Mai 2013, und schwefeliger Dunst quoll aus jeder Silbe, »bereits 1991 könnte das biblische Relikt vom israelischen Mossad heimlich gegen eine Attrappe ausgetauscht worden sein.« Dann läge sie womöglich wieder in Israel. Oder doch in den USA, wo sie zuletzt als Requisit in einem Abenteuerfilm von Steven Spielberg eingesetzt war? 44 Jahre ist das her, der Film über den verwegenen Archäologen Indiana Jones hieß *Jäger des verlorenen Schatzes* und soll mehr als 380 Millionen Dollar eingespielt haben. Und hat schon mal jemand in Erwägung gezogen, dass die Chinesen sie vor dem Mossad und der Österreichischen Gesellschaft für Mythenforschung auf dem Mond versteckt haben könnten?

Wenn man sich überhaupt einen Begriff von Heiligkeit machen kann, ist diese Box einer der heiligsten Gegenstände, die schlechterdings vorstellbar sind. Wie sie aussieht, wissen wir dank der exakten Bauanleitung, die Gott selbst im Alten Testament seinem Diener Mose diktierte: »Macht eine Lade aus Akazienholz; dritthalb Ellen soll die Länge sein, anderthalb Ellen die Breite und anderthalb Ellen die Höhe.« Heute würde man die Produktbeschreibung so angeben: 1,25 m x 0,75 m x 0,75 m. Ausführlich sind alle Applikationen und ihre Platzierung vorgegeben, von den goldenen Ringen für die mit Gold zu überziehenden Tragestangen bis zu den Flügelchen der goldenen Cherubim-Statuetten auf dem Deckel. Doch schon dieser Kastendeckel ist von rätselhafter Funktion, denn er hat die Bezeichnung »Gnadenstuhl«, eine andere Übersetzung führt ihn als »Versöhnungsplatte«.

Das israelische Souvenirgewerbe ist heute froh um die biblische Überlieferung, denn damit kann es den heiligen Kasten recht authentisch nachbilden. Allein das Original fehlt. Und das bereits seit 2600 Jahren. Oder doch seit 3000 Jahren? Der Verbleib des Kisterls ist eines der größten Geheimnisse der Weltgeschichte. Gesichert ist nur seine Bauart. Sofern es überhaupt existierte. Alles andere liegt im Dunkeln.

Sie soll unter anderem als Behältnis der zwei Steintafeln mit den Zehn Geboten gedient haben – oder zumindest von Kopien der Tafeln. Denn die Originale hatte Mose ja im Zuge eines Wutanfalls zerschmettert, als er mit ihnen vom Berg Sinai kam und seine Landsleute beim Ritualtanz ums goldene Kalb erwischte. Wie es sich mit weiteren Bündnisverträgen verhält, die Israel mit seinem Gott Jahwe und die zwölf Stämme des Volkes untereinander schriftlich fixierten, ist strittig in der Bundesladenforschung. Der Autor und Bibelkenner Christian Feldmann hat den aktuellen Stand in seinem Buch *Die letzten Rätsel der Bibel* trefflich zusammengefasst. Aus dem Hebräerbrief des Neuen Testaments geht hervor, dass in der Truhe neben epigrafischem Schriftgut noch andere Utensilien verwahrt wurden: nämlich »der Krug, der das Manna enthielt, und der Stab Aarons, der gesprosst hatte«.

In der äthiopischen Stadt Axum steht ein Tempelchen, in dem die echte Bundeslade lagern soll. Sagen die äthiopischen Christen. Sie sind sich hundertprozentig sicher. Über Ägypten soll sie vor mehr als 2500 Jahren dorthin gelangt sein. Die Priester des Tempels von Jerusalem hätten sie vor dem marodierenden König Manasse in Sicherheit gebracht. Andere Überlegungen gehen ins zumindest geografisch Näherliegende und vermuten die Bundeslade unter Tage im Tempelberg. Was die Österreichische Gesellschaft für Mythenforschung allerdings für unwahrscheinlich hält. Plausibler ist nach ihrer Theorie die äthiopische Variante.

Aber könnten sich Geheimdienst-Agenten mir nichts, dir nichts im Bundesladen-Tempel von Axum bedienen? Unvorstellbar. Vor dem Raum, in dem diese Goldschachtel aufbewahrt wird, ist ein Mönch eingesperrt, der sein ganzes Leben allein damit zubringt, das Heiligtum zu behüten und regelmäßig zu beweihräuchern. Gesehen hat die Kiste hier in den vergangenen tausend Jahren niemand, nicht einmal der fromme Mönch. Denn sie ist eingesperrt und zentnerweise von Goldbrokat bedeckt. Die Äthiopier glauben, es wäre zu gefährlich, das Mobiliar freizulegen.

Ganz von der Hand zu weisen sind ihre Bedenken nicht, wenn man das Alte Testament studiert. Die Philister zum Beispiel machten denkbar schlechte Erfahrungen: Sie hatten die Bundeslade im Kampf mit den Israeliten erbeutet und nach Aschdod transportiert. Im Tempel ihres Götzen Dagon deponierten die Philister den Kasten. Das Götzenbild aber barst im Angesicht der magischen Lade, »und zwar lagen das Haupt Dagons und seine beiden Hände abgehauen auf der Schwelle, nur der Fischrumpf war an ihm übrig geblieben«, wie es im Ersten Buch Samuel heißt. Das war aber noch nicht das Schlimmste: »Die Hand des Herrn lag schwer auf den Asdoditern, und er verwüstete sie; und er schlug sie mit Beulen.« Die Philister wollten nur noch eins: die Bundeslade loswerden.

Vielleicht ist es besser, wenn sie verschollen bleibt.

Rudolf Neumaier, geboren in Freilassing, ist unter anderem seit 1999 für die SZ tätig.

Der falsche Kaiser

Wie es Tile Kolup gelang, für eine Weile als Friedrich II. von Hohenstaufen zu gelten, Hof zu halten und Diplomatie zu treiben.

von Florian Welle

Die Geschichte kennt viele falsche Herrscher: Betrüger, die in die Rolle toter Grafen, Fürsten, Kaiser schlüpften und dem Volk vorgaukelten, sie seien zurückgekehrt, um es von den jetzigen Machthabern zu befreien. Oder gleich zu erlösen. Wir wissen von falschen Neros, einem falschen Grafen Balduin von Flandern und nicht zuletzt durch Schillers gleichnamiges Dramenfragment von dem falschen Zaren Demetrius.

Doch kein Potentat hat es auf so viele Wiedergänger gebracht wie der 1250 im Alter von 55 Jahren gestorbene Friedrich II. Mindestens fünf Personen nahmen nach dessen Tod in Castel Fiorentino bei Lucera die Identität des Stauferkaisers an. Dabei bedienten sie sich geschickt des lebendigen Volksglaubens, wonach Friedrich II. eines Tages als Friedensbringer zurückkehren und sein begonnenes Werk vollenden würde. Der Historiker Tilman Struve: »Die in Deutschland und Italien kursierenden Spekulationen über einen Endkaiser Friedrich und der volkstümliche Glaube an eine Wiederkehr des angeblich gar nicht gestorbenen Kaisers waren Grundlage und wesentliche Voraussetzung für das Agieren

Ein Fantasieporträt des Pseudokaisers Tile Kolup aus der Renaissance.

jener Betrüger und Scharlatane, die sich als Verkörperer Friedrichs II. ausgaben.«

Derjenige, der das Spiel von Sein und Schein, Lug und Trug am besten beherrschte und daher die Zeitläufte überdauerte, während die anderen Pseudo-Friedriche bald in Vergessenheit gerieten, war Dietrich Holzschuh, niederdeutsch Tile Kolup. Er tauchte 1284 plötzlich in Köln auf und behauptete dreist, er sei Friedrich II. Immerhin war der zweimal exkommunizierte und vom Papst als »Bestie« titulierte Staufer da bereits seit über dreißig Jahren tot. Mit anderen Worten: Er wäre nun an die neunzig Jahre alt gewesen.

Leider schweigen die zeitgenössischen Quellen über das Aussehen des Pseudo-Friedrich. In späteren Chroniken nimmt Tile Kolup immer mehr die Physiognomie Friedrichs II. an, wird zu einer edlen Erscheinung. Wie so vieles, was Person und Stand des Hochstaplers betrifft – mehr, als dass er Bauer oder Handwerker war, wissen wir nicht –, liegt auch sein Erscheinungsbild im Dunklen. Es bleibt daher wenig anderes übrig, als ihn sich als rüstigen Alten vorzustellen, der gewisse Ähnlichkeiten mit dem echten Friedrich besessen haben muss. Dem einen oder anderen Zeitgenossen erschien Tile Kolup allerdings als zu jung, um wirklich Friedrich II. zu sein.

Auch die Bürger von Köln fielen nicht auf den Fremden herein und jagten ihn davon. Nicht ohne ihm zuvor noch übel mitgespielt zu haben. In einem der bisher ausführlichsten Texte zum Fall, der 1868 in blumiger Sprache geschriebenen Studie *Tile Kolup (der falsche Friedrich) und die Wiederkunft eines ächten Friedrich, Kaisers der Deutschen* aus der Feder eines gewissen Victor Meyer, heißt es nicht ohne Humor: »Oeffentliche Schaustellungen und Mummenschanz liegen nun einmal den Kölnern im Blute, und alsbald begann mit dem Betrüger eine artige Kurzweil.«

Tile Kolup focht der Spott nicht an, er zog weiter ins nahe

gelegene Neuss. Und siehe da, hier schenkte man dem Märchenonkel bereitwillig Glauben. Dass »die Keyserlarve«, wie ihn spätere Chroniken abschätzig nennen werden, in seiner Rolle als Friedrich II. viele Geschichten überzeugend an Mann und Frau zu bringen wusste, ist anzunehmen. Ob er sie einst als Diener am italienischen Hof gesammelt hat, wie mancher vermutet, ist nicht sicher. Sicher aber ist, dass es neben der verbreiteten Vorstellung von der Wiederkehr Friedrichs noch handfestere Gründe gab, den Pseudokaiser nicht zuletzt materiell zu unterstützen: Die Quellen berichten, dass der im Staatsgewand mit Szepter in der Hand Hof hielt, pompöse Feste feierte, Gesandte empfing und Diplomatie mit gefälschten Siegeln betrieb. An Johann von Brabant schrieb er, er habe sich viele Jahre wie ein Wurm zur Winterszeit unter der Erde verborgen gehalten, um nun aber im Frühling aus der Tiefe zum allgemeinen Nutzen und Heile des Menschengeschlechts wieder hervorzubrechen.

Es waren politisch instabile Zeiten. In den Städten begehrte man auf, soziale Unruhen waren an der Tagesordnung. Als König Rudolf von Habsburg von den Städten die belastende Vermögenssteuer des sogenannten Dreißigsten Pfennigs einforderte, gab es offenen Widerstand. Um den König unter Druck zu setzen, schlugen sich unter anderem Colmar, Frankfurt und Wetzlar auf die Seite Tiles. Dadurch begann er zu einer ernsthaften Bedrohung für Rudolf von Habsburg zu werden.

Beim Quellenstudium gewinnt man den Eindruck, dass dem falschen Friedrich sein wachsender Ruhm langsam, aber sicher zu Kopfe stieg. So verfiel er auf die Idee, die der bereits zitierte Victor Meyer in seiner saloppen Art »hirnverbrannt« nennt: Der verblendete Tile Kolup lud Rudolf von Habsburg nach Frankfurt ein, wo sich einst der echte Friedrich 1212 zum König wählen ließ. Hier wollte der Möchtegern-Friedrich nun Rudolf in einer Fürstenversammlung zu seinem Mitregenten und Lehensmann degradieren. Alle Macht dem Lügenkaiser!

Doch so weit kam es nicht. Rudolf von Habsburg reagierte prompt und zog mit seinem Heer im Frühsommer 1285 gen Wetzlar, wo sich Tile Kolup mittlerweile aufhielt. Aus Angst vor einer Belagerung gaben die Stadtoberen den Betrüger geschwind heraus. Tile Kolup wurde gefangen genommen, angeklagt und Anfang Juli 1285 im Kaisergrund vor den Toren Wetzlars als Ketzer verbrannt. Noch kurz vor seiner Hinrichtung soll er seinen Unterstützern zugerufen haben, nach Frankfurt zu ziehen und ihn dort erneut zu erwarten.

Im Bann des Allgewaltigen

Forscher gehen jetzt davon aus, dass Goethe einen Brief an Napoleon schrieb, der Inhalt ist aber unklar.

von Gustav Seibt

Goethe hat Napoleon mehrmals beobachtet, zum Beispiel bei Theateraufführungen während des Erfurter Fürstentages im Oktober 1808. Zweimal hat der Dichterstaatsmann persönlich mit dem »Allgewaltigen« (wie man ihn im klassischen Weimar nannte) gesprochen, und das sogar ausführlich: Am Vormittag des 2. Oktober 1808, als der Kaiser der Franzosen den Autor des von ihm geliebten *Werther* in Erfurt zu einer Audienz empfing, und am Abend des 6. Oktober 1808 im Weimarer Schloss, nach einer Aufführung von Voltaires Drama *Caesars Tod* im dortigen Hoftheater.

Zu diesen Begegnungen hat Goethe sich Notizen gemacht, die erst nach seinem Tod publiziert wurden, und er hat engen Freunden davon berichtet, die eifrig aufschrieben, was sie gehört hatten. Wenn diese Berichte stimmen, dann hat der Kaiser sich mit dem Dichter vor allem über Literatur, und nicht zuletzt über dessen *Werther* unterhalten. Außerdem forderte er ihn auf, nach Paris zu kommen und dort ein neues Caesar-Drama zu schreiben.

Öffentlich wurde davon zu Goethes Lebzeiten nichts. Erst als im Lauf des 20. Jahrhunderts Goethes Werke, Briefe und sonstige Lebenszeugnisse lückenlos ediert wurden, begriff die Nachwelt, was für eine enorme Rolle die Napoleon-Begegnung für Goethe spielte – ihre Spuren lassen sich bis in den letzten Akt von *Faust II* nachweisen. Dass der deutsche Dichter dem Kaiser politisch näherstand als dessen patriotischen deutschen Gegnern, das hatten schon die Zeitgenossen begriffen, teils mit Zustimmung wie Heinrich Heine, teils betrübt wie Ernst Moritz Arndt.

Umso brisanter ist nun ein Fund im Goethe-und-Schiller-Archiv, den der amerikanische Germanist W. Daniel Wilson gemacht hat. Wilson erforscht gerade, wie Goethes Weimarer Zeitgenossen und Erben seine Werke zensierten und verstümmelten, vor allem erotische Gedichte, die in Deutschland lange als so anstößig galten, dass Goethe sie zu Lebzeiten nicht in den Originalfassungen publizieren konnte und sie danach nur zögerlich ans Licht kamen.

Dieser Zensur aber scheint auch ein unschätzbares Dokument zum Opfer gefallen zu sein, von dem wir nun durch Vermerke erfahren, die von Mitarbeitern des 1885 gegründeten Goethe-Archivs (später Goethe-und-Schiller-Archivs) hinterlassen wurden. Das Archiv wurde vom Weimarer Großherzog Carl Alexander und seiner Frau Sophie eingerichtet, um den Nachlass Goethes zu bewahren, den sie vom letzten Enkel des Dichters geerbt hatten. Daraus entstand das Großunternehmen der »Weimarer Ausgabe«, oft auch »Sophien-Ausgabe« genannt wegen des tätigen Anteils der resoluten Großherzogin. Es kam 1919 mit 143 Bänden zum Abschluss.

In den Beständen des Archivs fand Wilson nun einen Vermerk des Archivleiters Wolfgang von Oettingen vom 6. September 1911 zu sogenannten Secretanda (also »zu sekretierenden« Handschriften): »Einen Brief Goethes an Napoleon hat

Erich Schmidt dem Großherzog Carl Alexander zu absoluter Sekretierung empfohlen, wegen entschiedener moralischer Verwirrung Goethes: das wird der Brief sein, den nach Geh. Hofrat Küchlings Aussage die Großherzogin Sophie als compromittierend verbrannt hat.« Das bezog sich auf eine Mitteilung des Germanisten und früheren Archivleiters Erich Schmidt vom 20. Mai 1911, in der er angab, er habe einen »einzigen Brief, der politisch den übelsten Anstoß hätte geben müssen« (und dazu noch obszöne lateinische Blätter und Peniszeichnungen von Goethe) herausgenommen und »dem Großherzog zu geheimer Aufbewahrung gegeben«.

Großherzog Carl Alexander scheint zumindest den Brief (und wohl nicht die für heutige Augen harmlosen Penisskizzen, die sich erhalten haben) seiner Frau Sophie ausgehändigt zu haben. Der Hofrat Küchling, der die Verbrennung bezeugte, war ihr Privatsekretär. Die Details der jahrelangen Reinigungen und Verstümmelungen in Goethes schriftlichem Nachlass beschreibt Wilson umfassend in einer Studie, die im Wehrhahn-Verlag in Halle 2015 erschienen ist.

Die Spur von einem nicht erhaltenen Brief an Napoleon ist dort fast eine Nebensache, doch für Historiker eine Sensation. Da sich sonst keine Spur des Briefes erhalten hat, auch nicht in den sorgfältigen Registraturen von Napoleons Korrespondenz, die seit dem 19. Jahrhundert immer vollständiger ausgewertet wurde, kann man vermuten, dass Goethe ihn nicht abgesandt hat. Goethe hat immer wieder Briefe entworfen und dann doch nicht verschickt, gelegentlich auch durch meist kürzere Zweitentwürfe ersetzt. Fast immer enthalten solche nicht abgesandten Schreiben die Spur eines Konfliktes, einer Goethe'schen Erregung, die nicht ans Licht kommen sollte – Albrecht Schöne hat das Konzept eines nicht abgesandten Wutbriefs an den Verleger Cotta vom

24. Dezember 1806 interpretiert, eine der interessantesten Studien seines Buchs zu Goethes Briefen.

Im Falle des Napoleon-Briefs ist man vorerst auf Spekulationen angewiesen. Wann mag Goethe ihn entworfen haben, was mag das Schriftstück enthalten haben? Darüber können die Experten jetzt lange streiten.

Es gibt zwei plausible Zeitpunkte: Natürlich kann Goethe ihn während oder nach dem Erfurter Kongress geschrieben haben, reagierend auf die Einladung nach Paris und dankbar für die Aufnahme in den Orden der Ehrenlegion. Wahrscheinlicher scheint ein anderer Zeitpunkt zu sein, nämlich die Tage und Wochen nach der Schlacht von Jena und Auerstedt vom 14. Oktober 1806. Damals stand die Existenz des Herzogtums Weimar wochenlang auf der Kippe, denn Herzog Carl August hatte zu Napoleons Zorn auf der Seite der besiegten Preußen gekämpft.

»Ich werde Ihren Mann vernichten!«, hatte Napoleon der Herzogin Luise zugezischt, als sie ihn nach der Schlacht im Weimarer Schloss empfing – ihr Gemahl war auf der Flucht in Norddeutschland. Hätte Napoleon das Herzogtum aufgelöst, dann hätte auch Goethe seine materielle Lebensgrundlage verloren. Grund genug für einen Brief an den Allgewaltigen? Wenn es so war, wäre es ein Dokument der Panik gewesen.

Gustav Seibt, geboren in München, schreibt unter anderem seit 2001 für die SZ.

Diamantenfieber

Wie ein falscher Doktor mit erfundenen Edelsteinen Wirtschaftsminister Ludwig Erhard und seine Investoren reinlegte.

von Josef Schnelle

Berühmte Diamanten werden – wenn sie nicht der Koh-i-Noor, der Berg des Lichts, sind – oft nach Herrschern und Potentaten benannt, nach dem indischen Großmogul, nach Erzherzog Joseph oder nach dem russischen Grafen Orloff. In diese Aufzählung wollte sich Anfang der Fünfzigerjahre offenbar auch der damalige Bundeswirtschaftsminister Ludwig Erhard einreihen mit einem »Ludwig-Erhard-Diamanten«.

Es ist bis heute ungeklärt, ob diese Benennung vorher vertraglich festgelegt worden war oder ob sie einer Laune des Erfinders und Tüftlers Hermann Meincke entsprang, dem das Wirtschaftsministerium großzügig unter die Arme gegriffen hatte, als er seinen Plan vortrug, in Bad Godesberg als weltweit Erster künstliche Diamanten herstellen zu wollen. Unter den Fittichen des Wirtschaftsministeriums und sogar auf dessen Gelände hatte sich Meincke ein kleines Luftschloss in einem fensterlosen ehemaligen Gasmasken-Prüfbau der Gallwitz-Kaserne errichtet. Da widmete er sich der »Züchtung« künstlicher Diamanten und wohnte zeitweise auch dort. 1950 hatte Dr. Meincke, wie er sich nannte, zusammen mit dem Geschäftsmann Ernst Werner die Hamak gegründet, die Hartmaterial Kommanditgesellschaft. Die Firma hatte 800 000 DM Einlagekapital, das von einer Gruppe reicher Rheinbarone aufgebracht worden war. Von Wirtschaftsminister Erhard kam ein hilfreicher Persilschein für Investoren: »Auf Wunsch bestätige ich Ihnen, dass ich wegen der Bedeutung Ihrer Produktion für die Devisenlage Westdeutschlands das größte Interesse daran habe.«

Direkte staatliche Gelder steckten nicht im Projekt. Doch im Wirtschaftsministerium war man sehr angetan von Meinckes Experimenten. Versprachen sie doch, aller Welt, auch der amerikanischen Besatzungsmacht, ein Schnippchen zu schlagen. Meincke hatte versichert, in den Wirren des Zweiten Weltkrieges im Heereswaffenamt künstliche Diamanten gezüchtet zu haben. So arbeitete er Tag für Tag in seinem Labor, bis er angeblich am 1. September 1951 fündig wurde. Ein fröhliches »Heureka« soll er mitten in die Geburtstagsfeier seines Kompagnons Ernst Werner geschmettert haben. Der »Ludwig-Erhard-Diamant« war geboren. So ganz sicher war man sich allerdings nicht, ob man tatsächlich zum Wirtschaftswunder das Finanzwunder entdeckt hatte. Man ließ Experten der Firma Zeiss-Opton den Diamanten prüfen. Sie befanden ihn für echt, was er ja auch war. Hermann Meincke stellte man unter Polizeischutz. Einer seiner Schutzengel begründete das so: »Damit uns der Doktor nicht geklaut wird.« In Wahrheit hatte Hermann Meincke keinen Doktortitel.

Als ungelernter Arbeiter in Klempnereien und Schlossereien war er dank unermüdlichem Selbststudium technischer Zeichner in einer Berliner Maschinenfabrik geworden. Nicht der falsche Diamant, sondern der falsche Doktor sollte ihm zum Verhängnis werden. Meincke war nämlich

Hermann Meincke behauptete 1950, Diamanten züchten zu können.

nirgendwo im Promotionsregister verzeichnet. Noch einmal redete er sich heraus. In den Kriegswirren sei eben alles verloren gegangen. Er schaffte es, sich bei der TH Berlin-Charlottenburg eidesstattliche Erklärungen von drei Professoren zu besorgen, die seine »Promotion« bestätigten. Er erhielt sogar eine Zweitschrift seiner Promotionsurkunde, die doch nie existiert hatte!

Erst im August 1952 verstärkte sich durch undichte Stellen in Meinckes Firma der Verdacht, dass nicht alles mit rechten Dingen zuging. Das Wirtschaftsministerium suchte die Folgen des Skandals zu minimieren und zeigte ihn an. Beim Prozess vor dem Bonner Landgericht 1953 gab Meincke zu, Diamantensplitter in den Abbrand bei seinen Experimenten zur Erzeugung künstlicher Diamanten geschmuggelt zu haben. Das habe er jedoch nur deshalb getan, weil die Geldgeber und das Wirtschaftsministerium ihn so sehr unter Zeitdruck gesetzt hätten. Er habe einfach noch ein wenig länger gebraucht für die synthetische Diamantenproduktion, sei aber kurz vor dem Durchbruch gewesen. Er wurde zu drei Jahren Gefängnis verurteilt, und seine Spur verliert sich danach.

War er ein Scharlatan oder einfach ein Erfinder, der ein wenig zu früh dran war? Beim Prozess wurde er vor allem für das Führen falscher Titel und wegen Meineides verurteilt. Der Kommanditist Hannibal von Lüttichau rief vor Gericht aus: »150 000 Mark hat unsere Familie der Spaß gekostet. Na, Schwamm drüber. Man muss Verluste mannhaft tragen.« Die SPD-Opposition im Deutschen Bundestag hatte mit dem »falschen Erhard« endlich einen handfesten Skandal gefunden und originelle Wahlkampfmunition. Bei einer Kleinen Anfrage – Bundesdrucksache Nr. 3995 vom Januar 1953 – musste Ludwig Erhard Stellung nehmen zur Förderung der Herstellung von künstlichen Diamanten mit Unterstützung des Wirtschaftsministeriums. »Ich habe den Herstellungsraum nur ein einziges Mal betreten, ohne dass dabei Versuche vorgeführt wurden«, ließ Erhard versichern und kassierte zum Spott auch noch den politischen Schaden. Das DDR-Fernsehen rollte den Fall 1963 in der Krimireihe *Bon-*

ner Pitaval genüsslich auf als Beleg für die Verderbtheit des westlichen Systems.

Auch wenn Hermann Meincke offenbar betrügerisch gehandelt hatte, so war er doch dem wissenschaftlichen Zeitgeist auf der Spur. Wenig später, 1955, entwickelte General Electric tatsächlich »Man Made Diamonds«, millimetergroße Industriediamanten, die in Bohrkernen verwandt werden konnten. »Wieder ein Menschheitstraum erfüllt«, titelte *Die Zeit* am 17. März 1955. Von Hermann Meincke war da nicht mehr die Rede.

Josef Schnelle, geboren in Rheydt am Niederrhein, ist unter anderem seit 2014 Autor für die SZ.

Ho-wer?

Die zwei berühmtesten Epen der Antike werden ihm zugeschrieben – doch über die Identität des Autors Homer wird bis heute debattiert.

von Johan Schloemann

Dürfen wir vorstellen: die rosenfingrige Morgenröte. Der männermordende Krieg. Der schnellfüßige Achilles. Der listenreiche Odysseus. Und dazwischen viele, viele Worte, die dem Gehege der Zähne entfliehen …

So klingt es am Anfang der abendländischen Literatur, in den beiden großen frühgriechischen Epen *Ilias* und *Odyssee*. Es sind jene berühmten wiederkehrenden Formeln, die von dieser monumentalen, unerschöpflichen Dichtung am meisten im Gedächtnis bleiben – abgesehen natürlich von all den unvergesslichen Geschichten rund um den Krieg vor Troja und die Irrfahrten des Odysseus – etwa dem einäugigen Kyklopen, dem herzzerreißenden Abschied des trojanischen Helden Hektor von seiner Frau und seinem Kind oder dem nach zwanzig Jahren heimkehrenden Krieger und Seefahrer Odysseus, der sich als Bettler verkleidet und dann zuallererst von seinem treuen alten Hund wiedererkannt wird.

Wenn aber die ausschmückenden Formeln und die typischen Szenen – also gleich oder ähnlich lautende Standardschilderungen von Mahlzeiten, Opferritualen, Kampfsitua-

Angeblich war er blind. Für die Forschung ist Homer heute nicht (nur) ein Sänger, sondern ein raffinierter Autor.

tionen – im kulturellen Gedächtnis so stark haften, dann deshalb, weil sie einst auch den Produzenten dieser Dichtung im Gedächtnis haften sollten. Denn die homerischen Epen, die je nach Forschungsmeinung früher oder später als 700 v. Chr. entstanden, stammen ursprünglich aus einer mündlichen Sängertradition.

In einer schriftlosen Kultur musste der improvisierende Poet einen großen Stress aushalten: Seine Geschichte durfte nicht abreißen, und die Wörter mussten immer ins Versmaß passen, in diesem Fall ins »heroische« Versmaß, also den Hexameter, ohne dass der Dichter bei der Livekomposition ins Stolpern kam. Dafür brauchte er, ohne schriftliche Grundlage, einen verlässlichen Vorrat an memorierten festen Elementen, die sich geschmeidig einbauen ließen. Mit diesen Poesiebausteinen konnte sich der Barde vom Improvisationsdruck entlasten, ja die Improvisation überhaupt erst möglich machen. Zum Beispiel eben mit der immer wiederkehrenden »rosenfingrigen Morgenröte«. Verschiedene namenlose Dichter haben auf diese Weise Erzählungen von Helden und Göttern über Jahrhunderte tradiert – nicht ewig unverändert Wort für Wort, sondern in einer beweglichen Mischung aus Überlieferung und Erfindung. All das ist keine wilde Spekulation im Nebel der Frühgeschichte, es ließ sich vielmehr durch die vergleichende Untersuchung verschiedener schriftloser Kulturen plausibel machen.

Wenn aber nun die *Ilias* und die *Odyssee* auf eine anonyme mündliche Tradition, auf eine Art Dichterkollektiv zurückgehen – wer ist dann eigentlich »Homer«, der diese Riesentexte in je 24 Gesängen geschrieben haben soll? Dies ist die »homerische Frage«, über die vor allem seit einer berühmten Schrift des deutschen Philologen Friedrich August Wolf aus dem Jahr 1795 *(Prolegomena ad Homerum)* heftig diskutiert wird – schon die Weimarer Klassiker beteiligten sich an dieser Debatte.

Lange Zeit war man von der mündlichen Volksdichtung und von der Entdeckung der »Oralität« der Texte derart begeistert, dass aus dem Verfasser der beiden Epen bloß noch eine Art Lektor wurde oder ein Redakteur, also eine spätere, sekundäre Figur, die die Aufzeichnungen von diversen mündlichen Gesängen oder gar vom gesamten Epos als Text organisierte und ein wenig auch kompilierte. Mal setzte man den Zeitpunkt dieser Aufzeichnung auf die »homerische« Zeit an, also auf die archaischen Anfänge der griechischen Stadtkultur im 8. und 7. vorchristlichen Jahrhundert, als die Griechen gerade erst die Alphabetschrift vom Seefahrervolk der Phönizier übernommen und sie zu einem »richtigen« Alphabet mit Vokalen und Konsonanten gemacht hatten; oder man datierte die »Redaktion« von *Ilias* und *Odyssee* auf 200 Jahre später ins klassische Athen. Rezitatoren von Heldendichtung, Rhapsoden genannt, sollten die Überlieferung bis dahin lebendig gehalten haben.

Inzwischen aber hat die international weitverzweigte Homer-Forschung die Texte so genau untersucht, dass sie mehrheitlich doch wieder von einem einzelnen Autor der Epen ausgeht, dem das Medium der Schrift bereits zur Verfügung stand. Zwar hat dieser sicher sprachliche und motivische Traditionen früherer mündlicher Sänger übernommen, aber die Komposition der beiden großen Erzählungen ist trotz einiger inhaltlicher Widersprüche so kunstvoll, dass die überlieferten Werke wohl doch aus einem Guss sind. Ein Indiz dafür sind die geschickten Rückblenden, Ausblicke und exemplarisch vorgeführten Konflikte, mit denen ein ermüdendes lineares Erzählen der jeweils zehn Jahre dauernden Handlung vermieden wird.

Wenn die Literaturgeschichte also den Autor »Homer« wiederhat, der im 8. oder 7. Jahrhundert v. Chr. lebte – wer war er, woher stammte er? Das ist und bleibt heute so unklar wie schon in der späteren Antike, als sich diverse Städte und Inseln als Geburtsort des angeblich blinden Sängers bewarben. Der Dichter und Übersetzer Raoul Schrott wollte Homer nach Kilikien in der heutigen Südosttürkei versetzen, aber das hat die Forschung verworfen. Nicht unwahrscheinlich ist eine Herkunft aus Kleinasien, vielleicht rund um das heutige Izmir. Wohl war »Homer« ein Wanderpoet zur Unterhaltung von Aristokraten – so werden Dichter in den Epen beschrieben.

Aber es darf noch weiter gerätselt und gestritten werden: Wenn es doch Einzelschöpfungen sind – sind *Ilias* und *Odyssee* von einem Autor oder von zweien? Und: Hat der Kampf um Troja einen historischen Kern, und wenn ja, welchen?

Johan Schloemann, geboren in Bochum, ist seit 2004 Autor der SZ.

Wo ist D. B. Cooper?

Der Flugzeugentführer sprang 1972 mit seiner Beute aus einer Boeing – und wurde nie mehr gesehen.

von Bernd Graff

Man weiß immer noch wenig über D. B. Cooper. Doch so hieß er ja auch gar nicht. Unter dem Namen hatte ein Mann sich im November 1971 ein One-Way-Flugticket von Portland in Oregon nach Seattle im Bundesstaat Washington gekauft. Damals war es einfach, sich unter irgendeinem Namen ein Ticket zu besorgen. Das einzige Bild von ihm stammt aus dem Jahr 1972. Es ist ein Fahndungsbild des FBI. Es zeigt einen akkurat gescheitelten Herrn mit hoher Stirn, schmalen Lippen, einem ebenso schmalen Schlips in einem Anzug aus der Mad-Men-Ära, also aus den Sechzigern. Ein Mad Man war er ja auch, ein Verrückter.

D. B. Cooper trat seinen Flug an, orderte, kaum dass die Boeing 727-051 der Fluggesellschaft Northwest Orient Airlines in der Luft war, einen Drink. Da hatte er schon eine erste Zigarette geraucht. Die Stewardess bringt den Drink, beim Bezahlen reicht ihr Cooper einen Zettel. Sie ignoriert das Papier. Cooper erklärt ihr dann freundlich und sehr ruhig, sehr klar und sehr unmissverständlich: »Gnädige Frau, Sie schauen sich den Zettel am besten jetzt an. Ich habe eine Bombe.«

Die Stewardess liest: »Ich habe eine Bombe in meiner Aktentasche. Falls nötig, werde ich von ihr Gebrauch machen. Ich möchte, dass Sie sich neben mich setzen. Das ist eine Entführung.« Die Stewardess, Florence Schaffner, bittet darum, die Bombe zu sehen. Cooper öffnet seine Aktentasche, sie sieht Drähte und etwas, das an rote Dynamitstangen erinnert. Cooper fordert nun 200 000 Dollar und vier Fallschirme: für sich, den Piloten, den Copiloten und Frau Schaffner, dazu Treibstoff für das Flugzeug. Denn, so der Plan, er übergibt am Zielflughafen die Mitpassagiere, nimmt das Geld und hebt allein mit Crew, Geld und den Fallschirmen wieder ab.

Dieser Austausch findet wie geplant statt. Cooper, nun allein mit der Crew, gibt Anweisung, von Seattle Richtung Mexiko zu starten, das Flugzeug dürfe allerdings nicht höher als 3000 Meter steigen, nicht schneller als 200 Meilen pro Stunde fliegen und Landeklappen und Fahrwerke sollen ausgefahren bleiben. Dann beordert er die Crew ins Cockpit. Cooper ist nun allein im Passagierbereich. Er wickelt die 200 000 Dollar in einen der Fallschirme, schnallt sich selber einen um, raucht eine weitere Zigarette der Marke Raleigh, nippt noch einmal an seinem Bourbon.

Was danach passiert, ist nur möglich, weil die Boeing 727 über eine Heckklappe mit einer Gangway verfügt. Cooper begibt sich also ins Heck der Maschine, öffnet die Klappe, lässt in tiefer Nacht die Gangway hinunter, steigt darauf hinab – und springt bei strömendem Regen mit 21 Pfund Bargeld in die Geschichte der Flugzeugentführungen hinein. Seine Krawatte hatte er an Bord zurückgelassen. Danach hat man nie wieder von ihm gehört. Der Cooper-Flug bleibt bis heute die einzige ungelöste Flugzeugentführung in den USA.

Nach der Landung stellte man fest, dass an der Treppe ein Metallschild abgerissen war. Dieses fanden Jäger im Jahr

Die Boeing 727 verfügte über eine Heckklappe mit Gangway, für Coopers Coup entscheidend.

1978 in den Wäldern von Castle Rock, Washington. 1980 entdeckte ein Junge 5800 Dollar in fast verrotteten Zwanzig-Dollar-Scheinen am Ufer des Columbia River im Sand. Das Geld stammt definitiv aus Coopers Beute.

Man hatte ihm fotografierte Scheine ausgehändigt, kannte also die Seriennummern der Banknoten. Der Rest der Beute wurde nie gefunden. Auch Cooper wurde nie aufgespürt. Man nimmt an, dass er die vier Fallschirme für sich und die Crew geordert hatte, um sicherzugehen, dass man ihm funktionstüchtige Schirme übergab.

Der Trick mit dem Absprung aus einer fliegenden 727 machte Schule. Nachahmer, darunter vielleicht auch Cooper selber, hüpften so lange mit Beutedollars von den Hintertreppen der Flugzeuge, bis man einen aerodynamischen Keil installierte: den nach dem Erstentführer benannten »Cooper Vane«, der ein Herablassen der Treppe während des Fluges verhinderte.

Von Dan Cooper gibt es nur diese Phantombilder des FBI.

Einen der Nachahmer (oder das Original!), einen Richard McCoy, überführte das FBI, weil er seine Fingerabdrücke auf einer Bordzeitschrift hinterlassen hatte – und nach seiner Landung im Springeroverall samt Beute nach Hause getrampt war. Den Vietnamveteranen und Lehrer an einer Sonntagsschule der Mormonen halten die Autoren eines 1991 erschienenen Buches für D. B. Cooper. Unter anderem deswegen, weil er auf die Frage, ob er Cooper sei, geantwortet hatte: »Darüber möchte ich nicht sprechen.« McCoy wurde zu 45 Jahren Haft verurteilt und im Herbst 1974 nach einem Ausbruch aus dem Gefängnis erschossen. Doch er blieb nur einer von fast 800 Verdächtigen, die das FBI für mögliche D. B. Coopers hielt.

Inzwischen gehen aber auch Chanté und Rick McCoy, die Kinder dieses Flugzeugentführers, davon aus, dass ihr verstorbener Vater die Boeings in seine Gewalt brachte. Angeblich haben die Geschwister den Tod ihrer Mutter Karen abgewartet, bevor sie ihr Familiengeheimnis lüfteten. Auch weist genetisches Material, das an der im Flugzeug zurückgelassenen Ansteckkrawatte gefunden wurde, angeblich Übereinstimmungen mit der DNA des Sohnes des Verstorbenen auf. Eine Exhumierung von McCoys Leichnam wird nun erwogen.

Derweil ist ein FBI Special Agent Dale Bartholomew Cooper in den wolkenverhangenen Wäldern der Cascade Range in Washington ganz anderen Mysterien nachgegangen. Dieser D. B. Cooper ist der Protagonist von David Lynchs US-Fernsehserie *Twin Peaks* - er ist nach dem so dringend gesuchten Flugzeugentführer benannt.

Bernd Graff, geboren in Aachen, schreibt seit 1991 für die SZ.

Dichter auf Abwegen

Heinrich von Kleist ist verliebt, er will heiraten. Doch dann bricht er auf zu einer Reise, deren Gründe bis heute im Dunkeln liegen. Eine Spurensuche.

von Jens Bisky

Im Sommer des Jahres 1800 bricht Heinrich von Kleist das Studium in seiner Geburtsstadt Frankfurt an der Oder ab, eilt nach Berlin und schreibt seiner Halbschwester Ulrike, der neben Penthesilea und Käthchen wichtigsten Frau seines Lebens, dass er ihr die Wahrheit verschweigen müsse. Es sei »nothwendig, nothwendig«, den Zweck der scheinbar abenteuerlichen Reise, die er nun unternehmen werde, zu verheimlichen. Wilhelmine von Zenge, mit der er seit Kurzem verlobt war, erfährt in einem zärtlichen Brief, Wichtiges stehe auf dem Spiel, es gehe dabei so gut um ihr Glück wie um seines, vielleicht mehr noch um das ihre. Der 22-Jährige ermahnt die Braut, sie dürfe ihr Versprechen nicht vergessen: »unwandelbares Vertrauen in meine Liebe zu Dir, und Ruhe über die Zukunft«.

Was ist in ihn gefahren? Warum verreist er? Und mit welcher sorgsam verborgenen Absicht? Bis heute lässt sich das nur vermuten. Aber Kleist gehört zu den Dichtern, über die man alles wissen will und vieles wissen muss, will man nicht auf Zerrbilder, Klischees hereinfallen oder auf die Rollenbilder, die er von sich selbst entwarf. Zunächst fährt er nach Pasewalk, seinen Freund Ludwig von Brockes zu treffen, der ihn auf seinem Abenteuer begleiten soll. Ende August spricht Kleist noch mit einem hohen Beamten in Berlin; am 28. brechen sie gen Süden auf, sie wollen nach Wien. In Leipzig immatrikulieren sich die Freunde als Klingstedt und Bernhoff an der Universität. Nächste Station ist Dresden, wo sie vom englischen Gesandten neue Pässe zu erhalten hoffen. Das schlägt fehl; sie ändern ihr Reiseziel: Straßburg oder Würzburg, noch ist es unentschieden. Am 11. September 1800 schreibt Kleist vergnügt aus Würzburg an sein »liebstes Herzensmädchen«. Sie bleiben in der Stadt, die eine Belagerung durch französische Truppen erwartet. Erst am 22. Oktober beginnt die eilige Rückreise nach Berlin. Was hatten sie in Würzburg gewollt?

Wir wissen aus den Briefen, was sie sahen, wir sind über viele Einzelheiten gut informiert, aber die Details fügen sich nicht zu einer schlüssigen Geschichte. Das Rätsel der »Würzburger Reise«, die besser Reise der verschleierten Zwecke hieße, haben Kleist-Forscher seit Jahrzehnten zu lösen versucht. Da Heinrich von Kleist die Generalstochter Wilhelmine von Zenge hartnäckig zur Verlobung gedrängt und die Freuden des Ehestandes mit leidenschaftlicher Pedanterie ausgemalt hatte, liegt die Vermutung nahe, er habe etwas unternommen, um bald heiraten zu können. Möglicherweise standen dem gesundheitliche Probleme im Wege, Impotenz oder eine Phimose? Aber zur Behandlung einer Vorhautverengung hätte er doch in Berlin einen Arzt aufsuchen können, ohne mehrere Hundert Taler Reisekosten aufbringen zu müssen, Geld, das er nicht besaß. Einst werde es, schrieb er Ulrike von Kleist, sein Stolz und seine Freude sein, den Reisezweck mitzuteilen. Tatsächlicher Aufwand und Verschleierungsrhetorik wären selbst für den unaussprechlichen, oft übertreibenden Kleist unangemessen, wäre es um eine Phimose oder andere Hemmungen des Sexualapparats gegangen. Und dass er unter dergleichen litt, ist unbewiesen.

Sicher ist, dass es Kleist an Mitteln fehlte. Er verfügte weder über ein ausreichendes Vermögen noch über Einkünfte, die ein standesgemäßes Leben ermöglicht hätten. Er brauchte eine Stellung, sonst würden Wilhelmines Eltern einer Heirat nie zustimmen. Er könnte also versucht haben, sich auszubilden oder für ein Amt zu empfehlen. Vor der Reise hat er im Ministerium für Akzise-, Zoll-, Kommerzial- und Fabrikwesen vorgesprochen. Ging es um Industriespionage? Dann wäre die Notwendigkeit der Geheimhaltung erklärt, auch hat Eberhard Siebert ermittelt, dass sowohl in Wien als auch in Würzburg für Preußens Textilindustrie nützliche Verfahren des Färbens und Bleichens hätten ausgekundschaftet werden können.

War Kleist wegen der Rezeptur des Pickelgrüns in Würzburg? Die Spionagehypothese hat vieles für sich, nur passt sie nicht zum damals sittenstrengen Kleist, der Lügen verabscheute und versicherte, seine Zwecke seien »der Verehrung jedes edeln Menschen werth«.

Wollte er im Glücksspiel gewinnen, sich mit einer Verteidigungsschrift den Freimaurern empfehlen, sich in Würzburg habilitieren? Überzeugen konnte bis heute keine der mit viel Spürsinn entwickelten Hypothesen. Gab es überhaupt ein Geheimnis? Vielleicht hat Kleist Braut und Verwandtschaft lediglich in die Irre geführt, um sich eine Auszeit zu gönnen – selbstverständlich mit einem Freund. Vielleicht ahnte er, dass der Lebensplan, von dem er so gern sprach, nicht weit trug, dass seine Bestimmung nicht darin bestand, Beamter und Ehemann zu werden. Und doch reizte ihn diese Aussicht immer wieder. Die Spannung zwischen Wunsch und Einsicht, der Riss im Inneren, trieb hinaus, lockte auf Reisen. Hat Kleist den Zweck des Abenteuers auch vor sich selbst verheimlicht?

Während der Reise schrieb er einige seiner schönsten Briefe; nach der Rückkehr erinnert er sich an einen Spaziergang »an jenem Abend vor dem wichtigsten Tage meines Lebens in Würzburg«. Die Sonne sank, auch sein Glück schien unterzugehen, er ging durch ein gewölbtes Tor: »Warum, dachte ich, sinkt wohl das Gewölbe nicht ein, da es doch keine Stütze hat? Es steht, antwortete ich, weil alle Steine auf einmal einstürzen wollen ...« Das Bild wird er in der *Penthesilea* verwenden. Ob er am »wichtigsten Tag« die Pickelgrün-Rezeptur erhielt, Professoren, Freimaurer oder einen Arzt traf – er wurde während der Reise dem Kleist ähnlicher, dem wir Penthesilea, Käthchen, Kohlhaas verdanken. Ein bleibendes Rätsel.

Jens Bisky, geboren in Leipzig, ist seit 2001 Autor für die SZ.

Wer war Till Eulenspiegel?

Seit Jahrhunderten versuchen Forscher, die Existenz des großen Schalks zu beweisen, der die Fantasie bis heute beflügelt.

von Florian Welle

Der heute fast vergessene Wolfdietrich Schnurre erhielt 1970 den Eulenspiegelpreis. In seiner Dankesrede wetterte der Schriftsteller gegen die immer weiter um sich greifende Entstellung des berühmten Schalks zu einer harmlosen Witzgestalt. Till Eulenspiegel, Freund aller Kinder. Ihm setzte er die Schwankfigur des erstmals um 1510/11 in Straßburg vom Verleger Johann Grüninger gedruckten Volksbuchs *Ein kurtzweilig lesen von Dil Ulenspiegel* entgegen. Dieser »Dil« oder »Dyl« sei ein Außenseiter mit »Kodderschnauze« gewesen, »derbgehobelt« und »krass asozial«.

Sieht man einmal von der Riesenzahl kindgerechter Ausgaben ab, zeigt schon ein kurzer Blick ins Internet, dass die Figur derweil gänzlich politisch korrekt entschärft ist. Statt als gerissener Wortverdreher, fauler Herumtreiber und rachsüchtiger Betrüger mit starkem Hang zu Fäkalien (und auch zur Tierquälerei) erscheint er nur noch als liebenswürdig-seiltanzender Possenreißer. In einem der bekanntesten Streiche schwätzt er erst einem Haufen junger Leute ihre Schuhe ab; spannt sie sodann an eine Leine, um sie schließlich wild durcheinanderzuwirbeln, worüber sich alle in die Haare kriegen.

Till Eulenspiegel.

Till Eulenspiegel. Stich aus dem 19. Jahrhundert nach der Darstellung auf seinem Grabstein in Mölln.

Das lustig-freche Bild hat mit dem Ur-»Dil« des Volksbuchs nichts gemein. Schon die Narrenkappe, mit der man ihn sofort assoziiert, ist spätere Zutat. Auf den Holzschnitten der frühen Ausgaben des rasch in Europa wegen schonungsloser Verhöhnung der Großkopferten populären Textes trägt er keine Kopfbedeckung.

Wer aber war dieser Till Eulenspiegel wirklich? Gab es überhaupt eine historisch verbürgte Person gleichen Namens, oder ist er lediglich literarisches Hirngespinst? Die Frage beschäftigt die Eulenspiegel-Forschung wie sonst nur noch die nach dem Verfasser des Volksbuchs – Till, so er denn existierte, hätte an den mitunter vehementen Debatten seine diebische Freude. Auch über den Autor herrscht derzeit wieder Uneinigkeit, nachdem man in den Siebzigern glaubte, in dem Zollschreiber Hermann Bote endlich den wahren Urheber entdeckt zu haben. Aber das ist eine andere verzwickte Geschichte.

Obwohl es keine eindeutigen Belege für die tatsächliche Existenz Till Eulenspiegels gibt, ging bereits der Hamburger Archivar und Eulenspiegel-Exeget Johann Martin Lappenberg Mitte des 19. Jahrhunderts davon aus, dass der Schalk einst im Braunschweigischen gelebt haben muss, ehe er auszog, um von Kopenhagen bis Wien, von Prag bis Straßburg sein Unwesen zu treiben. Er sei 1300 als Sohn eines Bauern in Kneitlingen am Elm zur Welt gekommen und 1350 in Mölln gestorben. Als wichtigstes Indiz dafür, das seither gerne weitergegeben wird, gilt, neben einem Eintrag zum Tod eines »Ulenspeygels to Möllen« in der Braunschweiger Weltchronik, ein Grabstein in Mölln. Die stark verwitterte Inschrift lautete zu Lappenbergs Zeiten: »Anno 1350 is dusse steen up gehauen tyle ulenspegel lent hir under begraven.«

Besitzt man mit dem heute noch zu besichtigenden Grab in der Causa Eulenspiegel den Stein der Weisen? Die Verlockung, das zu glauben, ist groß. Schließlich berichtet die letzte Historie des Volksbuchs von Tills kuriosem Möllner Begräbnis im Jahre 1350 – er fand aufrecht stehend anstatt liegend seine letzte Ruhe. Doch Vorsicht ist geboten. Zum einen macht stutzig, dass ausgerechnet während der großen Pestepidemie einem umherstreunenden Gesellen ein Grabstein errichtet worden wäre. Zum anderen hatten diese damals nur lateinische Inschriften. Dann wird das Grab quellenkundlich erstmals 1536 vom Wismarer Stadtsekretär Jordan Höppener erwähnt – 186 Jahre nach dem angeblichen Tod Tills. Somit hat es ganz den Anschein, als wäre der Stein erst gut drei Jahrzehnte nach Erscheinen des Volksbuchs aufgestellt worden. Als eine Art Gedenkstein für die bei der breiten Bevölkerung durch die Buchveröffentlichung beliebte Schwankfigur.

Heißt das, Till Eulenspiegel ist nur dem Kopf eines fantasiebegabten Dichters entsprungen, wer immer es auch gewesen sein mag? So eindeutig lässt sich auch das nicht sagen. Es gibt Spuren, die nahelegen, dass im 14. Jahrhundert durchaus eine, wenn nicht mehrere reale Personen lebten, die als Vorbilder für den literarischen »Dil« getaugt haben könnten. Im Laufe der Jahrzehnte verschmolzen sie in den Köpfen zu einem sagenumwobenen Helden Till, dessen mündlich überlieferte Taten schließlich 1510/11 schriftlich fixiert wurden. So verwies der Germanist Dieter Arendt vor vierzig Jahren auf einen Briefwechsel zwischen dem Historiker Dietrich von Niem und dem Abbreviator Johannes Stalberg von 1411. Dort werde, so Arendt, durch eine Anspielung auf den Schalk und seinen Namen unmissverständlich dessen Existenz im Bewusstsein der Briefschreiber bewiesen.

Auf einen anderen urkundlichen Fund verweist der Historiker Bernd Ulrich Hucker. In dem »stadtbraunschweigischen Verfestungsbuch« fand er eine Notiz über einen gewissen Thile van Cletlinge oder Till von Kneitlingen. Dieser habe dort nicht nur von 1339 bis 1351 einen Ackerhof besessen, sondern war außerdem ein gefürchteter Straßenräuber. Heute lässt sich daher sagen, dass das Buch *Dil Ulenspiegel* nicht die Biografie einer historisch exakt bestimmbaren Person liefert, sondern dass der literarische »Dil« eine sogenannte Kristallisationsgestalt für eine Vielzahl kursierender Geschichten und Motive ist, wobei sich Fakt und Fiktion bunt mischen. Denn »sicher ist«, schreibt Dieter Arendt, »dass sein Schelmenname mindestens hundert Jahre vor seiner Buchwerdung herumspukte im Volk. Anders ausgedrückt: Eulenspiegel, wann immer er gelebt haben mag, tritt in seine relevante Existenz um 1500, zur Zeit seiner literarischen Geburt.«

»Mein theuerstes Wesen«

Wer war Beethovens »Unsterbliche Geliebte«? Der mysteriöse Liebesbrief des Komponisten gibt bis heute Rätsel auf.

von Wolfgang Schreiber

»Mein Engel, mein alles, mein Ich.« Ludwig van Beethoven, 41 Jahre alt, schreibt der Frau, die er anbetet und begehrt, einen rätselhaften Liebes- und Schmerzensbrief. »Kann unsre Liebe anders bestehn als durch Aufopferungen, durch nicht alles verlangen, kannst du es ändern, daß du nicht ganz mein, ich nicht ganz dein bin ...« Beethoven verschweigt in dem mit Bleistift gekritzelten, dreiteiligen Brief nicht nur den Namen der angebeteten Frau, auch Ort und Jahreszahl. Als Datum vermerkt er bloß: »am 6ten Juli Morgends« – und fügt in der Brieffortsetzung hinzu: »Abends Montags«. Er teilt ferner mit, den Brief sende er mit der Post nach »K.«. Noch ein Rätsel: Hat Beethoven den Brief überhaupt abgeschickt? Sein Adlatus Anton Schindler fand ihn im Nachlass des Toten.

Wer war die Frau? Nach ihr fahnden die Musikhistoriker seit fast 200 Jahren. Immerhin ergab sich durch die Erwähnung des Wochentags die Chance, herauszufinden, dass der genannte Montag, 6. Juli, dem Jahr 1812 angehören musste. Obwohl auch die Jahre 1795, 1801, 1807 und 1818 einen Montag mit dem Tagesdatum enthielten. Beethovens spezieller Briefhinweis zum Postverkehr machte für »K.« das böhmische Karlsbad am wahrscheinlichsten – somit als Absendeort die nordwestlich von Prag gelegene Kurstadt Teplitz, wo sich Beethoven im Sommer 1812 tatsächlich zur Kur aufhielt.

Wie absonderlich Beethoven dort auf die Zeitgenossen gewirkt haben muss, beschreibt niemand anderes als Goethe im Brief an seine Frau Christiane. In Teplitz fand nämlich um die Zeit die berühmte Begegnung des Komponisten mit dem zwei Jahrzehnte älteren Dichter statt: »Zusammengeraffter, energischer, inniger habe ich noch keinen Künstler gesehen. Ich begreife recht gut, wie der gegen die Welt wunderlich stehen muß.« An anderer Stelle wird Goethe deutlicher: »Er ist leider eine ganz ungebändigte Persönlichkeit.« Der Republikaner Beethoven bewertet den Weimarer Fürstendiener strenger – an seinen Verleger: »Göthe behagt die Hofluft zu sehr – mehr als es einem Dichter ziemt.«

Der »ungebändigte« Beethoven bedrängt geradezu die Frau, die er in der Brieffortsetzung heftig anschwärmt: »guten Morgen am 7ten Juli – schon im Bette drängen sich die Ideen zu dir meine Unsterbliche Geliebte, hier und da freudig, dann wieder traurig, vom Schicksaale abwartend, ob es unß erhört«.

Gönnerinnen und Schülerinnen, Freundinnen, schließlich die »Unsterbliche Geliebte« – Beethoven hat sich zeit seines Lebens in Beziehungen zu Frauen gestürzt, sie in seiner scheuen, ehrerbietigen, auch begehrlichen Art hochgeschätzt, angebetet, geliebt. Beethovens größter Wunsch war es über viele Jahre hinweg, mit einer Frau die Ehe einzugehen. Vergeblich!

»Wer die ›unsterbliche Geliebte‹ auch gewesen sein mag, es ist offensichtlich, dass Beethoven im Sommer 1812 jede Hoffnung auf ein glückliches Eheleben verlor.« Der belgische Musikwissenschaftler Jan Caeyers hat in seiner exzellenten Beethoven-Biografie (*Der einsame Revolutionär*, 2012) die Flut von Büchern, Theorien und Vermutungen zur Unsterblich-Unbekannten verarbeitet: Er legt sich zwar nicht auf eine einzige Person fest, da es kaum hieb- und stichfeste Beweise gibt, aber Caeyers lässt erkennen, für welche Frau die besten Argumente sprechen. Die Musikforschung der letzten Jahrzehnte ist der Lösung des Rätsels tatsächlich nähergekommen.

Beethoven nennt seine Angebetete im Brief »mein theuerstes Wesen« oder auch »einziger schaz«. Sie gehörte jedenfalls der kunstliebenden Gesellschaft Wiens an, der sich Beethoven verbunden fühlte. Den Kandidatinnen wurden bisher zugerechnet: die Gräfin Giulietta Guicciardi und die Sängerin Amalie Sebald, die Pianistinnen Anna Maria Erdödy und Dorothea von Ertmann, sodann die Clemens-Brentano-Schwester Bettina und Therese Brunsvik.

Deren Schwester Josephine Brunsvik sowie, etwas schwächer platziert, Bettinas Schwägerin Antonie Brentano, Bankiersgattin, wären quasi die Siegerinnen des seltsamen Wettstreits um die Identifizierung von Beethovens großer Liebe. Zu diesem Ergebnis kam 1977 Harry Goldschmidt in seiner in Leipzig erschienenen »Bestandsaufnahme« um die Unsterbliche Geliebte, diese schicksalhafte erotische Affäre Beethovens. Um eine solche handelte es sich, folgt man der Argumentation von Marie-Elisabeth Tellenbach, die 1983 nachweisen wollte, wie sehr Beethovens Brief mit der adligen Ungarin Josephine Brunsvik zusammenhängt.

Demnach begegneten sich Josephine und Beethoven, der mit ihr Jahre davor eine intensive Beziehung hatte und ihr dann eine Reihe leidenschaftlicher Liebesbriefe schrieb, am 3. Juli in Prag, wo es zu einer gemeinsam verbrachten »erfüllten« Nacht gekommen sei. Beethovens im Brief vom 6./7. Juli neu entfachte Hoffnung auf Besiegelung der Liebe wird glaubhaft in den Worten: »sey ruhig, nur durch Ruhiges beschauen unsres Daseyns können wir unsern Zweck

Josephine Brunsvik. Unbezeichnete Bleistift-Miniatur, vor 1804.

zusamen zu leben erreichen«. Josephine, kurz vor der Scheidung vom Ehemann stehend, reiste jedoch vorzeitig, wohl in Panik, von Karlsbad zurück nach Wien. Neun Monate später brachte sie ihr siebtes Kind zur Welt, mit Namen Minona (ein Anagramm zu Anonym). Beethovens natürliche Tochter?

Jan Caeyers, der Biograf, bleibt in Sachen Josephine Brunsvik vorsichtig: Eine solche »Rekonstruktion« der Ereignisse wirke zwar »plausibel«, doch balanciere sie »auf der hauchdünnen Grenze zwischen Fakten und Fiktion«. Es zählt die Intuition: Nur Beethovens Musik kann das definitive, immer neu zu sprechende Schlusswort sein.

Wolfgang Schreiber, geboren in Koblenz, ist seit 1978 Autor der SZ.

Aalgemeinwissen

Er schwimmt 8000 Kilometer, nur um sich zu paaren, und lässt sich bis heute kaum erforschen: Der Aal ist seit Jahrhunderten ein rätselhaftes Tier.

von Rudolf Neumaier

Die Autoren des *Damen Conversations Lexikons* von 1834 spekulierten noch, zu welcher Gattung der Aal zu zählen sei: »Ob zu den Schlangen, zu den Fischen oder zu den Amphibien, zu den eierlegenden oder zu den lebendig gebärenden Thieren«. Das hat sich inzwischen geklärt: Der Aal ist ein Fisch. Aber ein Wunderwesen ist er immer noch.

Seit gut hundert Jahren forschen ihm die Biologen hinterher. Ein dänischer Wissenschaftler fand damals heraus, dass die Europäischen Aale zur Fortpflanzung in die Sargassosee wandern. Sie liegt im Osten von Florida zwischen Bermuda im Norden und den karibischen Inseln im Süden. Die Aale schwimmen also bis zu 8000 Kilometer, um sich zu paaren. Sie nehmen auf dieser Reise keine Nahrung auf. Und nach der Paarung sterben sie. Ihre Weidenblattlarven lassen sich von den ozeanischen Strömen zurück nach Europa schwemmen und wachsen auf diesem Weg bis zu sieben, acht Zentimetern Länge heran, bevor sie sich kurz vor Erreichen der Küsten zu sogenannten Glasaalen umwandeln.

Aber warum wandern die Aale ausgerechnet in die Sargassosee? Und warum nur dorthin, und zwar wirklich alle Aale, die nicht auf dem Weg von den Turbinen eines Wasserkraftwerkes in Stücke gehäckselt, geangelt, gefischt oder gefressen werden? Was steuert die Aale aus Rhein, Oder, Elbe und all den anderen Flüssen und den mit ihnen verbundenen Seen in die Sargassosee? Wie pflanzen sie sich dort fort? Warum lässt sich ihr Fortleben bis heute nicht – wie bei den allermeisten anderen Tierarten – durch künstliche Vermehrung sichern?

Reinhold Hanel, der in Hamburg das Thünen-Institut für Fischereiökologie leitet, forschte schon viermal in der Sargassosee. Doch bei den entscheidenden Fragen steht auch der Fischereibiologe noch vor einem Rätsel. Wie andere Wissenschaftler versah er Aale mit Sonden, etwa drei Zentimeter langen Zylindern mit Antennen. Das ist nur bei Weibchen möglich, die wesentlich größer werden als männliche Aale. Aber Aale mit Sonden sind beim Schwimmen gehandicapt – und leichte Beute für Raubfische. Kanadische Forscher schickten zum Beispiel Aale aus dem St.-Lorenz-Strom mit Daten-Transmittern auf den Weg: alle Fische wurden gefressen. Eine solche Sonde kostet etwa 4000 Euro. Die Ironie dieser Kalamität liegt dann immer darin, dass die Wissenschaftler mit den übertragenen Körpertemperaturdaten aus dem Magen des Aalfressers feststellen können, wer sich das Tier einverleibt hat: ein Hai oder ein Wal.

Erst auf der Reise in die bis zu 5000 Meter tiefe Sargassosee reifen in den Aalweibchen die Eier. Sie bewältigen nicht nur eine gewaltige Distanz, sondern auch riesige Vertikalstrecken: Nachts schwimmen die Aale in 100 bis 200 Metern Wassertiefe, tagsüber in 800 bis 1000 Metern. »Möglicherweise schützen sie sich so vor Feinden«, sagt Hanel, »vermutlich steuern sie damit aber auch die Gonadenreifung oder nutzen dieses Verhalten für die Navigation.«

Fressen und gefressen werden: Der Bestand des Raubfisches ist inzwischen stark gefährdet.

In der Literatur ist der Aal mindestens so prominent wie der sprichwörtliche Hecht im Karpfenteich. Aristophanes erwähnt ihn in seiner *Lysistrata,* Ibsen, Balzac, Gutzkow und Brentano bemühen ihn als Metapher für Dünnes, Glattes, Flinkes, Fettes, Geschmeidiges, Schlankes, Behändes. Der Aal eignet sich für Bilder und für Mythen – die Städte Ahlen und Aalen haben ihn wie selbstverständlich seit dem Mittelalter in ihren Stadtwappen.

Seit Günter Grass' Roman *Die Blechtrommel* und dessen Verfilmung durch Volker Schlöndorff hat der Aal einen hohen Ekelfaktor. Er wird hier mit Schädeln geschlachteter Pferde gefangen, was zweifelsohne sehr authentisch ist. Denn der Aal frisst alles Fleischliche, was ihm vor die Schnauze kommt, um für seine lange Reise ins atlantische Laichgebiet das nötige Fett auf die Gräten zu bekommen.

Andererseits schadet es dem stark gefährdeten Aal keineswegs, wenn sich Menschen vor ihm ekeln. Am besten lässt sich sein Bestand an den Jungaalen messen, die der Golfstrom aus der Sargassosee nach Europa zurückschwemmt. »Bei diesen Glasaalen stellen wir eine Abnahme um mehr als 90 Prozent im Bereich der Nordsee und um mehr als 98 Prozent in anderen Regionen im Vergleich mit den Zahlen der Siebzigerjahre fest«, sagt Reinhold Hanel. Viele deutsche Feinkost-Fischtheken verzichten längst darauf, Aal anzubieten. In Flüssen wie dem Main werden laichfertige Aale mit riesigen Reusen gefangen und tonnenweise per Lastwagen in den Rhein transportiert, wo zumindest keine Turbinen sie daran hindern, in den Ozean zu wandern. Vom Main aus hätten sie keine Chance, die dreißig Wasserkraft-Todesfallen lebend zu überwinden.

Besonders gefährdet ist der Aal auch, weil er das Geheimnis um seine Fortpflanzung noch nicht preisgegeben hat: Wie lässt er sich reproduzieren? Biologen können die Elterntiere mit Hormonen inzwischen so weit stimulieren, dass die Gonaden reifen und nach Abstreifen von Eiern und Samen eine künstliche Befruchtung erfolgen kann. Aber bislang hat es noch kein Forscher geschafft, die gewonnenen Larven zum Fressen und zum Heranwachsen zu bringen. Das gelingt nur in der Sargassosee. In der Natur.

Man kann sich nur wundern über dieses rätselhafte Wesen. Früher schrieben die Menschen ihm denn auch wundersame Kräfte zu: Das Fett des Aales heile Taubheit und lindere Pockenmale. Und »es dienet auch«, wie es in Nicolas Lémerys *Vollständigem Materialien-Lexicon* aus dem Jahr 1721 heißt, »das Haar wachsen zu machen«. Die Haut des Aales werde zur »Zertheilung der Geschwulsten« gebraucht. Der Aal als Aalheilmittel – wie schön, dass es solche Mythen gibt.

Immer nur lächeln

Leonardo da Vincis *Mona Lisa* ist eines der mysteriösesten Gemälde der Kunstgeschichte.

von Gottfried Knapp

Wenn man in einem der monumentalen Leonardo-da-Vinci-Bildbände, die heute zur Verfügung stehen, der maßlos vergrößerten *Mona Lisa* unverschämt direkt in die Augen blickt, dann glaubt man zu begreifen, warum die abgebildete Dame ihr berühmtes ironisches Lächeln aufgesetzt hat: Sie muss einfach schmunzeln über die Unzahl sich widersprechender Mythen, die im Lauf der Jahrhunderte aus ihrem Gesicht herausgelesen worden sind; sie macht sich lustig über die vielen ehrgeizigen Versuche, die unternommen worden sind, um ihre Erscheinung mit historischen Figuren gleichzusetzen.

In Deutschland hat sich jene Deutung des Bildes am ehesten durchgesetzt, die den international gebräuchlichen Titel *Mona Lisa* mit der in Italien üblichen Bezeichnung *La Gioconda* kurzschließt. Giorgio Vasari, der Urvater der Kunstgeschichtsschreibung, hat in seinem grundlegenden Werk über die Künstler Italiens behauptet, dass Leonardo da Vinci um 1503 im Auftrag des florentinischen Seidenhändlers Francesco del Giocondo ein Porträt von dessen Gattin Lisa angefertigt habe. Wie viele andere bildnerische Werke Leonardos sei dieses Bild nie vollendet worden, ja, der Künstler habe es lebenslang nicht aus der Hand gegeben.

Diese Anekdote wird, nach Meinung einiger Forscher, schlüssig verlängert durch die Tatsache, dass sich unter den Werken, die Leonardo 1519 im Exil in Frankreich hinterlassen hat, auch ein von ihm gemaltes Porträt einer Frau befunden habe. Da dieses Gemälde vom großen Gönner des Künstlers, dem französischen König Franz I., direkt aus dem Nachlass gekauft und als bewundertes Hauptstück der königlichen Sammlungen von Schloss zu Schloss weitergereicht worden ist – die Reihe der Ausstellungsorte lässt sich von Amboise lückenlos bis in den Louvre verfolgen –, wissen wir zwar mit einiger Sicherheit, wer das Bild gemalt hat, dessentwegen jährlich Millionen Menschen in den Louvre strömen, doch ob die darauf abgebildete Person wirklich, wie man nach Vasari vermuten könnte, die Frau des Florentiner Kaufmanns del Giocondo ist, bleibt zweifelhaft. Denn Ehefrauen wurden damals, zumal wenn der Gatte das Bild bestellt hatte, stets mit Ehering porträtiert. Das Rätselwesen auf dem Bild trägt aber keinen Ring – und auch sonst nichts, was seine Zugehörigkeit zu einer Florentiner Familie beweisen könnte.

Ein Riesenrätsel gibt auch die fast apokalyptisch karge Landschaft im Hintergrund auf: Warum sollte der naturanalytisch grübelnde Bilderdenker Leonardo ausgerechnet eine völlig unbekannte Florentiner Kaufmannsgattin vor eine kosmisch sich weitende Fantasielandschaft setzen, die an Komplexität und Ausdruckskraft alles übertrifft, was der Meister sonst an erdgeschichtlichen Visionen ersonnen hat. Durch diese Weltlandschaft wird die abgebildete Person weit aus der Alltagsrealität herausgehoben.

Aus diesem Grund sind immer wieder markante Persönlichkeiten der Hochrenaissance als mögliche Verkörperungen der *Mona Lisa* vorgeschlagen worden. Zwei dieser in die Diskussion gebrachten Figuren – Isabella von Aragón und Caterina Sforza – hatten enge Beziehungen zum Hof von Mailand, für den Leonardo von 1482 bis 1499 gearbeitet hat. Von einer dritten Dame – Isabella d'Este – ist bekannt, dass sie den Meister, der sie in einer Zeichnung schon einmal porträtiert hatte, in Briefen jahrelang um ein Ölporträt gebeten hat. Manche Forscher glauben, dieses in Mantua ersehnte Porträt im Louvre entdeckt zu haben. Andere erregen mit der Behauptung Aufsehen, dass der homosexuell veranlagte Leonardo in diesem schwer deutbaren Bildnis seinen Schüler und Geliebten Andrea Salaino oder gar sich selber dargestellt habe.

Ernst zu nehmen ist vor allem eine vor wenigen Jahren veröffentlichte These. Sie besagt: Das Gemälde, das in Italien den Titel *La Gioconda* (die Heitere, die Tröstende) trägt, ist von Giuliano de' Medici als Idealporträt seiner kurz vorher verstorbenen Geliebten Pacifica Brandani in Auftrag gegeben worden. Es war als Trostbild für den mit Brandani gezeugten Sohn Ippolito bestimmt, der keine Erinnerung an seine früh verstorbene schöne Mutter haben konnte. Leonardo hat dieses für den unehelich geborenen Sohn und einzigen Erben bestimmte Werk nie ganz vollendet.

Die Umstände, die zur Erfindung der *Mona Lisa* geführt haben, mögen damit geklärt sein, doch das Geheimnis, das von der so entstandenen Kunstfigur, von ihrem ganz widersprüchlich gedeuteten Gesichtsausdruck, von ihrer einstigen Position zwischen zwei Säulen und von der Landschaft im Hintergrund ausgeht, wird durch die mögliche Klärung der Ursprungsidee eher noch verwirrender. Man kann dieses sich verrätselnde Porträt also für ziemlich überschätzt halten, man kann aber auch seinem Zauber erliegen – wie etwa

Zwei verschieden hohe Horizonte in der Hintergrundlandschaft, zwei Gesichtshälften, die sich im Ausdruck widersprechen – Leonardo hat alles dafür getan, dass sein Bild rätselhaft blieb.

Napoleon, der es aus dem Louvre entwenden und höchst intim in seinem Schlafzimmer aufhängen ließ. Oder wie der italienische Handwerker Vincenzo Peruggia, der sich 1911 im Louvre einschließen ließ: Er hat das Bild bei Nacht aus dem Rahmen gekippt und am nächsten Morgen im Mantel davongetragen. In Italien wurde er mit seiner Beute begeistert begrüßt. Es dauerte fast drei Jahre, bis das Werk nach Paris zurückgegeben wurde.

Dass so viele Künstler der Moderne von dieser Rätselikone fasziniert waren, hängt wohl auch mit den subtilen Unvollkommenheiten zusammen, die in dieses mit Licht und Schatten so sinnlich weich modellierte Gesicht hineinkomponiert worden sind. Warum widersprechen sich die beiden Gesichtshälften in ihrem Ausdruck so deutlich? Warum dieser Silberblick? Und warum hat die abgebildete Frau keine Augenbrauen?

Gottfried Knapp, geboren in Stuttgart, ist seit 1974 Autor der SZ.

Seitenweise Mysterien

Nackte Frauen in Bottichen, seltsame Pflanzen, unbekannte Zeichen: Das Voynich-Manuskript in der Bibliothek der Yale University versetzt die Betrachter in Staunen. Lesen kann es bis heute keiner.

von Nicolas Freund

Anfang des 20. Jahrhunderts machte der Büchersammler Wilfrid Michael Voynich eine merkwürdige Entdeckung. Auf der Suche nach seltenen Werken für sein Antiquariat in London stieß er in einem Jesuitenkolleg in Italien auf eine Handschrift, wie er sie noch nie zuvor gesehen hatte. Das in einen unbetitelten, unscheinbaren beigen Umschlag gebundene Manuskript war in einer Schrift verfasst, die er aus keinem anderen Buch des Mittelalters oder der Renaissance kannte. Fast jede Seite war illustriert, die meisten mit großen, farbigen Darstellungen verschiedener Pflanzen, viele mit Diagrammen, die astronomische Beobachtungen oder Tierkreiszeichen darstellen könnten, wieder andere mit nackten Frauen in Bottichen. Voynich erwarb das Manuskript von den Jesuiten, die sich in finanziellen Schwierigkeiten befanden und deshalb Teile ihrer Bibliothek auflösten. Nach seinem Entdecker ist das geheimnisvolle Buch als das Voynich-Manuskript bekannt geworden.

Für den Rest seines Lebens übte das Werk große Faszination auf den Sammler aus. Einerseits, weil er sich von dem möglichen Weiterverkauf viel Geld versprach, andererseits, weil er wollte, dass es jemandem gelänge, den unverständlichen Text zu entziffern. Denn bis heute ist noch nicht einmal klar, ob es sich bei dem Text um einen Code handelt oder um eine unbekannte Sprache – geschweige denn, wovon er handelt.

Schon das Alphabet gibt Rätsel auf: viele der verwendeten Zeichen kommen in mehreren Varianten vor; es lassen sich zwar Wörter identifizieren, oft ähneln sich diese jedoch stark; teilweise folgt mehrmals dasselbe Wort aufeinander. Die merkwürdige Häufung bestimmter Zeichen und Wörter sowie das Fehlen von Satzzeichen spricht dafür, dass das Buch in einer Geheimschrift geschrieben wurde und keine natürliche Sprache ist. Diese Codes waren im Italien der Renaissance sehr verbreitet, als es galt, zwischen den unzähligen Stadtstaaten und am Hofe, wo überall Konkurrenten lauerten, Nachrichten sicher verschicken zu können. Tatsächlich weisen einige Zeichen des im Voynich-Manuskript verwendeten Alphabets Ähnlichkeiten zu typischen in solchen Renaissance-Codes verwendeten Symbolen auf.

Auch die Illustrationen liefern keine Anhaltspunkte, sondern werfen nur noch weitere Fragen auf. Die meisten der dargestellten Pflanzen konnten bisher nicht identifiziert werden, teilweise scheint es sich bei den Zeichnungen um Mischungen aus mehreren Pflanzen oder um Erfindungen zu handeln. Besonders rätselhaft ist eine ausklappbare Seite, die neun detailliert mit Gebäuden und verschiedenen Konstruktionen illustrierte, über Röhren und Abflüsse miteinander verbundene Kreise zeigt. Auch zu den bizarren Zeichnungen von nackt badenden und häufig mit Schläuchen hantierenden Frauen existiert keine Erklärung. Es könnte sich um abstrakte gynäkologische Darstellungen handeln oder einfach um eine besonders raffinierte Spielerei.

Es gab über die Jahre viele Theorien zu dem Text: Von in winzigen Details der Buchstaben versteckten Geheimschriften bis zu mehrstufigen Chiffrierungen, in denen er verfasst sein sollte. Aber auch ein Team von Kryptografieexperten, die im Zweiten Weltkrieg für die amerikanische Armee gearbeitet hatten, kam zu keiner Lösung des Rätsels.

Wissenschaftler schlugen die Möglichkeit vor, es könne sich um eine natürliche, vielleicht fernöstliche Sprache handeln, die lediglich in einem erfundenen Alphabet aufgeschrieben wurde. Tatsächlich zeigten statistische linguistische Untersuchungen, dass die Wort- und Buchstabenverhältnisse auf eine natürliche Sprache hinweisen – trotz der eigenartigen Häufungen.

Eine weitere Theorie ist, dass Voynich das Manuskript gefälscht hat, um es teuer zu verkaufen. Eine Radiokarbondatierung vor wenigen Jahren kam aber zu dem Ergebnis, dass das Buch aus dem 15. Jahrhundert stammen muss. Außerdem soll in einem Brief eines Prager Gelehrten aus dem 16. Jahrhundert das Manuskript erwähnt werden. Er bittet darin um Hilfe bei der Entschlüsselung. Voynich selbst wollte in dem Buch einen Brief aus dem Jahre 1666 gefunden haben, in dem das Werk dem Franziskanermönch Roger Bacon zugeschrieben wird. Vermutlich Unsinn, aber ein weiterer Hinweis, dass der Text nicht im 20. Jahrhundert entstand und keine Fälschung ist.

Voynich starb 1930, ohne einen Käufer für das Buch gefunden zu haben. Nach seinem Tod ging es durch mehrere Hände, bis es in der Bibliothek der Yale University landete, wo es sich bis heute befindet.

Auch die Möglichkeit, es könnte sich bei dem Voynich-

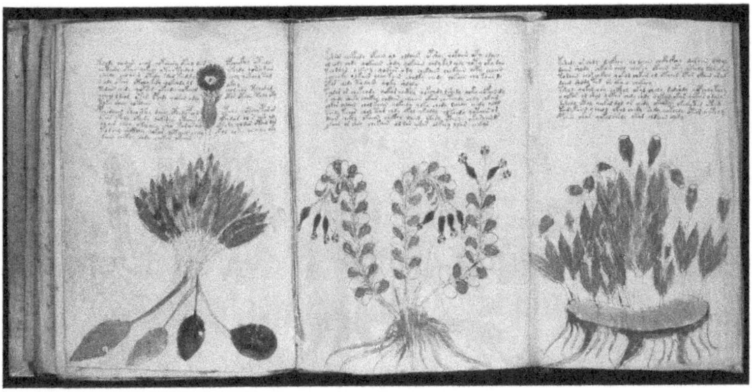

Das Rätselbuch stammt tatsächlich aus dem 15. Jahrhundert.

Manuskript schlicht um den Scherz eines spätmittelalterlichen Gelehrten handeln, wurde schnell verworfen: ein ganzes Buch herzustellen, war zu dieser Zeit sehr teuer und zeitaufwendig.

In den letzten Jahren setzte sich unter Experten die Meinung durch, dass es sich bei dem Manuskript um ein alchemistisches Handbuch handeln müsste. Die Pflanzen sprechen dafür, auch die Darstellungen, die an die Temperamenten- und Säftelehre der damaligen Mediziner denken lassen. Die Frauen könnten ein Hinweis sein, dass es in den Rezepten um Abtreibungs- oder Verhütungsmittel geht – das wäre auch ein Grund, ein solches Buch in einem Code oder einer Geheimsprache zu verfassen, um seinen Inhalt vor den Augen der Kirche zu schützen. Eine plausible Theorie – doch auch sie macht den Text noch immer nicht lesbar. Das Voynich-Manuskript ist heute noch so rätselhaft wie am Tag seiner Entdeckung.

Nicolas Freund, geboren in München, schreibt seit 2017 für die SZ.

Unheimliche Türme des Lichts

Überraschenderweise sind Leuchttürme häufig Orte seltsamer Vorkommnisse und möglicher Verbrechen.

von Florian Welle

Leuchttürme schreiben Geschichte. Als weithin sichtbare Wahrzeichen, wie der Herkulesturm vor dem Hafen von A Coruña, der einzige Leuchtturm aus römischer Zeit, der die Jahrhunderte ganz überdauert hat. Als berühmte Werbeikonen, wie der rot-weiß gestreifte Leuchtturm Westerheversand auf der nordfriesischen Halbinsel Eiderstedt. Als Inspirationsquelle für Künstler, wie der achteckige Leuchtturm von Godrevy in Cornwall, den Virginia Woolf vor ihrem inneren Auge hatte, als sie ihr Meisterwerk, den vielstimmigen Roman *To the Lighthouse*, schrieb.

Viele der imposanten Bauwerke, die mittlerweile fast alle automatisch betrieben werden oder durch neue Kommunikationstechnik ersetzt wurden, stehen an unwirtlichen Orten fernab der Zivilisation. Auf sturmgepeitschten, windumtosten Eilanden, an deren schroffen Felsen sich die Meereswellen brechen. Blinkende Stecknadeln in der Landschaft. In früheren Zeiten hieß das für die Leuchtturmwärter nicht selten: Einsamkeit, Klaustrophobie, Depression.

Legion sind daher die geheimnisvollen Geschichten, die man sich weltweit über Leuchttürme erzählt. Da ist zum

Beispiel jene Tragödie, die sich kurz nach der Wende zum 19. Jahrhundert auf den Smalls, einer Felsengruppe vor der walisischen Küste, ereignete. Thomas Griffith und Thomas Howell waren damals die diensthabenden Wärter, die alles andere als gute Freunde waren. Griffith erkrankte nach einem Unfall. Sein Kollege hisste die Notfallflagge, doch andauernder Sturm ließ keine Rettung zu. Wochen später starb der Wärter.

Howell war unschlüssig, was er tun sollte. Würde er die sterblichen Überreste von Griffith dem Meer übergeben, könnte es so aussehen, als hätte er ihn getötet. Daher fertigte er für den verwesenden Leichnam einen Sarg an und hängte ihn über die Reling des Leuchtturms. Der Wind wirbelte den hölzernen Kasten herum, irgendwann barsten die Bretter, und nun schien der Tote unablässig zu winken. Ein Anblick wohl ähnlich wie die schlenkernde Hand des fest an den weißen Wal gezurrten toten Kapitäns Ahab in John Hustons legendärer *Moby-Dick*-Verfilmung. Ein Bild des Grauens, das Howell nicht mehr losließ. Bei seiner Rettung war sein Haar angeblich schlohweiß und er selbst ein psychisches Wrack.

Ein anderes Beispiel ist die unheilschwangere Weissagung, die der erste Wärter des 1870 in Betrieb genommenen Leuchtturms Rocher aux Oiseaux von sich gegeben haben soll. Als dieser von dem einzig von Vögeln bewohnten Felsen inmitten des Sankt-Lorenz-Golfes aufs kanadische Festland zurückkehrte, um seinen belastenden Dienst zu quittieren, sagte er, niemand werde es dort jemals zehn Jahre lang unbeschadet aushalten.

Liest man die Aufzählung von José Luis González Macías in seinem *Kleinen Atlas der Leuchttürme am Ende der Welt*, scheint er zumindest über einen langen Zeitraum recht behalten zu haben. Demnach verließ 1872 ein Wärter namens

Preston den Vogelfelsen in der Zwangsjacke. Acht Jahre später erfrieren Peter Whalen und sein Sohn in den Gewässern rund um den Leuchtturm. Im Jahr 1881 fliegt dann Charles Chiasson beim Versuch, die Nebelkanone zu zünden, in die Luft. Die Reihe an sonderbaren Vorkommnissen ließe sich fortsetzen, darunter sind Jagdunfälle und verschmutztes Trinkwasser.

Wundert es da, wenn auch das sagenhafte Bermudadreieck sein Leuchtturm-Geheimnis hat? In der Floridastraße, etwas mehr als dreißig Kilometer nordnordöstlich der Bimini Islands, steht auf der Insel Great Isaac Cay der gleichnamige Leuchtturm. Strahlte der 46 Meter hohe, gusseiserne Turm bei seiner Fertigstellung 1859 leuchtend weiß, ist das Bauwerk samt verfallener Nebengebäude heute ein ziemlich verschmutzter, rostiger Lost Place auf einem ansonsten öden Stück Erde.

Kommerzielle Anbieter schippern Interessierte mit dem Boot hin. Doch Vorsicht! Hier sollen seit der Zeit des Leuchtturmbaus Geister ihr Unwesen treiben. Damals wurde ein junger Passagier eines Versorgungsschiffs das Opfer eines Haiangriffs. Seither irrt er angeblich unerlöst umher. Dabei ist er nicht allein. Ende des 19. Jahrhunderts gesellt sich die sogenannte »Grey Lady« zu ihm. Es wird erzählt, dass sich vor der Insel ein Schiffsunglück ereignete, bei dem es keine Überlebenden bis auf ein Baby gab. Und so kann man der Legende nach noch heute in Vollmondnächten die »Graue Dame« hören, wie sie mit leidgeplagter Stimme nach ihrem Kind ruft, winselt, stöhnt.

Die bekannteste Great-Isaac-Cay-Geschichte hat sich jedoch wirklich ereignet. Am 4. August 1969 stellte man fest, dass die beiden Leuchtturmwärter nicht mehr auf ihrem Posten waren. Die Suche nach ihnen blieb erfolglos, sie wurden nie mehr wiedergesehen; auch ihre Leichen wurden nicht gefunden. Was war geschehen? Manch einer vermutet auch hier übersinnliche Kräfte am Werk, nicht umsonst nennt man die Gegend auch das »Teufelsdreieck«.

Freilich gibt es auch natürliche Erklärungen für den mysteriösen Vorfall. Der Autor José Luis González Macías gibt zum Beispiel zu bedenken, dass das Verschwinden der Wärter vielleicht mit Drogenhandel oder Waffenschmuggel zusammenhängen könnte. Am wahrscheinlichsten ist allerdings, dass die Ursache auf ein extremes Wetterereignis zurückzuführen ist. Am 2. und 3. August wütete in der Floridastraße ein Hurrikan, der wohl die Leuchtturmwärter fort ins aufgewühlte Meer riss.

So oder so: Die dramatischen Vorfälle und Legenden rund um den Leuchtturm von Great Isaac Cay würden ebenso spannenden Stoff fürs Kino liefern wie die düstere Geschichte der zwei Leuchtturmwärter von Smalls. Diese liegt gleich zwei jüngeren Psychothrillern zugrunde: *The Lighthouse* von Chris Crow aus dem Jahr 2016 sowie *The Lighthouse* von Robert Eggers von 2019.

Das Schweigen der Moai

Rapa Nui ist die wohl einsamste Insel der Welt. Monumentale Statuen auf der Osterinsel erinnern an den mysteriösen Untergang einer großen Kultur.

von Harald Eggebrecht

Wohl kein Fleck auf der Erde beherbergt so viele ungelöste Rätsel wie die kleine Isla de Pascua, die Osterinsel, im südöstlichen Pazifik. Das Eiland, das heute zu Chile gehört, entstand aus den Lavaströmen dreier Vulkane und etlicher Nebenkrater und liegt einsam in den blauen Weiten des Ozeans, mehr als 2000 Kilometer von der nächsten bewohnten Insel und mehr als 3500 Kilometer vom Festland entfernt. Kein Wunder, dass die Rapa Nui ihre in der eigenen Sprache gleichnamige Insel für den Nabel der Welt hielten. Es war ihnen unvorstellbar, dass es außerhalb ihrer Heimat noch irgendwo Land geben könnte. Seit Jahrhunderten beschäftigt diese ungewöhnliche Insel, auf der Hunderte von tonnenschweren Statuen stehen, die Fantasie der Menschen. Der Katalog nicht endgültig geklärter Fragen beginnt schon mit den Bewohnern: Woher kamen sie überhaupt?

Die abwegigste Theorie bietet natürlich der Ufo-Fantast Erich von Däniken, der Außerirdische auf Rapa Nui landen lässt, die dann die Moai, die großen Statuen, schaffen und errichten. Die spektakulärste These bot der Abenteurer und

Fast tausend Moai-Skulpturen stehen auf dem Eiland im Pazifik, die meisten sind mehr als vier Meter hoch.

Forscher Thor Heyerdahl, der mit der Fahrt seines Floßes *Kon-Tiki* 1947 beweisen wollte, dass Polynesien und die Osterinsel von Südamerika aus besiedelt worden seien und nicht, wie nach landläufiger Forschermeinung, von Asien aus. Moderne Genanalysen haben diese umstrittene These klar widerlegt.

Archäobotanische Untersuchungen haben ergeben: Die Insel war einst ein dicht von Palmen bewaldetes Südseeparadies, das durch die Menschen im Laufe der Jahrhunderte landwirtschaftlich ausgebeutet und entwaldet wurde, erodierte und schließlich so überlastet war, dass es zum gesellschaftlichen Zusammenbruch kam. Der amerikanische Evolutionsbiologe Jared Diamond hat in seinem Buch *Kollaps* 2005 die Osterinsel als warnendes Beispiel für einen fatalen ökologischen Ressourcenmissbrauch gesehen, wie er der ganzen Erde durch die Menschheit drohe. Darin folgt er den Thesen von Paul Bahn und John Flenley, die bereits 1992 die Parallele *Easter Island, Earth Island* zogen.

Neuerdings sieht man den Niedergang der Osterinsel differenzierter. Der Bremer Ökologe Gunnar Brandt nimmt an, dass die Insel erst nach dem Jahr 1000 besiedelt wurde und dort nicht viel mehr als 5000 Bewohner lebten und die »Ressourcen immerhin so bewirtschafteten, dass der Kollaps ausblieb. Erst die Ankunft der Europäer, die Krankheiten mitbrachten und die Ureinwohner versklavten, löschte die Kultur aus.«

Als der holländische Admiral Jacob Roggeveen an Ostern 1722 die Insel erreichte und ihr deshalb den Namen gab, fand er eine gut aussehende Bevölkerung vor. Zu holen gab es so gut wie nichts auf der steppenartig mit Gras bewachsenen Insel. Allerdings fielen den Seeleuten die Statuen auf, die überall standen und von den Insulanern verehrt wurden. Auch spätere Ankömmlinge wie James Cook oder der Franzose La Pérouse staunten über die herrisch wirkenden Monumente, von denen manche einen roten Hut aus Vulkanschlacke trugen. Der Zauber, der bis heute von diesen strengen Kolossen ausgeht, fasziniert jeden. Carl Friedrich Behrens, Korporal unter Roggeveen, hat sie so beschrieben: »Diese Bildsäulen waren alle von Steinen in Menschengestalt mit großen Ohren. Der Kopf war mit einer Krone geziert, und alles nach den Regeln der Kunst gemacht, und abgemessen, worüber wir uns sehr verwunderten. Um diese Götzen herum, zwanzig bis dreißig Schritte in der Runde, war ein Gehege von weißen Steinen gemacht.«

Alle Moai, die wohl bedeutende Ahnen darstellen, stehen mit dem Rücken zum Meer und schauen von ihrer Plattform, dem Ahu, jeweils auf einen Zeremonialplatz, um den sich einst die Häuser scharten. Diese Ahu dienten auch als Begräbnisstätten. Dörfer mit solchen Ahu gab es rund um die Insel und auch im Landesinnern. Rund 900 Moai haben die Insulaner geschaffen. Sie wurden am Krater des Rano Raraku aus dem Tuff herausgearbeitet und dann an ihren Bestimmungsort transportiert. Auf dem Ahu angelangt, wurden sie zu wirkmächtigem Leben erweckt, indem man ihnen Augen aus Korallenkalk einsetzte. Erst jetzt konnten sie ihre Schutzmagie entfalten.

Aber wie bewältigten die Rapa Nui den Transport dieser Steinkolosse, von denen die meisten mehr als vier Meter hoch sind? Heyerdahl glaubte, man habe die Statuen liegend auf Schlitten über die Insel gezogen und dann aufgerichtet. Doch nach den spärlichen Überlieferungen der Rapa Nui sind die Moai zu ihren Plätzen »gegangen«. Der Geologe Charles Love, der die Straßen ausgegraben hat, auf denen die Moai vielleicht bewegt wurden, ist sich sicher, dass die tonnenschweren Figuren aufrecht transportiert wurden. Für die Einebnung der Wege wurden Höhen abgetragen und Senken aufgefüllt. Neuere Untersuchungen zeigen allerdings, dass die Straßen mittig gewölbt sind.

Man hat auch probiert, mittels am Kopf befestigter Seile die Figuren in eine Wackelbewegung zu versetzen und so vorwärts zu bewegen. Aber der bruchgefährdete Tuff hält solche Belastungen an seinen Basiskanten nicht ohne Beschädigungen aus. Wie bei allen Rätseln der Osterinsel gibt es auch dafür bis heute keine eindeutigen Erklärungen.

Stoff für Legenden

Abbild von Jesus oder raffinierte Fälschung? Bis heute ist unklar, wie das berühmte Turiner Grabtuch entstanden ist.

von Michael Stallknecht

Als der Turiner Rechtsanwalt Secondo Pia die erste Negativplatte entwickelt, wird ihm schwindlig vor Augen. Er kann nicht glauben, was er sieht: das Antlitz des Jesus von Nazareth, wie er es aus der ikonografischen Tradition kennt. Man schreibt das Jahr 1898, der Hobbyfotograf hat soeben die ersten Fotos von dem Leinen gemacht, das manche für das Leichentuch Christi halten. Dem bloßen Auge zeigt die 4,36 Meter lange und einen guten Meter breite Stoffbahn schattenhafte Umrisse von Vorder- und Rückseite eines Menschen. Doch in der Dunkelkammer erkennt Pia klar einen nackten Mann mit vor der Scham gekreuzten Händen, halblangen Haaren und Bart. Er hat entdeckt, was zuvor niemand ahnen konnte: Die beiden Abbildungen sind Negative.

Seit dem Ende des 16. Jahrhunderts wird die »Sacra Sindone«, wie die Italiener das Leintuch nennen, im Dom zu Turin aufbewahrt, wo es in unregelmäßigen Abständen der Öffentlichkeit gezeigt wird. 1997 wäre es fast einem Brand zum Opfer gefallen, nachdem es schon 1532 einmal versengt worden war. Die Brandspuren sind mit bloßem Auge gut zu erkennen. Doch ansonsten scheinen die Konturen umso mehr zu verschwimmen, je näher der Betrachter an das Tuch herantritt. Auf den Fotografien dagegen sieht man die Wunden an der Seite und in der sichtbaren der beiden Hände, wie man sie nach der Darstellung der Kreuzigung Christi in den Evangelien erwarten würde. Von der Stirn läuft in dünnen Rinnsalen Blut, auch Spuren von Peitschenhieben scheinen sichtbar. Aber handelt es sich deshalb schon um das Grabtuch Christi – oder nur um einen der vielen bekannten Fälle von Reliquienfälschung?

Diese Frage sorgt bis heute für eine Forschung, wie sie keinem anderen religiösen Objekt zuteilgeworden ist. Eine päpstliche Hochschule in Rom hat sogar einen eigenen Onlinestudiengang dafür eingerichtet. Als sich in den Siebzigerjahren zum ersten Mal Naturwissenschaftler über die Stoffbahn beugten, tippten die meisten von ihnen auf Echtheit. Doch als man 1988 ein Randstück mithilfe der damals neuen Radiokohlenstoffdatierung untersuchte, datierten drei Labore das Leinen unabhängig voneinander auf die Jahre zwischen 1260 und 1390.

Das passte vorderhand gut zur Tatsache, dass die erste öffentliche Darstellung des Stoffs für das Jahr 1357 bezeugt ist. Ein französischer Adliger hatte in Lirey nahe Troyes eine Kapelle für das Tuch gebaut, fiel dann aber in einer Schlacht. Seine Familie benötigte Geld. Sie habe aus Gewinnabsicht »ein mit Schlauheit gemaltes Tuch angeschafft«, schimpfte der örtliche Bischof. Der reinste Massentourismus sei das nun, eine Geldmaschine. Dabei habe ein Künstler schon seinem Amtsvorgänger gestanden, das Bild gefälscht zu haben.

Nur wie? Denn »gemalt«, wie der Bischof meinte, ist die Darstellung sicher nicht. Eher schon käme ein fotografisches Verfahren infrage. Doch woher sollte ein mittelalterlicher Fälscher die entsprechenden Chemikalien nehmen – und erst recht den Lichtblitz, den es für eine Projektion dieser Größenordnung braucht? Noch rätselhafter wird die Sache, weil das Bild in modernen bildtechnischen Analysen im Gegensatz zu Fotografien dreidimensionale Eigenschaften zeigt. Es kann aber kaum entstanden sein, indem ein Mann mit dem Tuch umwickelt wurde. Denn dann müsste die Körperoberfläche in der Abwicklung verzerrt erscheinen – sogar dann, wenn sich tatsächlich der Leichnam Jesu im Tuch befunden haben sollte.

Vor einigen Jahren konnte ein italienischer Chemieprofessor ein ähnliches Objekt herstellen, indem er ein lose über einen Assistenten geworfenes Leinen mit Ockerfarbe abtupfte. Den Negativeffekt erklärte er damit, dass sich die Farbe bei der Alterung verflüchtigt, während sich die in ihr enthaltene Säure in die Tuchoberfläche frisst. Andere argumentieren, dass ein Flachrelief auf das Tuch gepresst worden sein könnte. Doch um die Details einer Kreuzigung zu simulieren, müsste ein mittelalterlicher Fälscher gewaltige anatomische Kenntnisse und viel archäologisches Detailwissen besessen haben – oder selbst einen Menschen gekreuzigt haben. Auch die Blutspuren auf dem Tuch scheinen echt zu sein.

Wer sich mit der Sindonologie beschäftigt, wie sich die Wissenschaft vom Turiner Grabtuch nennt, der stößt auf viel kriminalistischen Spürsinn und eine Fülle von widersprüchlichen Behauptungen. Wissenschaftler wie Laien, Theologen wie Atheisten, seriöse Experten wie Esoteriker beteiligen sich an einer Diskussion, die oft so polemisch geführt wird, wie das Glaubensfragen nun mal mit sich bringen.

Auch die Echtheitsbefürworter können dabei immer wieder gute Argumente anführen. Denn die Ränder des Stoffes, die 1988 mittels der Radiokarbonmethode untersucht wur-

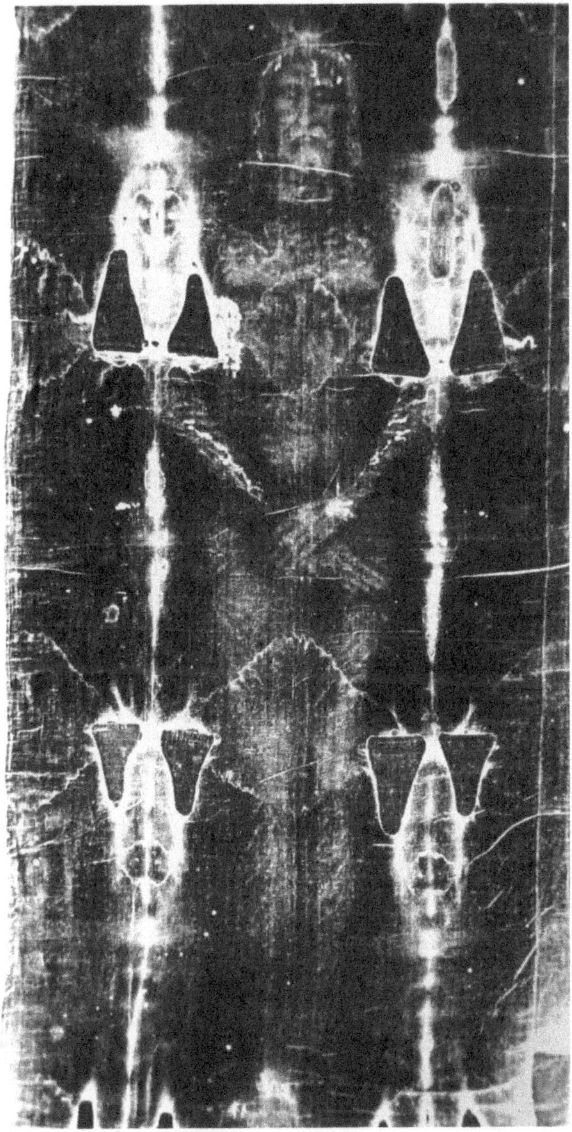

In der Fotografie erkennt man deutlich die Vorderseite eines Mannes, links und rechts davon Brandspuren und vier große Löschwasserflecken aus dem Jahr 1532.

den, waren mit hoher Wahrscheinlichkeit verunreinigt. Daneben finden sich auf dem Tuch Pollen von Pflanzen, die nur in Palästina wachsen. Auf hochauflösenden Bildern will man zudem Spuren von Münzen erkannt haben, wie sie in der Antike Leichen auf die Augen gelegt wurden. Das Bild, postulierte zuletzt 2020 eine Forschungsgruppe rund um einen italienischen Physiker nach einem Versuch mit Lasertechnologie, könnte mittels eines »kurzen und intensiven Ausstoßes von ultravioletter Strahlung« entstanden sein. Die Strahlung der Auferstehung?

Der Wissenschaft scheint es mit dem Turiner Grabtuch letztlich nicht anders zu gehen als dem bloßen Auge: Je näher sie den Abbildungen zu kommen sucht, desto mehr verflüchtigen sie sich. Die katholische Kirche bleibt deshalb vorsichtigerweise skeptisch: Sie spricht bis heute von einer Ikone, nicht von einer Reliquie.

Michael Stallknecht, geboren in Koblenz, ist unter anderem seit 2009 Autor für die SZ.

Der Grubenhundzüchter

Wie ein Wiener Ingenieur vor hundert Jahren die leichtgläubige Presse mit tolldreisten Geschichten zum Narren hielt.

von Walter Hömberg

Zu Beginn stand eine Wette. Am 17. November 1911 traf sich eine Gruppe befreundeter Ingenieure im Wiener Grandhotel zum Essen. Das Gespräch drehte sich um die neuesten Nachrichten. Die *Neue Freie Presse*, das bürgerliche Leibblatt, das sich als unfehlbare Autorität aufführte, hatte ein kleines Erdbeben zu einem bedeutenden Ereignis aufgeblasen. Immer neue Augenzeugenberichte aus dem Kreis der Stammleser wurden gedruckt. Einer der Freunde hatte da plötzlich eine Idee. Er zog sich ins Schreibzimmer des Hotels zurück, schrieb einen Text zum Thema und schickte ihn per Boten in die Redaktion.

Am nächsten Morgen stand in besagter Zeitung ein langer Artikel eines gewissen Dr. Ing. Erich Ritter von Winkler, Assistent der Zentralversuchsanstalt der Ostrau-Karwiner Kohlenbergwerke. Der Beitrag beginnt mit einer wilden Aneinanderreihung von technischem Unsinn. Dann folgt eine erstaunliche Beobachtung: »Völlig unerklärlich ist jedoch die Erscheinung, dass mein im Laboratorium schlafender Grubenhund schon eine halbe Stunde vor Beginn des Bebens auffallende Zeichen größter Unruhe gab.«

Agricola hat in seinem Werk über den Bergbau *De re metallica* von 1556 jenen hölzernen Laufwagen beschrieben, den Bergleute als »Hund« bezeichnen. Inzwischen ist daraus ein pressetypologischer Begriff geworden. »Grubenhunde« haben eine medienpädagogische Mission. Ihre Züchter wollen die Kompetenz der Journalisten testen und ihre Ignoranz bestrafen.

Erfinder des Grubenhunds war der Ingenieur Arthur Schütz, eben jener vermeintliche »Erich Ritter von Winkler«. Im Januar 1880 in Moskau als Sohn eines österreichischen Konsuls geboren, kam er als Gymnasiast nach Wien. Gleich nach dem Studium eröffnete er ein eigenes Ingenieurbüro, das heute noch existiert. Er erwarb mehrere Patente auf dem Gebiet der Riementechnik und betätigte sich hier auch immer wieder als Fachschriftsteller. Berufliche Reisen führten ihn durch ganz Europa – insgesamt soll der leidenschaftliche Automobilist in einem halben Jahrhundert mehr als zwei Millionen Kilometer zurückgelegt haben.

Im Ersten Weltkrieg war Arthur Schütz als Offizier innerhalb der Spionageabwehr aktiv. Seine Erfahrungen im Geheimdienstmilieu verarbeitete er später in einem Enthüllungsbuch. Wegen seiner jüdischen Herkunft verfolgt, emigrierte er 1938 über die Schweiz nach England, wo er kritische Beiträge gegen die Nazis veröffentlichte. 1946 nach Österreich zurückgekehrt, begleitete er bis zu seinem Tod im Februar 1960 die Nachkriegsentwicklung mit wachem Interesse.

Der Grubenhundzüchter hat seinen Wetteinsatz von tausend Zigaretten redlich verdient und seinen Platz in der Pressegeschichte sicher. Bei seinen Feldexperimenten ging er methodisch reflektiert vor. Seine Hypothese lautete, dass ein Bericht abgedruckt werde, sobald er nur »im Gewande der Wissenschaft schillere und von einem gut klingenden Namen gekennzeichnet sei« sowie »den ausgefahrenen Gedankenbahnen des Publikums und der Mentalität des Blattes entspreche«. Diese Hypothese konnte er verifizieren, bei der *Neuen Freien Presse* und bei anderen Zeitungen. Schütz bereicherte die Zivilisation in der Folge um ovale Wagenräder und feuerfeste Kohlen, um Degeneratoren und Seilrillen, um Betonwürmer und Paraffinzündholzfabriken, um plombierte Zahnräder, Lokomotivvergaser und viele weitere »Innovationen«.

Seine besten Zuchterfolge präsentierte Schütz in dem Sammelband *Der Grubenhund*, der 1931 erstmals erschienen ist. Die Sammlung zeigt, dass der Autor sein Revier im Lauf der Jahre auf wissenschaftliche und künstlerische Bereiche erweiterte. Besondere Sorgfalt legte er auf die Konstruktion der Köder. »Name, Stand des Absenders, äußere Form, Stil, Thema und vor allem der Tonfall müssen der geistigen Atmosphäre, dem Horizont und dem jeweiligen Bedürfnis der auserkorenen Redaktion angepasst sein.« Der Köder wurde entsprechend der Blattlinie präpariert. Schütz spricht vom »Redaktionsaffekt«.

So erschien am 31. Dezember 1922 in der dezidiert antisemitischen *Deutschösterreichischen Tageszeitung* der Beitrag eines Dr. Kuno Pointner: »Psychoanalyse. Eine notwendige Warnung«. Darin wird die »nicht scharf genug zu bekämpfende jüdische Pseudowissenschaft« als »zersetzend und zerstörend« gebrandmarkt. »Der Entdecker dieser Dogmatik, Freud, ein gewiss nicht unbegabter Nervenarzt, dessen Bedeutung aber hauptsächlich auf dem Gebiete der kynognostischen Psychotherapie (Heilung durch seelische Einwirkung) liegt, hat in einer seiner letzten Arbeiten (Arch. f. e. Sel. 1922) darauf hingewiesen, daß die Neurose

(Krankheit des Nervensystems) ihre Wurzeln neben hereditärer Genese (Überkommen durch Vererbung) hauptsächlich in der semitischen hysteroid-anagogischen (steigende Geschlechtserregung) Veranlagung hat und dem Arier biogenetisch (nach seiner Entwicklung) fremd ist.« Die frei erfundenen abstrusen Fachbegriffe wurden von der Redaktion eilfertig erläutert. Es handelt sich also um einen journalistisch veredelten Grubenhund.

Medienzoologisch unerfahrene Zeitgenossen verwechseln dieses trojanische Tier gern mit der Zeitungsente, der schlichten Falschmeldung. Wichtig ist: Grubenhundzüchter bauen in ihre Texte immer Ironiesignale ein, die mit Menschenverstand leicht zu erkennen wären. Daher gilt auch für Medienleute von heute die Warnung vor den Hauseingängen im alten Rom: Cave canem – hüte dich vorm Hund!

Walter Hömberg, geboren in Meschede, schreibt unter anderem seit 2000 für die SZ.

Die Guanchen

Woher stammen die Ureinwohner der Kanaren, die im 15. Jahrhundert von den Spaniern vernichtet wurden? Das fragen sich die Forscher bis heute.

von Roswitha Budeus-Budde

Wurde die alte Tradition der »Gastlichkeit des Ehebetts« dem spanischen Eroberer Hernán Peraza auf La Gomera zum Verhängnis? Missverstand er die Geste, dass dem Gast neben dem Mahl auch die Ehefrau angeboten wurde? Als er ein heimliches Liebesverhältnis mit Yballa, der Tochter des Inselfürsten, begann, wurde er von ihrem Mann Hautacuperche, dem Anführer der Aufständischen, im Jahr 1488 ermordet. Diese Geschichte ist eines der wenigen überlieferten Zeugnisse, die über die Tradition der Guanchen, der Ureinwohner der Kanarischen Inseln, erzählt werden.

Schon in der Antike beschäftigten Teneriffa, Gran Canaria, Lanzarote, Fuerteventura, La Gomera, La Palma und El Hierro – heute der südwestlichste Zipfel Europas vor der Küste Marokkos – die Fantasie der Seefahrer, Dichter und Philosophen. Schien es doch, als ob sie eng mit dem Mythos und der Suche nach dem sagenhaften Atlantis verbunden wären. So erzählt Platon vom Untergang von Atlantis nach einem Erdbeben um 9000 v. Chr., das nur die Bewohner der Berge, die Ureinwohner, überlebten. Andere antike Quellen berichten von einem Bergvolk, das vom Atlasgebirge aus bei einem Tsunami 5000 v. Chr. bis auf die Kanaren gespült wurde und am Teide auf Teneriffa siedelte.

Bis heute ist es nicht gelungen, die Herkunft der Ureinwohner und den Zeitpunkt der Besiedlung wissenschaftlich stichhaltig nachzuweisen. Theorien und Spekulationen beflügeln die Vorstellungen der Etymologen und Archäologen. Neben dem »Atlantismythos« wird die portugiesische »Muschelsammlertheorie« verfolgt – bei der Muschelscherbenhaufen auf den Kanarischen Inseln in Verbindung gebracht werden mit Muschelfunden in Skandinavien, England und Irland, deren Ursache auf eine riesige Völkerwanderung 5700 v. Chr. hindeutet. Auch die »Amerikatheorie«, die davon ausgeht, dass die Kanarischen Inseln von Amerika aus besiedelt wurden, ist Gegenstand der Forschung.

Schon die Frage, wie die Ureinwohner auf die Inseln gelangten, wann und woher auch immer, konnte bis heute nicht beantwortet werden. Denn anders als die Mittelmeeranlieger sind die Bewohner der Kanaren bis in die Gegenwart keine Seefahrer, sondern Bauern und Viehzüchter. Nach der von einigen Archäologen vertretenen »Atlantischen Westkulturtheorie« sind die Urkanarier wohl Abkömmlinge von Frühmenschen der cromagnoiden Zeit, die als friedliche Seefahrer auf Einbäumen aus Drachenholz die westeuropäischen Küsten und die Mittelmeerinseln besiedelten. Allerdings müssten diese nautischen Fähigkeiten in späteren Jahrtausenden verloren gegangen sein. Zwar finden sich auf den Kanarischen Inseln Steinkreise wie in Stonehenge oder in der Bretagne und in den Kulthöhlen der Kanaren Malereien und ähnliche magische Zeichen wie in Irland, Sizilien und Kreta, auch Plastiken aus Stein, wie die »Urmutter von Tara« auf Gran Canaria. Doch zwischen den Inseln gibt es bis heute neben dem Fährverkehr, Feriensegler und Ausflugsbooten keinen regen Handel oder kulturellen Austausch. Jede der Inseln hat über die Jahrhunderte eine eigene soziale und politische Entwicklung genommen, die bis heute die Faszination der Kanaren ausmacht.

Bleibt nun die Herkunft der Guanchen im Dunkeln? Wenn man einheimischen Archäologen und ihrer »Inselberbertheorie« glauben kann, dann wissen sie, woher ihre Vorfahren kamen: aus Nordafrika. Auf großen Schautafeln im Centro de la Cultura Popular Canaria im Lorbeerwald von La Gomera sind die Wanderungen der Berber abgebildet. Sie sollen ab 500 v.Chr., durch Trockenheit und die römische Besatzung vertrieben, auf einfachen Schilfbooten die etwa hundert Kilometer bis zur nächstgelegenen Kanarischen Insel, Fuerteventura, überwunden haben. Mit Ziegen, Hausrat und ihren Familien zogen sie in Höhlen, legten Terrassen mit einem ausgeklügelten Wassersystem für die Landwirtschaft an. Bekräftigt wird diese Theorie durch etymologische Funde, die verwandte Begriffe in den nordafrikanischen Sprachen belegen. Schon die Bezeichnung »Guanchinet« lässt sich von der Sprache der Berber ableiten. Ein Berberstamm nennt sich Ghomera, und der Name Agulo, des schönsten Dorfes auf Gomera – mit Blick auf den Teide auf Teneriffa –, scheint sprachverwandt mit Aguglu, einem Dorf in Marokko. Auch der Begriff für Himmel, »Tigotan«, ist in beiden Sprachen gleich.

Die Ursprungsgeschichte der Kanarischen Inseln wird weiter schwer zu erforschen sein, weil kaum Quellen überliefert wurden. Bei den spanischen Eroberungszügen wurden zwei Drittel der Bevölkerung vernichtet oder versklavt, und mit der Missionierung verschwanden auch die Religion und Kultur der Guanchen. Jede Insel hat ihre eigene Eroberungsgeschichte. Besonders blutig für die Spanier wurde der Krieg um La Gomera, der 1404 mit Jean de Béthencourt begann und nach dem Tod des Statthalters Hernán Peraza 1488 nicht beendet war, auch wenn Hautacuperche bald in den Kämpfen umgebracht wurde.

Sein bronzenes Standbild, vier Meter hoch, steht seit 2007 am Strand im Valle Gran Rey auf La Gomera. Der Held kehrt dem Meer den Rücken zu, schaut, mit Speer und zerstörtem Helm in den Händen, seltsam martialisch und verloren über die Bananenfelder und Gärten auf die Vulkanberge. Auf ihren Terrassen lebt die Tradition der Guanchen weiter, im El Silbo, der Pfeifsprache, mit der sich die Hirten in den Canyons verständigen und die wieder in der Schule in Gomera gelehrt wird. Und auch bei den Töpferinnen in Chipude und in den traditionellen Festen und Tänzen.

Roswitha Budeus-Budde, geboren in Göttingen, arbeitet unter anderem seit 1996 für die SZ.

Der Verschollene

Im Jahr 1809 verschwand der englische Diplomat Benjamin Bathurst spurlos in der deutschen Stadt Perleberg. Warum und wohin, weiß niemand.

von Tobias Sedlmaier

Wenn ein Mensch verschwindet, plötzlich von einem Tag auf den nächsten nicht mehr da ist, reagiert die Umwelt mit Irritation, Unverständnis, Erschrecken. Meist sind die Gründe dahinter so banal wie brutal: eine Entführung, ein Unfall, ein (Selbst-)Mord vielleicht. Schwierig wird es vor allem, wenn der Gesuchte überhaupt nicht mehr auftaucht, weder wohlbehalten noch als Leiche, und keine Spuren den Ermittlern Hinweise auf seinen Verbleib liefern können. Bei einer aktuelleren Dringlichkeit eines solchen Ereignisses spricht man etwas verniedlichend von »vermisst«, liegt das Verschwinden bereits sehr lange zurück, von »verschollen«.

Einer der historisch rätselhaftesten Fälle einer verschwundenen und nie wieder aufgetauchten Person ist der des britischen Diplomaten Benjamin Bathurst. Nach der Nacht des 25. November 1809 ward der Gesandte nicht mehr gesehen. Schauplatz des mysteriösen Verschwindens war Perleberg, eine Stadt am nordwestlichen Rand des heutigen Bundeslandes Brandenburg. Benjamin Bathurst, der dritte Sohn des Bischofs von Norwich, Henry Bathurst, war auf der Rückreise nach England. Zuvor hatte er am Wiener Hof versucht, Kaiser Franz I. zu einer Erneuerung der Allianz mit England zu überreden. Der Monarch stimmte dem Vorschlag zu und entsandte im April 1809 Truppen zur italienischen Grenze. Die Niederlage der Österreicher gegen Napoleon in der Schlacht bei Wagram am 6. Juli machte Bathursts Bemühungen jedoch zunichte, eilig musste er Wien verlassen. Für die Heimkehr zog er den vermeintlich ungefährlicheren Landweg über die Gebiete des neutralen Rheinbundes dem Wagnis einer Fahrt übers Mittelmeer nach England vor. Zur Verstärkung der eigenen Sicherheit reiste er unter dem Decknamen »Jean Koch« in Begleitung seines Dieners Krause.

Nach einem kurzen Aufenthalt in Berlin erreichte Bathurst am frühen Nachmittag des 25. November Perleberg, damals ein preußischer Grenzposten. Die Kutschpferde wurden vor dem Posthaus abgespannt, neue Rösser und die Begleitung zweier bewaffneter Reiter wurden verlangt. Bathurst nahm im Weißen Schwan eine Mahlzeit zu sich, verbrachte ein paar Stunden schreibend und schlafend, verbrannte einen Stapel Dokumente und bereitete sich gegen neun Uhr abends auf den Aufbruch vor. Inzwischen war es der Jahreszeit gemäß stockfinster, womöglich auch nebelig, die späte Abreise stand infrage. Die Motive für den langen, geradezu hinausgezögerten Aufenthalt liegen im Dunklen, womöglich wollte der um sein Leben besorgte Gesandte den überall in der Umgebung lauernden französischen Truppen im Schutz der Nacht entgehen.

Sein treuer Begleiter Krause kümmerte sich gerade noch um die Kutsche, als Bathurst, der bis eben noch dort gestanden hatte, plötzlich nicht mehr da war. Als wäre er vom Erdboden verschluckt worden. Manchmal ist zu lesen, er sei sogar in die Kutsche gestiegen und erst danach nicht mehr

Der britische Gesandte Benjamin Bathurst (hier auf einer zeitgenössischen Darstellung) verschwand 1809 auf dem Weg von Berlin nach Hamburg.

gesehen worden. Eine ausgedehnte Suchaktion begann, veranlasst zunächst durch den alarmierten Adjutanten, ein halbes Jahr danach durch die Ehefrau des Gesandten, Phillida Call, die aus England anreiste. Nachdem Bathursts wertvoller Pelzmantel in den Räumen des Posthauses entdeckt wurde, kamen Anschuldigungen gegenüber dem Angestellten August Schmidt und seiner Frau auf, sie hätten dem Diplomaten nachgestellt, in der Absicht, ihn auszurauben. Dies konnte nicht bewiesen werden. Später wurde in einem Waldstück eine Hose gefunden, von Pistolenkugeln durchlöchert. Darin ein angsterfüllter Brief von Bathurst an seine Frau. Dieser Fund erhärtete den Verdacht eines französischen Überfalls. Ebenso gut könnte die Hose aber dort platziert worden sein, um die Ermittlungen in diese Richtung zu locken und vom wahren Sachverhalt abzulenken. Jahrzehnte nach dem Vorfall fand man Skelette in der näheren Umgebung, einmal 1852 und einmal 1910. Sie wurden jedoch niemals identifiziert.

Fiel Bathurst, der als dekorierter Diplomat während der napoleonischen Kriege keine unwesentliche Rolle gespielt hatte, einer Entführung von französischer Seite zum Opfer? Wurde er ermordet oder verschleppt? Spielten Geld oder politische Motive eine Rolle? Oder hat sein Verschwinden, wie es findige parapsychologische Theoretiker sehen wollen, übernatürliche Hintergründe? Gerade für Letzteres gibt es wie oft bei solchen Fällen zahlreiche Anhänger. Zwar war es im 19. Jahrhundert prinzipiell nicht ungewöhnlich, dass Leute einfach so abhandenkamen, einem Raubüberfall oder Mord zum Opfer fielen.

Dennoch verblüffen sowohl die abrupte Schnelligkeit als auch die wortwörtliche Spurlosigkeit. Die Wahrheit über die Vorkommnisse der Nacht vom 25. November 1809 in Perleberg weiß aber niemand, wie auch eine zum 200. Jahrestag veranstaltete Ausstellung 2009 in der Stadt zeigte. So mancher Historiker beschäftigte sich lange mit dem Mysterium, konnte es jedoch nicht zweifelsfrei auflösen.

1935 nahm sich der Ufa-Film *Der höhere Befehl* des Verschwundenen an, freilich weniger mit dem Versuch einer Lösung des Rätsels, sondern mit propagandistischer Intention. Gerade der Science-Fiction-Literatur kam das rätselhafte Verschwinden des Benjamin Bathurst als surreal-grusliges Thema sehr gelegen. In zahlreichen Geschichten beispielsweise von H. Beam Piper, Avram Davidson und Robert A. Heinlein tritt der Diplomat als Figur auf und wird wahlweise in diverse Paralleluniversen mit einer verdrehten Historie oder in die Zukunft transportiert. Auf jeden Fall ist Benjamin Bathurst in dieser, der irdischen Welt nicht wiedergefunden worden.

Tobias Sedlmaier, geboren in Landshut, ist unter anderem seit 2015 Autor für die SZ.

Göttliches Werk

Matthias Grünewald war ein Genie – wenn er denn so hieß. Kaum ein Maler der frühen Neuzeit ist so von Vermutungen umrankt wie der Meister des Isenheimer Altars.

von Gottfried Knapp

Von keinem der großen Maler der Welt wissen wir so wenig wie von der Rätselgestalt, die zwischen 1512 und 1516 die malerischen Wunder des Isenheimer Altars geschaffen und wenig später auch jene *Muttergottes in der Landschaft* gemalt hat, die seit 1812 in der Dorfkirche von Stuppach zu bewundern ist. Mit seinen mystisch-religiösen Visionen und seinen fantastischen Erfindungen hat der Schöpfer dieser Gemälde alle Bildvorstellungen seines Zeitalters gesprengt. Doch schon zu seinen Lebzeiten scheint der Mann von der Öffentlichkeit kaum wahrgenommen worden zu sein. Und als in der zweiten Hälfte des 17. Jahrhunderts der Maler und Kunstforscher Joachim von Sandrart in seiner ersten Bestandsaufnahme der deutschen Kunst dem von ihm entdeckten Maler den Namen »Matthias Grünewald« gab, weil einige seiner Werke mit den Buchstaben MG oder MGN signiert sind, stiftete er nur Verwirrung. Denn schriftliche Hinweise auf einen Maler dieses Namens konnten spätere Generationen nirgendwo entdecken. Einige Historiker brachten darum einen Frankfurter Maler mit dem Namen Matteus Grün als Kandidaten

Die Stuppacher Madonna ist erst sehr spät als ein Werk jenes Malers identifiziert worden, für den man immer noch einen Namen sucht.

ins Gespräch: Dessen überlieferte Daten lassen sich partiell mit der gesuchten Person vereinbaren. Mehr Resonanz fand aber der Vorschlag, dass ein an mehreren passenden Orten als Bildschnitzer und Maler bezeugter Mathis Gothart oder

Mathis Nithart der Mann gewesen sei, dem man diese Rätselwerke zutrauen könne.

Doch auch bei dieser Hypothese ergingen sich die Wissenschaftler derart umfänglich in Vermutungen, dass überzeugende Gegenargumente nicht schwer zu finden waren. Neuere Publikationen über das Phantom der deutschen Kunst bieten also mindestens zwei Biografien des Mannes, der mit Sicherheit nicht Grünewald hieß, aber von der Welt weiterhin so genannt wird, weil alle anderen vorgeschlagenen Namen zumindest anfechtbar sind.

In der einen Version ist Matthias Grünewald um 1480 in Würzburg geboren worden und 1528 in Halle gestorben. In der anderen Version stammt er aus Aschaffenburg und ist um 1532 im Odenwald, wo er für die Herren von Erbach arbeitete, gestorben. Einig sind sich die Forscher nur darin, dass der gesuchte Maler wechselweise in Aschaffenburg, in Frankfurt am Main und in Mainz tätig war und mehrfach für Mainzer Erzbischöfe gearbeitet hat – mit Sicherheit jedenfalls für Albrecht von Brandenburg, den kunst- und reliquienversessenen Fürstbischof und Erzkanzler des Reichs und fanatischen Gegner der Reformation. Auf der von Albrecht in Auftrag gegebenen Tafel mit den Heiligen Erasmus und Mauritius – sie gehört heute zu den Schätzen der Alten Pinakothek in München – hat sich der beim Honorieren seiner Hofkünstler recht saumselige geistliche Herr im pompösen Ornat eines Kardinals und mit den Wappen seines kurfürstlichen Herrschaftsgebiets geziert als heiliger Erasmus porträtieren lassen.

Zum Glück sind sich die Kunsthistoriker über die Bildwerke, die man der biografisch kaum fassbaren Künstlerfigur zuschreiben kann, weitgehend einig. Doch gerade weil wir heute genaue Vorstellungen von den bescheidenen Anfängen dieses leidenschaftlich suchenden Bilderdenkers haben, müssen einem die Entwicklungssprünge, die dieser Maler innerhalb weniger Jahre gemacht hat, geradezu ungeheuerlich vorkommen. Vielleicht hätten die drei von Sandrart erwähnten Altäre im Mainzer Dom, die während des Dreißigjährigen Krieges von den Schweden geraubt wurden und bei einem Schiffbruch auf der Ostsee verloren gingen, uns erklären können, wie ein Maler der Dürer-Zeit, der die Rhein-Main-Region kaum je verlassen haben dürfte, seine Lehrer und seine Kollegen als Kolorist, als spiritueller Dramatiker und apokalyptischer Erzähler so weit hinter sich lassen konnte.

Dem Geheimnis auf der Spur bleiben wir aber auch, wenn wir jetzt ins Hohenlohische fahren und in Stuppach das fast zwei Meter hohe Marienbild in der eigens dafür gebauten Kapelle betrachten. Denn außer der Tatsache, dass diese atmosphärisch glühende Vision der Gottesmutter und ihres Kindes im Jahr 1809 bei der Auflösung des Deutschritterordens in Mergentheim entdeckt und 1812 als angebliches Rubens-Gemälde für die Kirche des nahe gelegenen Dorfes Stuppach gekauft worden ist, wissen wir nichts über dieses heute allgemein anerkannte Meisterwerk der altdeutschen Kunst. Das Gemälde ist überhaupt erst im Jahr 1881, als erstmals grobe Übermalungen beseitigt wurden, dem Meister des Isenheimer Altars zugeschrieben worden, was übrigens den Stuppacher Bürgern, die gerne ihren Rubens behalten hätten, gar nicht gefiel. Ob der vermeintliche Rubens aber, wie fast alle Grünewald-Deuter heute glauben, für den urkundlich bezeugten, aber schon lange zerlegten Maria-Schnee-Altar in der Stiftskirche von Aschaffenburg gemalt worden ist, lässt sich, wie so vieles, was um die Figur MGN herum überlegt worden ist, leider nicht schlüssig beweisen.

Rätsel gibt uns schließlich auch das Bildwerk selber auf. Fast alle Gegenstände, von denen Maria und das Jesuskind umgeben sind, lassen sich auf die Jungfräulichkeit und die Brautschaft Mariens und auf ihre Rolle als Himmelskönigin und Mutter der Kirche beziehen: der Halsschmuck und der Ring an ihrer linken Hand, die Rosen und Lilien seitlich von ihr, der Baum, der gleichzeitig Blüten und Früchte trägt, das verschlossene Gartentor, der Bienenstock, der Feigenbaum, dessen Blätter sich um ein Kreuz winden, der Wasserkrug, die Kirche mit dem Marienbildnis, der Regenbogen und die aus dem Himmel purzelnden feurigen Engel. Doch auch wenn uns all diese Anspielungen heute nicht mehr viel zu sagen haben, zieht uns das Bild hinein in einen farbigen Naturkosmos, einen Schöpfungskreis, dem wir alle Wunder der Welt zutrauen.

Das Rehchen

Rosemarie Nitribitt war als Prostituierte Industriellen und Politikern zu Diensten. Warum wurde ihr Mörder nie gefasst?

von Florian Welle

Tatort Stiftstraße 36: Als sich am 1. November 1957 Frankfurter Polizisten Zugang zur Neubauwohnung von Rosemarie Nitribitt verschaffen, erwartet sie ein grausamer Anblick. Die Blondine liegt mit aufgedunsenem, blutverkrustetem Gesicht verdreht auf dem Perserteppich. Dieses Bild verleiht der jüngst von Frank Witzel und Philipp Felsch in ihrem Buch *BRD Noir* geäußerten These, in der Ermordung der Prostituierten drücke sich »die Wiederkehr der verdrängten Gewalt« nach dem Krieg aus, einige Plausibilität.

Zweifellos schied die 24-Jährige nicht ohne Gegenwehr aus dem Leben. Die Wunde am Hinterkopf könnte von einem Schlag oder Sturz herrühren. Erst danach wurde sie erdrosselt. Warum der Mörder dann ein Handtuch unter ihren Kopf schob, bleibt eines der vielen Rätsel dieser bis heute unaufgeklärten Gewalttat. Wer verstehen will, wie die Bundesrepublik in den Anfangsjahren tickte, der findet in diesem Mord reichlich Anschauungsmaterial. Schon unmittelbar nach seinem Bekanntwerden setzte ein medialer Tsunami ein, der die Doppelmoral der vermufften Adenauer-Ära offenbart.

Viele Zeitungen jazzten die Tat zum ersten Sittenskandal hoch. Im Zuge dessen wurde aus Rosemarie Nitribitt »die Nitribitt«, die berühmteste Hure des Landes. Gleichwohl scheuten sich die Blätter, das Kind beim Namen zu nennen. Wahlweise firmierte Rosemarie als eine »bekannte Erscheinung der Lebewelt« oder als ein »sogenanntes Mannequin«. Als Mannequin stand sie auch im Telefonbuch.

Einer, der die tatsächliche Tragweite des Falles hingegen sofort erkannte, war Erich Kuby. Im Vorwort seines kurz darauf veröffentlichten Buchs *Rosemarie. Des deutschen Wunders liebstes Kind* schreibt der Journalist: »Die bekannt gewordenen [...] Tatsachen, von denen man jetzt so tut, als wären sie böswillige Erfindungen, haben eine gesellschaftliche Ruinenlandschaft erkennen lassen.«

Der Film *Das Mädchen Rosemarie* von Rolf Thiele mit Nadja Tiller, zu dem wiederum Kuby das Drehbuch schrieb und der 1958 zum erfolgreichsten Kinofilm des Jahres wurde, legte dann in Brecht'schem Tonfall diese Ruinen frei, die im Kapitalismus des Wirtschaftswunders ebenso gründen wie in der Prostitution. Nadja Tiller lockt singend potente Kundschaft an: »Wenn du lernen willst, mein Lieber, komm und zahle, ich zeige dir dafür die Horizontale.«

Rosemarie Nitribitt kommt 1933 als Rosalie Marie Auguste in Düsseldorf zur Welt. Die Mutter ist achtzehn Jahre alt, der Vater unbekannt. Mit fünf kommt sie ins Kinderheim, dann zu Pflegeeltern. Mit elf vergewaltigt sie ein älterer Nachbarsjunge. Kurz nach Kriegsende prostituiert sie sich erstmals, ihre Kunden sind Besatzungssoldaten. Mit vierzehn treibt sie ab, kommt in Heime, flieht stets. 1951 wird sie wegen Landstreicherei zu drei Wochen Haft verurteilt, schafft im Frankfurter Bahnhofsviertel an, das darauffolgende Jahr verbringt sie größtenteils in einer Arbeitsanstalt.

Edel, clever, gut inszeniert: So angelte sich Rosemarie Nitribitt ihre Kunden vor der Kulisse der Wirtschaftswunder-Jahre.

1953 dann scheint Rosemarie für sich eine Entscheidung getroffen zu haben. Sie will nicht mehr eine gewöhnliche Hure sein, sondern hoch hinaus. Also nimmt sie Benimmunterricht, lernt ein wenig Englisch und Französisch. Vor allem beginnt sie, in ihr Aussehen zu investieren und sich immer mondäner zu inszenieren. Sie trägt Pelz und auffälligen Schmuck und auf dem Arm einen Pudel. Ihr größter Coup: Sie gabelt die Freier mit einem Auto vor dem Luxushotel Frankfurter Hof auf. Erst in einem Ford Taunus 12M, dann einem Opel Kapitän und schließlich einem schwarzen Mercedes 190 SL mit roter Polsterung und Weißwandreifen.

Die Nitribitt war eine selbstbestimmte Geschäftsfrau ohne Zuhälter, die ihre Einnahmen reinvestierte. Oder ehrgeizig sparte. Sie gab so gut wie kein Geld für Essen aus. Am Tag ihrer Ermordung hatte sie auf dem Konto stolze 90 000 Mark und im Magen Reis. Dazu soll sie noch einmal etwa 20 000 Mark in bar bei sich gehabt haben, von denen allerdings nur etwas mehr als tausend Mark in der Wohnung gefunden wurden. Die Polizei tippte daher von Anfang an auf Raubmord.

Die Ermittlungen sind jedoch eine einzige Pannenserie. Die Polizisten reißen die Fenster auf, ohne vorher die Raumtemperatur zu messen, weil der Verwesungsgeruch durch die Fußbodenheizung bestialisch ist. So kann der exakte Todeszeitpunkt nicht mehr bestimmt werden. Man schließt auf den Nachmittag des 29. Oktobers. Lange wird nach dem Besitzer eines Hutes gefahndet, bis sich herausstellt, dass er dem Leiter der Mordkommission gehört. Es verschwinden Beweisstücke, oder man hält sie unter Verschluss, darunter Fotos und Briefe der reichsten Industriellen(söhne) des Landes: Harald Quandt, Gunter Sachs und Harald von Bohlen und Halbach, der zur Krupp-Familie gehörte und sie »Rehchen« nannte. Wurden die Herren von offizieller Seite geschützt, um einen Skandal zu verhindern? Wurden sie von der Edelhure erpresst? Hätte es nicht auch Mord aus Eifersucht sein können?

Als mutmaßlichen Täter präsentieren die Ermittler wenige Monate später jedoch den Handelsvertreter Heinz Pohlmann, der als Hausfreund für die Nitribitt einkaufen geht. So auch am vermeintlichen Todestag. Der 34-Jährige ist zudem verschuldet, nach dem Tod Rosemaries kann er indes all seine Schulden tilgen und sich gar noch ein neues Auto leisten.

Ende Dezember 1957 lässt das Frankfurter Landgericht ihn jedoch zunächst wieder frei, weil kein dringender Tatverdacht besteht. Die Zeitschrift *Quick* startet mit Pohlmann eine Fortsetzungsserie mit intimen Details aus dem Leben der Nitribitt. Nach mehreren Folgen muss sie die Serie allerdings wieder einstellen, weil ihr Gewährsmann nichts mehr sagen will. Möglicherweise wurde das Schweigen auch erkauft: Im Raum steht eine Summe von 50 000 Mark, die Pohlmann von einem Anwalt der Familie Krupp erhalten haben soll.

Im Juni 1960 kommt es doch noch zur Gerichtsverhandlung. Sie endet mit einem Freispruch Pohlmanns aus Mangel an Beweisen. Letztlich machte das Fehlen des genauen Todeszeitpunkts eine Verurteilung unmöglich – Zeugen wollten Rosemarie Nitribitt noch nach dem vermeintlichen Todestag gesehen haben. Heinz Pohlmann starb am 25. September 1990 in München.

Tod eines Philosophen

Der große Denker René Descartes verstarb 1650 plötzlich, mit nur 53 Jahren. Wurde er mit Arsen vergiftet?

von Florian Goldmann

Mürrisch trifft René Descartes im Oktober 1649 in Stockholm ein. Königin Christina hat gerufen: Seine Schriften seien fabelhaft, er möge ihr Philosophie beibringen. Doch Reisen sind nicht die Sache des 53-Jährigen. Frühere Versuche, ihn für Privataudienzen nach Schweden zu holen, hat der Franzose abgelehnt. Nun lockt aber das Geld, das er dringend braucht. Doch es kommt nur zu wenigen Sitzungen: Descartes stirbt plötzlich, im Februar 1650. Lungenentzündung, wie das Königshaus sofort vermeldet. Einige hingegen munkeln sogleich, er sei vergiftet worden.

Bis heute wird über den Tod des Denkers gestritten. Das wichtigste Dokument stammt von Christinas Leibarzt, dem Niederländer Johann van Wullen. In seinem Bericht über die Todesursache, den er in Descartes' Wahlheimat, die Niederlande, schickte, versteckte er eine Geheimbotschaft. Das behaupten Verfechter der Mordtheorie, die glauben, van Wullen habe die hoheitliche Zensur überlisten wollen. Den Brief musste er der Majestät schließlich zur Durchsicht vorlegen. Unnötig wortreich habe van Wullen den Verlauf jener Lungenentzündung geschildert, die eine für Mediziner alltägliche, gut erforschte Krankheit war: Descartes wollte weder essen noch trinken, konnte nicht schlafen, litt bald unter Fieber, Atembeschwerden und »schwarzem Speichelauswurf«. In den Niederlanden habe man über van Wullens Äußerungen jedoch gestaunt. Seine Worte wollten einfach nicht ins Bild einer Lungenentzündung passen, glichen hingegen exakt den Symptomen einer Arsenvergiftung. Tod durch Mord sei das Geheimnis gewesen, codiert durch den Inhalt selbst. Der Aufschrei indes blieb aus, man konnte das Gift im Körper damals ohnehin nicht nachweisen.

Biografen bezweifelten meistens die Beweiskraft des Briefes. Es gebe gute Gründe für die offizielle Version des Todes. So amüsant es klingt, doch womöglich starb Descartes, weil die Königin ihre Privataudienzen zu äußerst früher Stunde abhalten musste. Um fünf Uhr morgens schon wurde der Gast am Hof erwartet. Morgendliche Körperpflege und Kostümieren eingerechnet, dürfte er noch vor vier Uhr senkrecht gestanden haben. Descartes aber war ein so passionierter und gewiefter Langschläfer, dass er sich bereits zu Internatszeiten das Recht erstritt, bis mittags im Bett dösen zu dürfen. Hinzu kam die Eiseskälte, viele Innenräume waren schlecht geheizt, und zum Schloss musste der Franzose durch den schwedischen Winter stapfen. Den französischen Botschafter, auf dessen Kontakt hin Descartes in Stockholm unterkam, hatte es kurz zuvor erwischt. Lungenentzündungen waren nicht ungewöhnlich.

Jenen, die auf Mord plädieren, scheint das zu einfach – mit Sicherheit auch, weil sie von der Gemengelage möglicher Motive, die bis in den Vatikan reichen, fasziniert sind. Natürlich muss man fragen, wer Interesse an einem Europa der Glaubenslehre und Gelehrsamkeit gehabt haben könnte, in dem eine Geistesgröße plötzlich fehlt: René Des-

René Descartes. Stich aus dem 19. Jahrhundert

cartes, Erneuerer des europäischen Denkens und gefürchtet für seine Zweifel an überkommenem Gedankengut. »Ich denke, also bin ich«, lautet seine berühmte Konsequenz, mit ihr im Gepäck schlug er auch in Stockholm auf. Die junge

Königin plante derweil, aus ihrem Reich ein Arkadien der Künste und Wissenschaften zu machen. Viele Intellektuelle gingen bei ihr ein und aus.

Descartes war in diesen Tagen eine wichtige, doch nicht allseits verstandene Gestalt. In Fachkreisen waren seine Werke umstritten, bei Theologen fielen sie durch. Königin Christina jedenfalls hat die Radikalität seines Denkens schwer beeindruckt. Das Problem: Descartes war in Religionsfragen ein heikler Kopf. Viele befürchteten, die 24-Jährige, die ihres Vaters Thron im Kindesalter geerbt hatte, könnte aufgrund seiner Lehren vom Protestantismus in den Unglauben stürzen. Allein eine Hinwendung zum Katholizismus wäre fataler gewesen – genau das bahnte sich an. Christina liebäugelte schon mit Konversion, da versuchten zwei römische Gesandte gar, sie zu bekehren. Das ganze Land hätte ihr folgen und sich der Gegenreformation preisgeben müssen. Ein Schock. Ihr Vater Gustav II. Adolf war ein heroischer Kämpfer des Protestantismus gewesen.

Descartes, ins Nachbeben des Dreißigjährigen Krieges hineingeraten, wusste nicht recht, wie ihm geschah. Kurze Zeit nach der Ankunft in Stockholm hatte man ihn nach nur zwei Treffen mit Christina in Warteposition geschickt. Die Königin musste diplomatischen Pflichten nachkommen. Erst im Januar hatte sie Zeit für Metaphysik. Unterdessen wartete ihr Hofstaat weniger mit fruchtbaren Gesprächen auf als mit Neidern und Konkurrenten, denen weder Descartes' Status im Königshaus noch seine Anschauungen behagten. Unschuldig wird er an Missgunst nicht gewesen sein, immerhin erging er sich gleich zu Anfang und vor Christinas Ohren in Lästereien und Spott über das veraltete Denken der Kollegen. Folglich sieht es so aus, als hätten überall Feinde gelauert: etwa ein Schwede, dem sein Patriotismus jede Moral hätte vernebeln können, ein Philosoph in Sorge um seine mühsam gerafften Gedankenschätze oder ein Theologe, dem Glaubensskepsis zuwider war.

Es gibt Hinweise, dass Descartes geahnt hat, Opfer eines Giftanschlags geworden zu sein. Schon geschwächt habe er, der medizinisch Kundige, nach einem Brechmittel gerufen – keine Gegenmaßnahme bei entzündeten Lungenflügeln. Doch alle Hilfe kam zu spät. Von bösen Geistern heimgesucht, traute Descartes selbst dem Leibarzt Johann van Wullen nicht mehr über den Weg, der seine Not vielleicht als Einziger verstanden hat.

Florian Goldmann, geboren in Wolfratshausen, ist unter anderem seit 2016 Autor für die SZ.

Mekka auf Stelzen

Die grandiose vorgeschichtliche Anlage von Stonehenge gibt den Forschern ständig neue Rätsel auf.

von Alexander Menden

Der britische Kunstkritiker Julian Spalding schlug vor zwei Jahren eine besonders originelle Lösung für ein uraltes Rätsel vor: Stonehenge, die wohl berühmteste prähistorische Kreisgrabenanlage der Welt, sei ein vorgeschichtliches »Mekka auf Stelzen« gewesen. Die heute nur noch partiell erhaltenen Steine in der englischen Grafschaft Wiltshire hätten lediglich den Unterbau einer kreisrunden, hölzernen Plattform gebildet, auf der religiöse oder astronomische Zeremonien vollzogen wurden. Das Ganze sei »ein großer Altar« gewesen, mit einer Holzplattform, die »Hunderten Gläubigen« Platz geboten habe. Ein Vergleich mit religiösen Monumenten anderer alter Kulturen brachte ihn auf die Idee: Sie alle seien »erhöht« gebaut worden, ob in China, Peru oder der Türkei.

Für diese These gibt es genauso wenig Beweise wie für die Legende, der zufolge der Zauberer Merlin den Steinkreis erbaute, oder jene, die berichtet, Riesen hätten die Felsblöcke aus Irland oder Afrika herübergeschleppt. Archäologen, Anthropologen, Archäoastronomen und viele andere haben weitere Erklärungsversuche angeboten – keiner davon ist bis heute allgemein akzeptiert.

Dabei gibt es einiges an gesichertem Wissen über diese gigantische Megalithstruktur aus mehr als 82 hufeisenförmig angeordneten Steinen. So ist Stonehenge Radiokarbondatierungen zufolge gut 5000 Jahre alt. Es entstand in drei Phasen, deren erste in der Jungsteinzeit begann und deren letzte, bedeutendste, in der Bronzezeit endete. Ungefähr 3100 v. Chr. wurde ein Graben mit einem Wall gebaut, circa 110 Meter im Durchmesser; im Zentrum dieser Anlage fanden sich 56 Vertiefungen, im Kreis angeordnet, in denen möglicherweise hölzerne Pfeiler steckten. In der zweiten Bauphase im frühen 3. Jahrtausend v. Chr., von der es keine unmittelbaren materiellen Zeugnisse gibt, wurde wohl eine aufwendigere hölzerne Struktur hinzugefügt. In dieser Zeit fanden hier wohl auch Feuerbestattungen statt. Heute bestimmen das Bild von Stonehenge die Überreste der fünf sogenannten Trilithen, bestehend aus je zwei mächtigen aufrechten Tragsteinen und einem quer aufliegenden Deckstein, und der innere Sarsenkreis. Sie wurden von etwa 2600 v. Chr. an errichtet und in den folgenden tausend Jahren mehrmals umarrangiert. Auch der sogenannte Heelstone, ein 35-Tonnen-Menhir, der außerhalb des Steinkreises auf der sogenannten »Prozessionsstraße« der Kreisanlage steht, stammt vermutlich aus dieser Zeit.

Trotz des hohen Alters wird immer wieder Neues in und um Stonehenge entdeckt. 2014 erst zeichneten sich während einer Dürrephase überraschend die Umrisse von Steinen auf dem ausgetrockneten Boden ab, die möglicherweise schon vor Jahrtausenden entfernt worden waren. Viele solcher Funde geben aber nur neue Rätsel auf. So haben Röntgenuntersuchungen gezeigt, dass der Stein, aus dem der innere Kreis besteht, aus dem walisischen Pembrokeshire stammt. Eine Studie von 2021 legt nahe, dass sie zumindest partiell

Vor 5000 Jahren wurden wahrscheinlich die ersten Teile des Steinkreises im Süden Englands errichtet.

bereits Teil der noch älteren Megalithstruktur Waun Mawn waren und die Stonehenge-Erbauer sie von dort mitnahmen und gleichsam recycelten.

Daraus folgt wiederum die Frage: Wie schafften es Menschen, diese riesigen Dolerit-Blöcke 280 Kilometer von den Preseli Hills ins heutige Wiltshire zu transportieren? Und wie kam der Altarstein, der aus dem rund 750 Kilometer entfernten Nordosten Schottlands stammt, dorthin? Vor der Erfindung des Rades, so glaubte man lange, hätte es Hunderter Männer bedurft, um sie, zum Beispiel auf Schlitten, über unbefestigtes Terrain zu zerren. Hatte im Pleistozän ein Gletscher, der sich von der Irischen See her ausbreitete, die Steine gen Osten transportiert? Oder wurden sie mittels Unterlage von hölzernen Kugeln an ihren heutigen Standort gezogen, wie der Archäologe Andrew Young vermutet? Bei einem Experiment benötigte man für diese Transportart nur sieben Personen, um Steinklötze dieser Größe zu bewegen. Vielleicht wurden auch Ochsen eingesetzt.

Selbst wenn wir wüssten, wie diese Steine zur Salisbury-Ebene transportiert und dort aufgerichtet wurden, wäre dadurch nicht klarer, wozu genau die Struktur diente. Manche halten Stonehenge wegen vieler Gräber in der Gegend für eine Art prähistorische Nekropole, einen Ort der Ahnenverehrung. Erst 2010 entdeckte man in etwa zwei Kilometern Entfernung Überreste eines kleineren Steinkreises, der aus 25 Menhiren bestand. Er könnte ein Sekundärmonument gewesen sein, Teil eines großen Komplexes, in dem Rituale zur Totenverehrung stattfanden. Das könnte auch mit einer Beobachtung schon aus dem 18. Jahrhundert zusammenhängen, deren Bedeutung nicht strittig ist: Der Eingang auf der nordöstlichen Seite des Erdwalls sowie die Öffnung der Hufeisenform der Steine sind so ausgerichtet, dass in der Bronzezeit zur Sommersonnenwende die Strahlen der aufgehenden, zur Wintersonnenwende die der untergehenden Sonne genau in diese Achse fielen. Wahrscheinlich stand früher neben dem Heelstone ein weiterer Stein, sodass sich auch hier ein Eingang für die Sonnenstrahlen öffnete. Die astronomische Bedeutung, obwohl in ihrem rituellen Zweck nicht bestimmbar, ist augenfällig.

Seit 1977 ist der Steinkreis nicht mehr zugänglich, da der Tourismus die Erosion der Struktur deutlich verschlimmert hatte. Nur zweimal im Jahr dürfen heutige Druiden und pagane Gruppen hier Sonnenwendfeiern zelebrieren. Die meisten kommen im Juni und verbringen eine Nacht zwischen den Trilithen, um auf den Sonnenaufgang zu warten.

Vielleicht war aber die Wintersonnenwende früher wichtiger: Eine Untersuchung des Archäologen Timothy Darvill von der Universität Bournemouth ergab jedenfalls 2022, dass die Erbauer womöglich in der Lage waren, mithilfe des Steinkreises, beginnend mit dem Tag der Wintersonnenwende, ein komplettes tropisches Sonnenjahr von 365,25 Tagen samt aller Monate, Wochen und Tage abzubilden. Das entspräche fast genau den 365,2425 Tagen, die in modernen Sonnenkalendern Verwendung finden. Die Trilithen haben demnach zur Berechnung eines Schaltjahres gedient.

Nichts als Aliens

Die Area 51 in Nevada ist nach wie vor ein Sehnsuchtsort für Ufologen und Science-Fiction-Fans.

von Sofia Glasl

Es gibt Geheimnisse, die heißen so, weil sie tatsächlich etwas verbergen und sie zu lüften einen allgemeinen Aufschrei oder zumindest ein Staunen hervorruft. Aber es gibt auch Geheimnisse, die so offen sind, dass ihre Enthüllung lediglich ein zustimmendes Nicken oder gar Schulterzucken auslöst. Die Area 51 im US-Bundesstaat Nevada, etwa 200 Kilometer nordwestlich der Glücksspielhochburg Las Vegas, lässt sich zu beiden Phänomenen zählen. Jeder weiß, dass es sie gibt, doch was hier in der Mojave-Wüste tatsächlich geschieht, darum ranken sich viele Mythen und Verschwörungstheorien.

Das etwa hundert Quadratkilometer große Areal, das einen kleinen Teil des Air-Force-Übungsgeländes Nellis ausmacht, befindet sich auf dem ausgetrockneten Salzsee Groom Lake inmitten eines Talkessels. Gut abgeschottet durch Bergketten und ein mehrstufiges Sicherheitssystem, wurden hier im Zweiten Weltkrieg Schießübungen abgehalten, auch für Atombombenversuche wurde das Gelände genutzt. Seit 1955 entwickelt und testet hier die Firma Lockheed (heute: Lockheed Martin) neue Flugzeuge für die US Air

Force. Im Kalten Krieg wurden aus Angst vor russischen Aufklärungsflugzeugen falsche Flugzeugschatten auf die Start- und Landebahnen gemalt, damit auf etwaigen Fotos nicht die richtigen Umrisse der neuen Modelle zu sehen sind. Die legendären *U-2*-Spionageflugzeuge wurden hier entwickelt, von 1962 an die *Mach-3*-Flugzeuge *A-12 Oxcart* und die *SR-71 Blackbird*. Selbst Satellitenfotos wurden bis vor Kurzem geschwärzt, so geheim ist dieser Ort.

Mehr als tausend Mitarbeiter sind fest beschäftigt, täglich gehen zwölf Linienflüge für Pendler aus Las Vegas zum eigens errichteten Flughafen der Nevada National Security Site, der seit 2008 einen eigenen Flughafen-Code hat: KXTA. Scherzhaft wird von JANET-Flügen gesprochen. Das steht für »Just another non existent terminal – noch so ein nicht existierendes Terminal«. Die Abflughalle ist auf keiner offiziellen Karte verzeichnet. Die Flugzeuge der Linie sind schlicht weiß mit einem roten Streifen lackiert, tragen kein Logo und haben in Las Vegas immer Vorrang. Die Betreiberfirma hält sich natürlich bedeckt, doch das Flughafenpersonal verplappert sich ab und an über die Sonderflüge. Was innerhalb der Area 51 passiert, das vermögen sie auch nicht zu sagen.

Welch ein Aufschrei, als der ehemalige Air-Base-Mitarbeiter Robert Lazar 1989, angeblich zum Selbstschutz, ein TV-Interview gab. Darin behauptete er, bei der Arbeit auf dem Testgelände Fotos von Ufos und Aliens gezeigt bekommen und in Reverse-Engineering-Programmen mitgearbeitet zu haben, also der Nachkonstruktion außerirdischer Flugobjekte. Ufologen sahen sich durch diese Behauptungen bestätigt, denn seit den Sechzigerjahren hatten sich in Nevada Ufo-Sichtungen gehäuft. Das 1947 angeblich bei Roswell, New Mexico, abgestürzte Ufo und dessen Passagiere sollen ebenfalls in der Area 51 gelagert und erforscht werden. Dabei wurde dieser

Zwischenfall längst aufgeklärt – das vermeintliche Raumschiff war ein abgestürzter Heißluftballon, und die meisten Ufo-Sichtungen entpuppten sich als Lichtreflexionen der Testflugzeuge. Doch das änderte nichts an der Beliebtheit der Ufo-Geschichten. Logische Erklärungen wurden als Vertuschung abgetan. So wurde die Area 51 in der Popkultur zu einer Art Sternentor in ferne Galaxien stilisiert. Sei es in der Mystery-Serie *Akte X*, die dem Areal eine Doppelfolge widmete, oder in Science-Fiction-Komödien wie der *Men-in-Black*-Reihe, in der die Area 51 als interstellarer Flughafen dient und Schaltzentrale der sagenumwobenen Männer in Schwarz ist. Selbst James Bond lief in *Diamantenfieber* über das Gelände und streifte sogar die angeblich dort angesiedelten Filmstudios. Stanley Kubrick soll darin die Mondlandung inszeniert haben, so eines der fantasievollsten und beständigsten Gerüchte.

Der Mythos zieht natürlich Schaulustige und Fans an. Die momentan knapp fünfzig Einwohner der einzigen nahe gelegenen Ortschaft Rachel versuchen Kapital aus all den Ufologen, Science-Fiction-Fans und Touristen zu schlagen. Das Little A'Le'Inn (den Namen laut auf Englisch vorlesen, dann erschließt sich der Wortwitz) ist ein Themenmotel an der State Route 375, die auch »Extraterrestrial Highway« genannt wird. Das Motel hat ein »Earthlings welcome«-Schild über der Einfahrt hängen und verkauft Alien-Souvenirs.

Der Hype nimmt manchmal etwas absurde Formen an: In den mitten am Highway stehenden Briefkasten des Anwohners Steve Medlin wurden etwa so lange Briefe an Außerirdische geworfen, bis er einen zweiten Kasten mit der Aufschrift »Alien« anbrachte. Im September 2019 meldeten sich für ein scherzhaft erstelltes Facebook-Event mit dem Titel »Storm Area 51. They Can't Stop All of Us« über zwei Millionen Besucher an, was die Behörden aufhorchen ließ. Letztlich versammelten sich nur rund 150 Menschen, von denen niemand das gesperrte Gelände betrat, aber offenbar einige fleißig Mitbringsel kauften.

Kein Wunder also, dass sich bei all diesen Storys kaum jemand dafür interessierte, als die US-Regierung im August 2013 zum ersten Mal offiziell von der Existenz der Area 51 sprach und geheime Unterlagen in einem 400-seitigen Dokument veröffentlichte. Darin sind die Flugzeugtests seit den Fünfzigerjahren dokumentiert, ebenso die aufgelösten »Ufo-Sichtungen« in der Gegend. Richtig neu und aufregend war das nach fast 25 Jahren Mythosbildung kaum. Von Aliens oder echten Ufos ist nicht die Rede. Dass Hillary Clinton während des Wahlkampfs 2016 mehrfach davon sprach, im Falle ihrer Präsidentschaft alle unveröffentlichten Unterlagen über die Area 51 freizugeben, verursachte trotzdem viel Aufregung unter Ufo-Fans. Sie werden wohl noch warten müssen, bis auch dieses Geheimnis gelüftet wird.

Tödliche See

Im Jahr 1913 verschwand der berühmte Erfinder Rudolf Diesel spurlos auf dem Weg nach England.

von Bernd Graff

Es war wohl eine Tragödie, ganz sicher war es eine Sensation und sogleich ein Medienereignis. Und es bleibt ein Mysterium. Die *New York Times* vermeldete im Spätsommer 1913: »Der Doktor und berühmte Erfinder Rudolf Diesel« sei spurlos verschwunden, und das »unter höchst ungeklärten Umständen«. Wie sensationell sein Verschwinden war, merkt man daran, dass diese Nachricht nur einen Tag benötigte, um es auf die Titelseite der *New York Times* zu schaffen. Was angesichts der Kommunikationsmöglichkeiten damals auch schon eine Sensation war. Die Spur des über alle Grenzen hinweg bekannten Ingenieurs verliert sich am 29. September 1913.

Rudolf Diesel, damals 55 Jahre alt, ist der Erfinder des nach ihm benannten Dieselmotors, den er in mehreren ihm zugesprochenen Patenten beim Kaiserlichen Patentamt zu Berlin etwas umständlich eine »rationelle Wärmekraftmaschine« genannt hatte. Entwickelt wurde seine, wie Diesel sie auch nannte, »effiziente Kompressionszündungsmaschine« seit 1893 in Augsburg, im Vorläuferwerk von MAN, unter finanzieller Beteiligung des Industriellen Friedrich

Krupp – ein früher Risikokapitalgeber und Investor. Trotz des potenten Unterstützers entstand erst 1897 ein funktionstüchtiges Modell, dessen Innenleben und Technik dann allerdings so gründlich von Diesels Konzept abwich, dass der Erfinder daran keine Patentrechte mehr hielt. Der Motor war wesentlich effizienter als herkömmliche Dampfmaschinen und trat sofort seinen Siegeszug an. Bald schon wurde er in Kriegsschiffen, Generatoren, Zügen und Anlagen zur Kohle- und Ölförderung eingesetzt. Bis 1912 tuckerten mehr als 70 000 Dieselmotoren in den fortschrittlichsten Fabriken und Fahrzeugen der Welt. Durch seinen revolutionären Antrieb wurde der 1858 in Paris geborene deutsche Ingenieur zum Star: Er galt als ein bis zur völligen Erschöpfung arbeitendes Genie, für den selbstzündenden Verbrennungsmotor wurde Diesel 1900 mit dem Grand Prix der Weltausstellung von Paris prämiert.

Diesels Vater war Buchbinder, er war der Liebe seines Lebens gefolgt und 1848 von Augsburg nach Paris gezogen, um dort zu heiraten und fortan zu leben. Beim Ausbruch des Deutsch-Französischen Krieges 1870 musste die Familie Frankreich wieder verlassen. Man zog nach London. Rudolf, der zweitgeborene Sohn, wurde zu seinem Onkel nach Augsburg geschickt. Der junge Diesel, immer einer der besten Schüler, wollte Ingenieur werden und schloss alles, was man dazu an Ausbildung absolvieren konnte, stets als Primus ab. Sein Studium und die Promotion beendete er an der Technischen Hochschule München (der heutigen TU) sogar als Bester seit Bestehen der Lehranstalt.

Nur geschäftlich war mit diesem Düsentrieb kaum etwas anzufangen. Obwohl er durch die Lizenzzahlungen für seinen Motor ein üppiges, ja gehobenstes Einkommen hatte und mit seiner Familie in einer prachtvoll für ihn gebauten

Nobelvilla in Bogenhausen wohnte, wurde er von seinen Partnern und von Konkurrenten, die sich als seine Partner ausgaben, nach Strich und Faden übers Ohr gehauen. Die unzähligen Prozesse um die Patente wurden zu einem großen Problem für ihn. Sie belasteten ihn nicht nur finanziell, sie zerrütteten schließlich auch seine Gesundheit.

Die ständigen Kalamitäten zwangen Rudolf Diesel am 29. September 1913 zu einer Reise nach London zu einer Versammlung der Vorstände der Consolidated Diesel Manufacturing Ltd. Man munkelte, seine Firma wolle der britischen Navy Diesels Maschinen andienen. In Antwerpen bestieg er das Dampf-Fährschiff *Dresden* zu einer Fahrt über den Ärmelkanal, am nächsten Tag sollte die Sitzung stattfinden. Diesel hatte noch vor der Abreise in einem Brief an seinen Sohn über Herzprobleme geklagt. Doch am Reisetag sei er bester Dinge und voller Zuversicht gewesen, berichten Zeugen, die mit ihm an Bord waren. Die *New York Times* spricht in ihrer Meldung vom Folgetag davon, Diesel sei sogar »in the very best spirits« gewesen.

Er hatte an Bord ein Abendessen eingenommen und sich zur Nacht verabschiedet, bat noch darum, am nächsten Morgen um 6.15 Uhr geweckt zu werden – und ward danach nicht mehr lebend gesehen. Als das Boot am nächsten Morgen in England anlegte, befand sich der berühmte Erfinder nicht mehr an Bord der Fähre. Man fand in seiner Kabine ein unbenutztes Bett, einen ordentlich ausgelegten Schlafanzug und seine auf den Nachttisch drapierte Armbanduhr. Im Schloss seines Koffers steckte noch der Schlüssel. Sofort entstanden Verschwörungstheorien: Der Ingenieur, der seine Patente an die Marine einer feindlichen Macht verkaufen wollte, sei von deutschen oder amerikanischen Agenten über Bord geworfen worden. Ein Selbstmord wurde ebenfalls erwogen. Er sei

Sein Motor machte ihn bekannt: Rudolf Diesel.

übernervös gewesen, habe vor Antritt der Reise seine Frau zu deren Mutter nach Remscheid geschickt, danach wie ein Wahnsinniger allein die Bogenhausener Villa am Isarhang durchstreift, bevor er selber seine Koffer packte. Doch hieß es nicht, er sei am Abend vor dem Verschwinden »in the very best spirits« gewesen? So ein Mann sagt doch nicht höflich »Gute Nacht« und bittet darum, pünktlich geweckt zu werden, legt seine Nachtwäsche aus, um wenig später über die Reling zu springen.

Zehn Tage nach seinem Verschwinden wurde von der Besatzung eines holländischen Lotsenbootes eine entstellte Leiche im Ärmelkanal gesichtet, bei der man Diesels Pillendöschen, sein Taschenmesser, sein Brillenetui und seine Brieftasche fand. Die Gerüchte und Verschwörungserzählungen zu seinem Tod ließen sich da schon nicht mehr einfangen. Litt Diesel unter Schlaflosigkeit und war deshalb allein an Deck gegangen, um dort fatalerweise über Bord zu gehen? Ein Unfall also? Die See war indes spiegelglatt gewesen, das passte nicht. War er schlafwandelnd über die Reling balanciert und dann auf der falschen, der Seeseite, abgestiegen?

Die *New York Times* konstatierte am 2. Oktober, Diesel sei Millionär gewesen und Oberhaupt einer glücklichen Familie. Dann aber, am 13. Oktober, wollte dieselbe Zeitung herausgefunden haben, dass Diesels Familie »in extremen Nöten« gelebt habe, um am 15. Oktober nachzulegen: Diesel sei »pleite« gewesen mit Schulden von 375 000 Dollar bei einem zählbaren Besitz von lediglich 10 000 Dollar. Im Frühjahr 1914 verstörte dann aber die Meldung, Dr. Diesel habe in Kanada »ein neues Leben« begonnen. Vor der »Abreise« in die Anonymität habe er seiner Frau sogar noch einen Koffer voller Geld, 20 000 Mark in Cash, für kommende schlechte Zeiten übereignet, unter dem Hinweis, mehr gebe es nicht, alle Konten seien leer geräumt.

Diesen Mutmaßungen widersprach jedoch der Fund der stark zersetzten Leiche im Ärmelkanal, zehn Tage nach Diesels Verschwinden. Die geborgenen Utensilien und Wertgegenstände wurden schon am 13. Oktober 1913 von Sohn Eugen Diesel eindeutig als persönliche Gegenstände seines Vaters identifiziert. Was also geschah in jener tiefen Nacht mit dem Mann, über dessen Ende sich bis heute kaum mehr als Feinstaub legen konnte?

Sehr verlockend

Ob in der Sage vom Rattenfänger zu Hameln ein wahrer Kern steckt, darüber wird seit Langem spekuliert und geforscht.

von Harald Eggebrecht

Die Form, in der die Brüder Grimm diese Geschichte 1816 in ihre Sagensammlung aufgenommen haben, wurde ein Welterfolg, jeder kennt sie. Der Rattenfänger von Hameln wurde zur berühmtesten deutschen Sagengestalt mit globaler Ausstrahlung bis in die USA und nach China. Doch schon in der frühen Neuzeit machte die Geschichte vom »Bunting« die Runde, so wird der ominöse Pfeifer in einer Version des 16. Jahrhunderts genannt, der erst Mäuse und Ratten aus der Stadt führt mithilfe magischer Flötentöne und dann die Kinder auf Nimmerwiedersehen fortlockt, weil ihm der Stadtrat seinen Lohn verweigert. Für Hameln jedenfalls ist die Sage ein wirtschaftlicher Segen, denn die Legende lockt alljährlich Abertausende von Touristen aus aller Welt in die kleine Stadt an der Weser, um jenen Ort schaudernd zu besuchen, in dem einst der bunte Rattenfänger sein gutes Werk verrichtete, vor allem aber grausame Rache übte an den wortbrüchigen Hamelnern.

»Anno 1284 am Dage Johannis et Pauli war der 26. Juli / Dorch einen Piper mit Allerley Farve bekledet gewesen CXXX Kinder verledet binnen Hameln geboren / To Calvarie bi den Coppen verloren.« So lautet die Inschrift aus dem 17. Jahrhundert am sogenannten Rattenfängerhaus in Hameln, einem herrlichen Beispiel der Weserrenaissance. Frühere Belege des für die Kindseltern grausamen Geschehens gibt es in der Lüneburger Handschrift von 1430: »Zu vermelden ist ein höchst seltenes Wunderzeichen, das sich in der Stadt Hameln im Jahre des Herrn 1284 gerade am Tage des Johannes und Paulus ereignete. Ein Jüngling von dreißig Jahren, schön und überaus wohl gekleidet, trat über die Brücke und durch das Wesertor (in die Stadt) ein. Auf einer silbernen Flöte von wundersamer Form begann er sodann durch die ganze Stadt hin zu pfeifen. Und alle Kinder, die diese Flöte hörten, an Zahl etwa 130, folgten ihm zum Ostertore hinaus zur sogenannten Kalvarien- und Gerichtsstätte. Dort verschwanden und entwichen sie, daß niemand aufspüren konnte, wo eines von ihnen geblieben war. Dieses habe ich in einem alten Buche gefunden. Und die Mutter des Herrn Dekans Johann von Lüde sah die Kinder fortziehen.« Immerhin wird hier sogar eine Zeugin benannt, die zur Tatzeit etwa zehn bis vierzehn Jahre alt war. Also gibt es früh eine mündliche Erzähltradition.

Keine Rede ist allerdings in den alten Zeugnissen von Ratten. Dieser Teil der Sage wurde erst 1565 mit dem Hamelner Kinderverlust verbunden. Geschichten von sonstigen Rattenfängern waren damals weit verbreitet. Erst in der kombinierten Form wurde daraus die unsterbliche Legende vom erfolgreichen Rattenfänger von Hameln, der aus Rache zum Kinderentführer wird und in der Rezeptionsfolge rasch Teufelszüge annahm.

Zugleich aber begann die Suche nach einer realen Vorgeschichte ohne mythische Fantasie. Gottfried Wilhelm Leibniz etwa spekulierte, ob der Auszug der 130 Kinder vielleicht auf den Kinderkreuzzug von 1212 hindeute. Andere vermuteten für das Kinderverschwinden eine Pestepidemie oder

Naturkatastrophen. Neuere Untersuchungen gehen davon aus, dass die Hamelner Kinder vielleicht Werbern für die Kolonisation im Osten folgten. Die traten meist in Begleitung eines Trommlers und Pfeifers auf. In der Version der Brüder Grimm ist von Siebenbürgen die Rede, wo die Kinder wiederaufgetaucht sein sollen. Andere Forscher wollten anhand von Personennamen die Auswanderer in Mähren vermuten. Die in dieser Hinsicht haltbarste These hat der Namensforscher Jürgen Udolph entwickelt. Nach seinen Recherchen und Überlegungen sind die Hamelner wohl in die Gegenden nördlich von Berlin in die Prignitz und die Uckermark gezogen. Das beweisen nach Udolph dortige Ortsnamen; Auswanderer würden gerne in der neuen Heimat die alten Ortsbenennungen wieder verwenden. So findet sich etwa in der Wesergegend Hamelspringe, wo die Hamel entspringt und bei Hameln in die Weser mündet. In der Uckermark gibt es Hammelspring, obwohl dort keine Hamelquelle existiert. Dass es Auswanderer aus dem Weserbergland in diese östlichen Gegenden gezogen hat, gilt als sicher. Das ist trotzdem kein absoluter Beweis für den Grund des Verschwindens. In der Trauer der Eltern schimmert nämlich noch etwas quälend Traumatisches durch, so, als als gäbe es im Hintergrund eine irgendwie düstere Schuld am Verlust der Kinder.

Die schwärzeste These entwickelt Fanny Rostek-Lühmann literaturpsychoanalytisch. Sie sieht in der Sage den Wunsch der Eltern verborgen, die Kinder, im Mittelalter oft hungrige, lästige Mitesser, auf immer loszuwerden. Im Hamelner Messbuch *Passionale*, der frühesten Überlieferung angeblich aus dem 14. Jahrhundert, gibt es keinen Kinderfänger, sondern nur lateinisch »rei«, Schuldige. Liegt der Sage womöglich ein Unglück, gar eine Untat zugrunde, für die man den Rattenfänger dringend als entlastenden Sündenbock erfinden musste?

Der furchtbare Felsen

Das Gefängnis von Alcatraz galt als absolut ausbruchssicher. Nur drei Häftlinge sind von dort entkommen. Aber haben sie überlebt?

von Volker Bernhard

Alcatraz – allein die Nennung des Namens verströmt die Aura von Unbezwingbarkeit und Brutalität, die jeden szenischen Einstieg farblos wirken lässt: tosende Wellen, zerklüftete Felsen, karge Zellen voller mörderischer, nun selbstmörderischer Menschengestalten. Dazu ausgeklügelte Einsperrungssysteme.

Alcatraz: Das Gefängnis auf der Insel in der Bucht von San Francisco wurde geradezu geschaffen, um finster zu glänzen. Es galt über Jahrzehnte als das beste Hochsicherheitsgefängnis der USA, eine Art Endstation aller Unverbesserlichen, ein Zeichen staatlichen Durchgreifens im »land of the free«. Kein Entkommen, niemals. Doch heißt es in der Nationalhymne ebenso: »home of the brave«. Eben dies wurde der grausamen Realität zum Verhängnis – oder doch nicht?

1854 ging auf der Insel der erste Leuchtturm der amerikanischen Westküste in Betrieb, ein später errichtetes Fort diente bereits während des Sezessionskrieges als Gefängnis. Die »goldenen« Jahre voller Ruhm reichen von 1934 bis 1963 und begannen mit dem Ausbau und der Erhebung in den Stand eines Bundesgefängnisses. Die Lage schien perfekt zu sein, dank kalter Meeresströmung und schroffer Felsen, die der Insel den Namen »The Rock« gaben. 1576 Häftlinge sahen die Zellen, vor der touristischen Erschließung, von innen, nie mehr als 302 zur selben Zeit. Namhafte Banditen wie Al Capone und Machine Gun Kelly büßten hier ihre Strafe ab, fungierten gewissermaßen als Maskottchen des Schreckens.

Die Zellen waren knapp ausgestattet, aber auch der tatsächlich vorhandene überschaubare Luxus war Teil einer gewieften Strategie: Die Häftlinge wurden zu Warmduschern umerzogen, um eine Flucht durch das kalte Wasser der Bucht zu erschweren. 36 Häftlinge versuchten den Ausbruch, fast alle ertranken, wurden gefasst oder erschossen. Doch fünf Personen sind verschollen.

Vor allem der Ausbruch in der Nacht zum 12. Juni 1962 ist geheimnisumwittert: Frank Morris sowie die Brüder John und Clarence Anglin gelangten dank monatelangem Löffelkratzeinsatz durch das Entlüftungssystem in einen Korridor, der ihnen fortan als heimlicher Arbeitsraum diente. Nach Wochen der Bastelei entkamen sie dem Gebäude durch den Lüftungsschacht und über das Dach. Die Insel verließen sie mit aus Regenjacken zusammengeflickten Schwimmwesten und einem Schlauchboot, das sie mit dem Balg einer Konzertina aufbliesen. Um Zeit zu gewinnen und die Wärter glauben zu lassen, sie würden schlafen, fertigten sie Puppen mit Haaren vom Friseurboden und bemalten sie mit Farbe aus einem Malkasten. Ein Ausbruch, der dank Allen West, dem zurückgelassenen Vierten im Bunde, ausführlich dokumentiert ist und als Vorbild für den Film *Flucht von Alcatraz* mit Clint Eastwood diente.

Obwohl das FBI keine Mühen scheute, um die Männer zu ergreifen, wurden abgesehen von ans Ufer gespülten Fluchtwerkzeugen keine Hinweise aktenkundig. Als die Behörden ihren Tod verkündeten, spielten sie den Joker »Naturgewalt«. Die drei Flüchtigen wurden ebenso wie zwei andere eines weiteren Ausbruchsversuchs offiziell zu Opfern der gefährlichen Bucht ernannt, um den Mythos zu erhalten. Die Zweifel an dieser Version ließen in der folgenden Zeit nicht nach, sicher auch dank der Lust der Outlaws, den Behörden hin und wieder eine Nase zu drehen: Die Brüder Anglin überfielen beispielsweise Banken mit einer Spielzeugpistole.

Letztlich verlor das Gefängnis so den Nimbus der Unbezwingbarkeit. Damit blieben von Alcatraz nur mehr die hohen Betriebskosten, der bröselnde Beton und die vom Salzwasser zerfressenen Rohre übrig. Einen Mythos beerdigt man nicht so leicht, eine teure Anstalt mit schwindender Strahlkraft hingegen schon. So befahl der damalige Justizminister Robert F. Kennedy am 21. März 1963 die Schließung von Alcatraz.

Doch wie ging es mit den Entkommenen weiter? In den vergangenen Jahrzehnten erhielten die Behörden immer wieder fragwürdige Hinweise. Erst im Januar 2018 veröffentlichte das FBI einen Brief, dessen Absender sich als John Anglin ausgab. Der Fluchtversuch sei geglückt; da er schwer krank sei, würde er unter Zusicherung einer einjährigen Haftstrafe seinen Aufenthaltsort nennen. Das FBI-Labor konnte die Echtheit nicht bestätigen.

Ein glaubwürdiges Indiz lieferten aber zwei Neffen der Anglin-Brüder 2015 in einer Dokumentation des History Channel. Neben zwei undatierten Postkarten, welche die Familie der Brüder nach dem Ausbruch erreicht haben sollen, brachte vor allem ein Foto Schwung in die Sache: Schmerbäuchig und im schönsten Look der Siebziger stehen da zwei Männer neben einem imposanten Termitenhügel. Fred Brizzi, ein

Alcatraz, zur Zeit nur noch eine gruselige Touristenattraktion.

Jugendfreund der Brüder, gab das Foto der Familie. Er traf nach seiner Aussage zufällig John Anglin in einer brasilianischen Bar. Der nahm ihn mit auf ihre Ranch und ließ das Fotografieren zu. Die Ähnlichkeit mit früheren Aufnahmen bestätigten Forensiker – das Foto zeige »sehr wahrscheinlich« die Brüder.

Zu Frank Morris gibt es keine Hinweise derartiger Qualität. Ob den dreien wirklich die Flucht gelang, lässt sich wohl nicht mehr aufklären. Sie stehen aber samt künstlich gealterter Fotos noch immer auf der Liste der meistgesuchten Verbrecher im nördlichen Kalifornien, bis sie oder ihre sterblichen Überreste wirklich gefunden werden. Alcatraz ist seit 55 Jahren Geschichte – und wirkt noch immer beklemmend. Warum die moderne Überwachung und Kontrolle des digitalen Zeitalters jeden betrifft und doch nie ähnlich schauerlich wirkt, das ist ein anderes Rätsel.

Volker Bernhard, geboren in Eberswalde-Finow, schreibt unter anderem seit 2017 für die SZ.

Straße des Teufels

Die Route 666 führte durch drei US-Bundesstaaten und Gebiete der Navajos. Um den Namen ranken sich düstere Geschichten.

von Harald Hordych

Gallup in New Mexico, knapp 22 000 Einwohner, umgeben von riesigen rot leuchtenden Sandsteinformationen, besteht aus einer langen Hauptstraße, bei der man immer auf das Zentrum wartet, das nie kommt. Aber in den Seitenstraßen findet sich dann der Grund, warum Gallup trotzdem für viele Menschen ein wichtiger, ja ein zentraler Ort in ihrem Leben ist. Dort befinden sich die Kneipen, in die die Navajo-Indianer regelmäßig einkehren. Sie bleiben dort unter sich. Weiße verirren sich dorthin nur, wenn sie Journalisten aus Deutschland sind, die keine Ahnung haben und dort mit einem ebenso wachsamen wie alkoholgetrübten Blick gemustert werden.

Diese dunklen Gasthäuser liegen nur ein paar Meilen vor der Grenze zum größten Navajo-Reservat der USA. Das ist wichtig, weil in den Reservaten kein Alkohol verkauft werden darf. Gallup ist die letzte Station vor der ernüchternden, staubtrockenen, ärmlichen Realität des Reservats, welche die *High Country News* so beschreibt: keine Jobs, keine Industrie, keine Ernte. Wer durch Gallup fährt, tut dies auf der legendären Route 66. Sie führt von Chicago quer durch Amerika und endet in Los Angeles an den Piers von Santa Monica.

Aber in Gallup begann bis vor wenigen Jahren auch eine Straße, die noch eine Sechs mehr im Schilde führte und schnurgerade nach Norden, durch das Reservat der Navajos verlief, das sich auf einer riesigen Fläche auf drei Staaten verteilt. Der größte Teil liegt in Arizona. Aber die Route 666 verlief durch das Territorium von New Mexico von Gallup über Shiprock, bevor sie die Navajo Nation Reservation verließ und am Ende in Utah nach 194 Meilen in eine andere Straße mündete.

Nur 194 Meilen. Eigentlich ein Nichts von Straße. Aber so kurz die 666 auch war, so berüchtigt und geheimnisumwittert war sie. Und zwar von dem Augenblick an, in dem im Jahr 1926 die American Association of State Highway and Transportation Officials (AASHTO) den sechsten Abzweig von der Route 66 vorgeblich ohne böse Absicht, nur aus einer schlichten Abzähllogik heraus offiziell auf den Namen Route 666 getauft hatte. In dem Moment war sie unwiderruflich geboren: Die Straße des Teufels, »The Devil's Highway«.

Wie ist so was möglich? Wie konnte die simple Wiederholung von drei gleichen Ziffern eine derart düster-magische Wirkung entfalten und eine Straße, die durch nichts als karges Wüstenland führt, zu einem Ort der Verdammnis machen? So sehr, dass die Navajos Jahrzehnte dafür kämpften, diese Zahl wieder loszuwerden, weil sie für sie verflucht war, den Touristen Angst einflößte und sie die Straße sogar dafür verantwortlich machten, die Entwicklung des Reservats zu blockieren.

Der Grund dafür ist offenbar in der Bibel zu finden, und zwar im letzten Buch des Neuen Testaments. In der Offenbarung des Johannes (Apokalypse) heißt es in Kapitel 13,

Vers 18: »Hier ist Weisheit! Wer Verstand hat, der überlege die Zahl des Tiers; denn es ist eines Menschen Zahl, und seine Zahl ist sechshundertsechsundsechzig.« Die Zahl des Tiers, damit ist der Antichrist gemeint. Worauf Johannes anspielt, ist nach allgemeinem Verständnis jene Stadt, die zu Lebzeiten des Johannes als Zentrum der Christenverfolgung galt: Rom. Um einer Anklage wegen Hochverrats zu entgehen, so das *Lexikon der religiösen Gegenstände und Gebräuche*, verbarg Johannes den Namen des Herrschers von Rom hinter einer Zahl.

Johannes machte sich zunutze, dass Griechen, Römer und Juden den Buchstaben ihrer Alphabete Zahlen zugeordnet hatten. Aus bestimmten Buchstaben gebildete Wörter hatten nicht nur eine Bedeutung, sondern auch einen Zahlenwert. Die meisten Wissenschaftler sind heute der Ansicht, dass Kaiser Nero hinter der 666 steckt, weil in der hebräischen Übersetzung die zusammengezählten Zahlenwerte der Buchstaben diese Summe ergaben. So ungewiss der tatsächliche Name des Biestes immer bleiben wird: Die Bedeutung als böse Zahl hat sie bis heute behalten.

In Trash-Filmen wie *Route 666*, die von greller Gewalt und Humbug geprägt waren, wurde der Mythos der Straße des absolut Bösen weiter befeuert. Zweifelhafter Ruhm wurde ihr auch als Schauplatz in dem 1994 gedrehten, skandalumwitterten Film *Natural Born Killers* von Oliver Stone zuteil, in dem ein sehr attraktives Gangsterpärchen Menschen aus perversem Vergnügen erschießt. Kein Wunder, dass das Straßenschild mit den drei Sechsen zu einem der am häufigsten abgelichteten in den Vereinigten Staaten wurde. Ganz und gar nicht zur Freude der Navajos, die sich ohnehin benachteiligt genug fühlten. Denn zwei Dinge kamen bei der Route 666 auf verhängnisvolle Weise zusammen: eine für Zahlenbesessene verhexte Zahl, die in der Populärkultur gefeiert und immer wieder zu neuem Leben erweckt wurde – und eine auffallende Häufigkeit von oft genug tödlichen Autounfällen, die auf ein sehr natürlich zu erklärendes Phänomen zurückzuführen war, aber den Mythos der teuflischen Straße weiter nährte: Auf ihrem Heimweg von den Bars in Gallup verloren betrunkene Navajos allzu oft die Kontrolle über ihr Fahrzeug.

2003 war es endlich so weit: Der Gouverneur von New Mexico erreichte, dass die Straße zunächst in seinem Bundesstaat mit der Nummer 491 versehen wurde. Bill Richardson wollte die Straße von ihrer »satanischen Dimension« befreien. Medizinmänner der Navajos reinigten den Highway mit spirituellen Ritualen und segneten die Schilder mit der neuen Nummer. Richardson war froh. Er sagte damals: »Zum einen wollte ich der Kultur der Navajos mit Respekt begegnen. Zum anderen ist es einer der gefährlichsten Highways dieses Landes. Da ist der Name des Teufels nicht hilfreich. Bad vibrations.«

Harald Hordych, geboren in Korbach, schreibt seit 1999 für die SZ.

Viele Löcher, viele Fragen

Zwanzig Ecken und zwölf Seiten: Bis heute weiß niemand, warum in der Antike sogenannte Dodekaeder gebaut wurden.

von Nicolas Freund

Auf den ersten Blick könnte man sie für ein Spielzeug, einen Massageball oder einen Teil einer Maschine halten. Die antiken Gegenstände, die als römische Dodekaeder bekannt sind, haben zwölf Seiten mit jeweils fünf Ecken, an denen kleine Kugeln sitzen. Die Objekte sind hohl, und jede Seite hat eine unterschiedlich große runde Öffnung. Hergestellt wurden sie aus einer Metalllegierung, trotzdem sind die meisten wegen ihrer dünnen Wände sehr leicht. Mehr als hundert dieser Artefakte sind bisher in Europa gefunden worden, aber bis heute ist nicht geklärt, welchem Zweck diese scheinbar weit verbreiteten Gegenstände dienten.

Der erste Fund eines solchen Dodekaeders kann auf 1739 datiert werden. Am 28. Juni jenes Jahres soll er in London als ein unbekanntes, bei Grabungen im englischen Aston zutage gefördertes Objekt vorgestellt worden sein. Seither sind die geheimnisvollen Vielecke an den verschiedensten Orten, vor allem in Nordeuropa, gefunden worden, oft als Grabbeigaben, aber auch in Brunnen und Flussbetten, als wären sie verloren gegangen. Immer lag der Fundort in der Nähe antiker römischer Siedlungen. Datiert werden sie auf das 2. bis

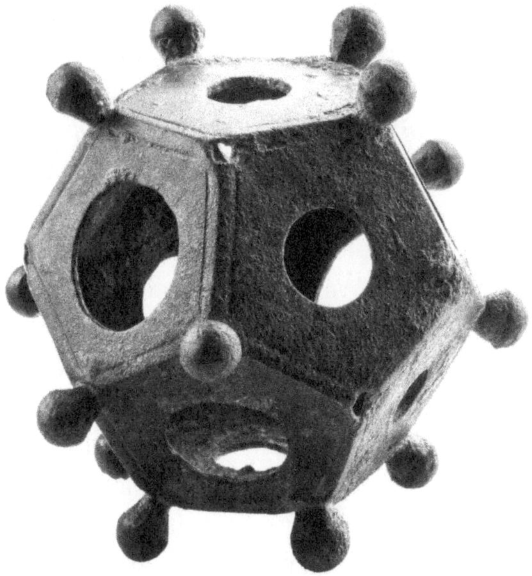

So hübsch der Gegenstand aussieht,
so rätselhaft ist sein Nutzen.

3. Jahrhundert n. Chr. Eigenartigerweise sind keine bildlichen Darstellungen der Gegenstände überliefert, die auf ihren Verwendungszweck schließen lassen könnten.

Mehr als dass die Dodekaeder wegen ihrer Fundorte römischen oder keltischen Ursprungs sein müssen und dass sie im Wachsausschmelzverfahren hergestellt wurden, lässt sich über die Gegenstände kaum mit Sicherheit sagen, weshalb sich Wissenschaftler und selbsternannte Experten zu allerlei Theorien über deren Verwendung hinreißen ließen. An der regelmäßigen geometrischen Form scheint die Vorstellungskraft viele Ansatzpunkte zu finden. So waren die Objekte schon für die Verwendung als Standartenständer, Kerzenhalter oder Vase im Gespräch, obwohl sie für solche profanen Zwecke offensichtlich zu aufwendig gearbeitet sind. Andererseits muss es sich um einen wertgeschätzten, aber alltäglichen Gegenstand gehandelt haben, wofür die Anzahl wie auch die Fundorte der Dodekaeder sprechen. Zwar wurden einige Exemplare in der Nähe heiliger Stätten entdeckt, doch scheinen sie in keinem Zusammenhang mit kultischen oder heidnischen Riten gestanden zu haben. So ist auch die These, es könnte sich um die Spitzen von Zeptern oder die Köpfe einer keulenartigen Waffe handeln, eher unwahrscheinlich. Dafür sind sie zu filigran gefertigt und zeigen kaum Spuren, die auf eine entsprechende Benutzung hinweisen würden.

Gemein ist vielen Erklärungsversuchen, dass sie des Rätsels Lösung nicht in der Form oder den Eckkugeln, sondern in den verschieden großen Öffnungen an den Seiten der Dodekaeder vermuten. Könnten sie dazu gedient haben, kleinere Objekte wie Münzen nach Größe zu sortieren? Unwahrscheinlich. Handelte es sich um Verbindungsteile zwischen Rohren oder Stangen? Aber warum sollte man dann nicht gleich genau passende Teile herstellen, um eine Wasserleitung zu verlegen oder Zeltstangen zu verbinden? Als Spielzeug könnten die Dinger taugen: Man kann sie als Würfel verwenden oder für ein Spiel einiger nordischer Völker, bei dem ein Gegenstand mit verschiedenen Löchern in die Luft geworfen wird und mit einer Stange aufgefangen werden muss. Aber wenn der Verwendungszweck auf den Löchern beruht, wozu dann die zwölf Seiten und die Knubbel an den Ecken?

Der zwölfseitige Polyeder ist keine willkürliche Form, sondern eine der fünf streng symmetrischen geometrischen Figuren, die als platonische Körper bekannt sind. Ihnen wurde bis weit in die Renaissance eine Assoziation mit den Elementen und Himmelskörpern zugesprochen, wobei dem Dodekaeder eine besondere Stellung zukommt, da er als die komplexeste Form mit dem Kosmos und dem aristotelischen Element des Äthers in Verbindung gebracht wird. Auch, weil er von den fünf Formen dem Ideal der Kugel am nächsten kommt. Es ist also möglich, dass den römischen Dodekaedern eine kosmische Bedeutung beigemessen wurde, obwohl dies durch keine Quellen gedeckt ist und auch nicht die verschieden großen Öffnungen erklärt, die für einen Ziergegenstand nicht nötig wären.

Eine praktische Verwendung für diese verschiedenen Löcher haben einige Mathematiker vorgeschlagen: Blickt man durch zwei Öffnungen auf ein Objekt, lässt sich unter Berücksichtigung der Größe des Dodekaeders die Entfernung zu dem Objekt berechnen – für die Architektur, aber auch für die Kriegsführung ein äußerst wertvolles Instrument. Es stellt sich allerdings die Frage, ob solche Berechnungen im Feld nicht möglicherweise zu umständlich sind. Und warum ein so nützliches Werkzeug nicht im ganzen Römischen Reich, sondern nur in den nördlichen Regionen zum Einsatz kam.

Eine der überzeugendsten Theorien wurde erst 2014 in mehreren Youtube-Videos vorgeführt: Bei den Dodekaedern soll es sich ihnen zufolge um Werkzeuge zur Herstellung von Textilien handeln, genauer gesagt von Handschuhen. Webt man einen Faden um die fünf Kugeln an jeder Seite, lässt sich durch das Loch in der Mitte ein Stoffschlauch häkeln. Die verschiedenen Größen der Löcher entsprechen dabei den Fingern der Hand, und durch die benachbarten Seiten lassen sich die Finger zu einem ganzen Handschuh verknüpfen. Der große Vorteil dieser Theorie: Sie erklärt wirklich fast alle Eigenschaften der Dodekaeder, und außerdem wird klar, warum diese Artefakte nur im Norden Europas gefunden wurden – im Süden braucht man einfach keine Handschuhe.

Geist der Garage

James Hampton schuf nur ein Kunstwerk und schrieb ein Tagebuch, das bisher niemand entziffern konnte.

von Florian Welle

Eine Kulturgeschichte der Garage ist überfällig. Was verdankt die Welt nicht alles den wenigen Quadratmetern Beton mit Tor. Ohne sie – kein Garagen-Rock. Vor allem kein Tablet und kein iPhone. Der berühmteste Unterstellplatz steht in 2066 Crist Drive, Los Altos, und gehörte Steve Jobs. »Steve Wozniak und ich haben in dieser Garage hart gearbeitet – innerhalb von zehn Jahren hat sich Apple von zwei Typen in einer Garage zu einem Zwei-Milliarden-Dollar-Unternehmen entwickelt«, erzählte Jobs einmal.

Garagen, wenn sie nicht dem Auto dienen, sind Rückzugsorte für Bastler, Tüftler, Nerds, also für eher verschrobene Zeitgenossen. So machte auch der Eigentümer einer Garage in Washington, D. C., große Augen, als er die Immobilie nach dem Tod des Mieters öffnete und vor einer mehrere Meter großen Installation stand, deren gesamte Oberfläche metallen schimmerte. Was, bitte, hatte der Afroamerikaner James Hampton, der niemals verheiratet war und so gut wie keine Freunde zu haben schien, hier nur seit 1950 bis zu seinem Tod durch Magenkrebs im November 1964 getrieben?

Heute befindet sich der von Hampton ziemlich schräg betitelte *Throne of the Third Heaven of the Nations' Millennium General Assembly*, manchmal auch einfach *The Hampton Throne* genannt, im Washingtoner Smithsonian American Art Museum. Es gibt im Internet ein kurzes Video, das einen ersten Eindruck vermittelt von dem aus gut 180 silber- und goldglänzenden Einzelteilen bestehenden Gebilde: Zunächst meint man, ein adliges Prunkbuffet zu sehen. Hier allerlei Kronen, dort tellerartige Gebilde. Doch nach und nach verstärkt sich der Eindruck, dass es sich vielmehr um einen mit vielen Schnörkeln aufwendig verzierten Altar handeln müsse; in der Mitte ein mit Flügeln versehener Thron, über dessen Lehne in Großbuchstaben der Spruch prangt: »FEAR NOT«.

Fürchte dich nicht! X-mal taucht der Spruch in der Bibel auf und erzeugt mit anderen Sprüchen, die Hampton hier und da angebracht hat, das Bild eines tiefreligiösen Mannes, der mit seinem wohl einzigen wie definitiv einzigartigen Werk als Vertreter der sogenannten Außenseiterkunst postum in die Kunstgeschichte eingegangen ist. Die Installation ist symmetrisch angeordnet. Links und rechts wird sie von den großen »Butterfly Stands«, den Schmetterlingsständern, flankiert. Während auf der einen Seite alles auf das Alte Testament verweist, steht die andere in Bezug zum Neuen.

Als Basismaterial benutzte Hampton ausrangierte Holzmöbel, Bretter, Schubladen und Kartonagen, die er häufig auf Mülldeponien aufgelesen hatte. Anschließend beklebte und ummantelte er sie mit Alu- und Goldfolie; Speisegläser, Glühbirnen und Elektrokabel erzeugen weitere Effekte, die teuren Glanz vorspiegeln. Hampton arbeitete mit Gebrauchsmaterialien, die sein Werk über die Jahre anfällig für Schäden aller Art machten. Weshalb es seit der ersten Zurschaustellung 1971 immer wieder restauriert werden musste.

Wer war dieser Mann? Vierzehn Jahre lang hatte er sich

Nacht für Nacht in eine unbeheizte Garage zurückgezogen, um etwas zu erschaffen, das man wohl als eine Art religiösen Tribut zu begreifen hat – Hampton glaubte an die Wiederkunft Christi –, dessen tiefere Bedeutung sich aber wohl für immer entziehen wird. Die biografischen Details sind spärlich. James Hampton kam 1909 in Elloree, South Carolina, als Sohn eines baptistischen Wanderpredigers zur Welt. 1928 ging der Country Boy in die US-Hauptstadt, wo er sich als Koch durchschlug. Zu dieser Zeit hatte er seine erste Vision, wie eine Inschrift auf dem »Throne« informiert: »This is true that the Great Moses the giver of the tenth commandment appeared in Washington April 11, 1931.« Weitere Visionen sollten folgen.

Während des Krieges diente Hampton drei Jahre lang bei der Armee und lernte so auch die westpazifischen Inseln Guam und Saipan kennen. Beeinflusste die Kunst der Einheimischen sein Werk? Nach dem Krieg wurde er dann Hausmeister bei der General Services Administration, ein Job, den er bis zum Tod ausüben wird. Kurz: ein auffällig unauffälliges Leben, wäre da nicht das nächtens geschaffene bizarre Kunstwerk. Bizarr auch deshalb, weil es neben den englischen Texten mit Zetteln versehen ist, deren Schrift bislang niemand entziffern konnte.

Mehr noch: In Hamptons Nachlass fand sich ein Notizbuch, dessen über hundert Seiten in der gleichen Schrift beschrieben sind. Nur wenige Worte darin sind lesbar, so der mysteriöse Titel *The Book of the 7 Dispensations by St. James.* Wobei »dispensation« im Englischen mehrere Bedeutungen von »Befreiung« über »Gabe« bis zu »göttlicher Fügung« und einem »religiösen System« haben kann. Ungeachtet dessen ist dieses verschlüsselte Notizbuch eines der bis heute größten Rätsel in der Geschichte der Kryptologie. Während einige

Der Schrein des tiefreligiösen Künstlers James Hampton ähnelt einem Thron.

mutmaßen, es könne sich um die Kreolsprache Gullah handeln, gehen andere davon aus, dass es sich um unverständliche Zungenrede handelt, wie sie auch in der Bibel thematisiert wird.

Bei all dem verwundert es nicht mehr, dass selbst das einzige Foto, das in diesem Zusammenhang existiert und einen Mann mit Brille vor dem *Hampton Throne* zeigt, Rätsel aufgibt: Handelt es sich bei dem Porträtierten überhaupt um den menschenscheuen James Hampton, oder wurde das Foto vielleicht erst nach dessen Tod gemacht? Die Identität des Fotografen konnte nie festgestellt werden. »Revelation«, Offenbarung, steht am Ende jeder Seite des Notizbuchs als eines der wenigen verständlichen Worte. Seine Entzifferung gliche in der Tat einer Offenbarung.

Der unsichtbare Mann

US-Regisseur Victor Fleming drehte *Vom Winde verweht* – und verschwand dann in der Versenkung.

von Fritz Göttler

Es war der 15. Dezember 1939, der Tag der spektakulären Premiere von *Vom Winde verweht* in Atlanta, dem Zentrum des alten amerikanischen Südens, das für den Film opulent in Schutt und Asche gelegt wurde. Hollywood feierte sich selbst, beschwor noch einmal eine verlorene Zeit, die des amerikanischen Südens, der im Bürgerkrieg untergegangen war, und auch die von Hollywoods Glanz- und Glamourjahren, den Dreißigern.

Ein paar Monate vorher hatte es die Premiere von *Der Zauberer von Oz* gegeben. Beide Filme waren Produktionen des MGM-Studios, das legendär war für seine familiengerechte Extravaganz, frühes, surreales Technicolor, beide Filme Riesenerfolge. Und beide vom selben Regisseur. Wie kann es sein, dass ein Mann zwei so gewaltige Projekte stemmte, zwei so intensive Inkarnationen des amerikanischen Traums schuf? Die Produktionsgeschichte der zwei Filme sagt viel über die Arbeitsweise im klassischen Studiosystem, mit seiner Dialektik von präzise getimter, streng strukturierter Spezialistenarbeit und individueller Kreativität. Der Regisseur ist Victor Fleming, aber heute kennt ihn kaum noch jemand.

Erst vor ein paar Jahren ist ein Buch über Victor Fleming erschienen, Michael Sragows *Victor Fleming: An American Movie Master*, das auch das schwierige Mammutjahr 1939 detailliert beschreibt. Fleming hatte eine typische, pragmatische Hollywoodkarriere. Er kam in der Stummfilmzeit zum Kino, als Mechaniker oder Kameramann, hat eine Menge Filme mit Douglas Fairbanks fotografiert, der hat ihm dann in den Zwanzigerjahren die erste Chance zur Regie gegeben. Zuvor war Fleming im Weltkrieg beim Signal Corps und arbeitete bei den Friedensverhandlungen in Paris als Kameramann von Präsident Wilson. Ein hochgewachsener, männlicher Typ. Nach ihm, heißt es, habe Clark Gable seinen Rhett Butler gestaltet. In den Dreißigern wurde Fleming MGMs zuverlässigster Regisseur, damit war jedoch auch zugleich sein Schicksal als Filmemacher besiegelt – die MGM war fürwahr kein Studio, das Filmautoren hervorbrachte. Fleming hatte schnell den Ruf, noch die schwierigste Produktion hinzukriegen. Ein *fixer*, ein Einspringer.

So geriet er voll in das unaufhörliche Hin und Her bei den beiden größten MGM-Filmen, wo fast alles, was Rang und Namen hatte in Hollywood, dabei war. Den *Zauberer von Oz* hatte Regisseur Richard Thorpe begonnen, die Geschichte aus dem knallbunten Fantasieland Oz nach dem Bestseller von L. Frank Baum, die Judy Garland zum Star machte. Aber die MGM fand seine Arbeit zu dröge, kurze Zeit musste George Cukor ran, dann übernahm Victor Fleming die Regie. Noch bevor er mit dem *Oz*-Dreh fertig war, kam schon der nächste Problemfilm: *Vom Winde verweht*, der unter dem rigiden Regiment des Produzenten David O. Selznick stand – jede einzelne Einstellung, bekundete er, müsse von ihm persönlich abgesegnet werden. Ihm und der MGM war die Regie von George Cukor nicht dynamisch genug, außerdem kam der Star Clark Gable nicht mit ihm zurecht, weil Cukor, ein »Frauenregisseur«, sich sensibler um Vivien Leigh kümmerte als um ihn. Fleming dagegen war ein alter Freund von Gable.

Für den Rest des *Zauberers von Oz* übernahm King Vidor von Fleming, bekam dafür aber später keinen eigenen Credit. (Auch bei *Vom Winde verweht* hat Vidor mitgedreht, »gerade mal ein Wochenende«, und er war dann doch zufrieden, den Film wieder los zu sein, »dieses ganzen Durcheinanders wegen, den sie mit all ihren Drehbuchentwürfen verursachten«.) Von Vidor sind die Schwarz-Weiß-Aufnahmen vom Anfang und Ende des Films, die ländliche Heimat und der berühmte Song »Over the Rainbow«.

Währenddessen nahm Fleming die Arbeit an *Vom Winde verweht* auf – unter dem superpotenten Produzenten Selznick, der sich als die treibende Kraft des Films verstand. Seine Memos verschickte er dutzendweise, so ausführlich und eloquent formuliert, als wären sie auch für die Nachwelt bestimmt – eine Wichtigtuerei, die ein wenig an Donald Trump und seine Twitterei erinnert.

Fleming und Selznick spielten bei der Arbeit am Drehbuch dem versierten Autor Ben Hecht – der den Roman gar nicht gelesen hatte – die Szenen vor, Selznick als Scarlett O'Hara, Fleming als Rhett Butler. Mit Vivien Leigh, die die Scarlett spielte, war Fleming manchmal ziemlich robust umgegangen. Es fielen Sätze wie: »Miss Leigh, Sie können sich dieses Skript in Ihren königlichen britischen Hintern stecken.« Ein wenig hatte am Drehbuch auch noch F. Scott Fitzgerald mitgeschrieben. Er, der intellektuelle Literat, der so gern in Hollywood mitgemacht hätte, war fasziniert vom Profi Fleming. »Er war ein subtiler, wandlungsfähiger Apparat – der morgens Action drehen konnte mit zweitausend Statisten und nachmittags die Farben der Knöpfe an Clark

Schwierige Dreharbeiten: Vivien Leigh, Clark Gable und Victor Fleming am Set von Vom Winde verweht.

Gables Mantel und die Schatten an Vivien Leighs Nacken bestimmte.«

Zum »Filmautor« hat es Fleming nie geschafft. Die Autorentheorie, die uns Hawks oder Hitchcock, Walsh und Ford beschert hat, war ein Konstrukt, mit dem man eine Zeit lang gut arbeiten konnte, dann aber auch ziemlichen Unfug anstellte. Autor ist man nicht von Natur aus, man wird dazu deklariert.

In den Vierzigerjahren trödelte Flemings Karriere dahin, das Studiosystem verlor seine Energie. Am 6. Januar 1949 ist er gestorben. Sein letzter Film *Joan of Arc* wurde von der Kritik als Desaster verrissen. Er hatte sich gewaltig in die Darstellerin verliebt, Ingrid Bergman.

Fritz Göttler, geboren in München, ist seit 1986 Autor der SZ.

Abgetaucht

Ob es das Inselreich Atlantis jemals gegeben hat, ist bis heute heftig umstritten.

von Josef Schnelle

Ein paar Hundert Zeilen in den beiden späten, um 360 v. Chr. entstandenen Dialogen *Timaios* und *Kritias* von Platon reichten, um eines der größten Geheimnisse zu hinterlassen: das eines »an einem einzigen Tag und einer unglückseligen Nacht« untergegangenen Inselstaates »Atlantis« jenseits der Säulen des Herakles. Bei Platon ist das, kaum verschleiert, die Folge des Hochmuts der Atlanter. Sie hatten es gewagt, mit einer hochgerüsteten Flotte Athen anzugreifen. Der Sieg gegen diese vermeintlich überlegenen Seestreitkräfte sei eine der größten Heldentaten des aufstrebenden Stadtstaates gewesen, heißt es. Und eine Bestätigung von Platons Staatstheorie *Politeia*, die in Athen »aus dem Himmel der Ideen«, ohne den hybriden Expansionsdrang der Atlantiden, Wirklichkeit geworden war.

Das ist die Theorie der Philologen. Dagegen spricht, dass Platon sein Atlantis zugleich zum Idealstaat erklärt und es sehr dezidiert bis hin zu Maßangaben und zeitlicher Einordnung konkretisiert. Im Zentrum ein reich verzierter Poseidontempel, denn der Gott des Meeres hatte ursprünglich die Herrschaft über die Insel seinem Sohn Atlas übertragen. Um diese Akropolis auf dem Zentralberg zogen sich drei ringförmige Land- und Wassergürtel samt Platz für die Streitmacht von 1200 Kriegsschiffen. Reich an Bodenschätzen war es, mit Pflanzen, Früchten und Tieren, allen voran riesigen Elefanten – Platon machte das Fabelreich zum Paradiesgarten.

Sosehr er aber Atlantis benutzte als Versinnlichung eines Gedankenexperiments, so wenig konnte er auf eine Herleitung seiner Informationen verzichten. Er schickt dazu den Gesetzgeber und Staatsmann Solon nach Ägypten, der dort aus Priestermund die Geschichte vom Untergang der sagenhaften Insel etwa 9600 v. Chr. erfahren habe. Für die Flutwelle – die vielleicht in der biblischen Sintflut beschrieben wird – gibt es keine konkreten Belege. Doch wird die Rezeptionsgeschichte des Atlantismythos schon in der Antike bei Strabon und Plutarch bestimmt von archaischen Katastrophenszenarien und Hypothesen aller Art zur eventuellen Lage. Man könnte eine Weltkarte mit mehr als drei Dutzend möglichen Standorten zeichnen.

Prächtig prangt die Insula Atlantis auf der Weltkarte des Jesuitenpaters Athanasius Kircher von 1665 als gigantische Landmasse zwischen Amerika und der Meerenge von Gibraltar. Eine Standortthese, die weitgehend im Reich der Mythen verblieb. Auch die Vermutungen, Helgoland sei der Rest von Atlantis, oder eigentlich stecke eine Umschreibung von Troja dahinter, hielten nicht lange. Ebenso wenig wie die Theorie vom Untergang des Kontinents »Mu« mitten im Pazifik. Jede neu auftauchende Atlantishypothese wird in der Regel von genau einem Gelehrten vertreten (der oft auch nur Privatgelehrter ist). Was von der Sehnsucht kündet, das Wunderland endlich zu finden. Nach so langer Zeit könnte von dem allerdings nicht allzu viel übrig sein: keine steinernen Zeugen, keine Artefakte.

Vor diesem Problem stehen zum Beispiel die Geländeinspektoren der südspanischen Tartessos-Halbinsel, die Anhänger der These einer gigantischen Schwarzmeerüberschwemmung um 5000 v. Chr. sind, die Atlantis den Garaus gemacht habe. Auch die Fans der Nordafrikahypothese um den Schott-El-Hodna-Salzsee können nicht auf Überreste verweisen. Bei drei Atlantiskonferenzen in Griechenland kamen alle diese Thesen auf den Tisch.

Die letzte Konferenz fand 2011 auf Santorin statt. Das hat damit zu tun, dass eine der Atlantishypothesen auf die Kykladeninsel abhebt, die heute in Form einer Sichel mit steiler Abbruchkante Rest eines gigantischen Vulkanausbruchs ist. Und der hätte tatsächlich eine ganze Kultur auslöschen können. Die Ausgrabungen der Siedlung Akrotiri verweisen darauf, dass Santorin (damals Thera) Teil der minoischen Kultur auf Kreta war, die, so die Vermutung, gleich mit weggefegt wurde. Den Tourismus auf der Insel mag das befördern. Doch die minoische Kultur auf Kreta hat auch nach der Katastrophe um 1500 v. Chr. nachweislich weiterbestanden. Die griechischen Behörden waren von der Santorinhypothese jedenfalls so angetan, dass sie dem Meeresforscher Jacques-Yves Cousteau eine millionenschwere Expedition in Gewässern rund um die Insel finanzierten, die aber keine nennenswerten Ergebnisse erbrachte.

Sosehr man am Krater von Santorin auch das Gefühl haben kann, auf den Klippen von Atlantis zu stehen, so viel ist dagegen einzuwenden. Und das überzeugendste Gegenargument liegt sogar ganz nah. Es trägt den Namen Helike. Diese Stadt befand sich an der Nordküste des Peloponnes, huldigte einem besonderen Poseidonkult wie Atlantis und wurde 373 v. Chr. von einer Flutwelle infolge eines Erdbebens ausgelöscht. Das ereignete sich immerhin nicht weit von Athen und zu Lebzeiten von Platon und könnte ihn angeregt haben zu seiner Schilderung des Atlantisuntergangs.

Schon bei den erwähnten Atlantiskonferenzen wurde klar, dass das Gegenüber von schwer beweisbaren Hypothesen und dem Hang zur Fiktion wohl immer im Mittelpunkt stehen wird. So ist die Atlantisliteratur denn auch riesig und vielgestaltig: von Francis Bacons philosophisch-poetischer Utopie *Nova Atlantis*, die vom neuen Atlantis als Idealstaat handelt (1627), bis hin zur Trivialliteratur der Perry-Rhodan-Serie, in der der Untergang von Atlantis Resultat eines Krieges zwischen Außerirdischen ist. Auch Jules Verne sind die Ruinen von Atlantis auf dem Meeresgrund in *20 000 Meilen unter dem Meer* einen Besuch wert.

Von vielen utopischen Wunschorten unterscheidet sich Atlantis dadurch, dass wir dieses Paradies wirklich finden wollen, es anfassen, schmecken und riechen wollen. So träumen wir uns weiter dem Augenblick entgegen, da es wirklich aus den Fluten des Meeres auftaucht.

Schall und Rauch

Ende des 14. Jahrhunderts pries eine Gruppe Musiker das Rauchen. Doch es gab noch keinen Tabak. Was qualmten sie?

von Jesper Klein

Wer über rauchende Musiker oder musizierende Raucher nachdenkt, dem kommt als Erstes die Gegenwart in den Sinn. Rockmusik, Pop, auch Jazz natürlich. Kenner haben wahrscheinlich Großkünstler des 20. Jahrhunderts vor Augen: Leonard Bernstein zum Beispiel war ein leidenschaftlicher Raucher, genauso wie Giacomo Puccini. Heutzutage müssen Qualmer in der Öffentlichkeit bekanntlich ein Randdasein führen, verbannt in diesige Kabinen oder extra gekennzeichnete Quadrate an Bahnsteigen. Doch noch hält sich die Vorstellung, dass Rauchen und Musik zusammengehören. Geschichtlich kann man der Kombination in vielerlei Hinsicht nachspüren.

Viel weiter zurück als bis ins späte 15. Jahrhundert wird dabei üblicherweise der Blick nicht gerichtet. Denn die Geschichte des Tabakrauchens in Europa beginnt bekanntlich erst nach dem Jahr 1492, als Christoph Kolumbus auf der Suche nach einem Seeweg nach Indien Amerika entdeckte. Als er auf den Bahamas landete, lernte Kolumbus dort durch die Ureinwohner auch den Tabak kennen. In seinem Schiffstagebuch heißt es: »Auf ihrem Weg ins Innere des Landes trafen meine beiden Männer viele Eingeborene, Männer und Frauen, welche ein verkohltes und ausgehöhltes Stück Holz in den Händen hielten und dazu Kräuter, um diese darin zu verrauchen.« Zwar wusste Kolumbus zunächst mit Tabak nicht viel anzufangen. Aber schon wenige Jahre später führten die Spanier das Rauchen in Europa ein, und es kam schnell in Mode.

Dass es aber bereits im frühen 14. Jahrhundert eine Gruppe komponierender Intellektueller gegeben hat, die sich »Les Fumeux« nannte, auf Deutsch »Die Rauchigen« oder »Die Raucher«, ist erst mal verwunderlich. Wer waren sie? Und vor allem: Was haben sie geraucht? Mit Sicherheit lässt sich sagen, dass die Geschichte des Tabakrauchens insgesamt viel weiter zurückreicht als in die Zeiten des Amerikaentdeckers. Mayapriester rauchten Tabak schon einige Jahrhunderte vor Christus. In Europa machte man sicherlich von diversen Möglichkeiten Gebrauch, Pflanzen und Kräuter zu verqualmen. Für das Mittelalter ist darüber jedoch kaum etwas bekannt, und auch die Musikforschung muss damit leben, über diese Zeit und ihre Protagonisten nur wenig zu wissen.

Das gilt auch für die »Fumeux« und die Frage, was es mit dieser sonderbaren Raucherclique auf sich hatte. Unstrittig ist, dass die Gruppe aus dem Umfeld der Pariser Universität stammte. Die »Raucher« bildeten einen recht exklusiven Kreis, der wahrscheinlich Verbindungen zum französischen Königshof unterhielt. Als möglicher Gründer kursiert der Name eines Jean Fumeux. Zu den Mitgliedern zählte Eustache Deschamps, ein bedeutender Lyriker des 14. Jahrhunderts, der bei Guillaume de Machaut, dem gewichtigsten Komponisten des 14. Jahrhunderts, studierte und vielleicht dessen Neffe war. Von ihm ist eine »Charte des Fumeux« überliefert. In den Texten der Gruppe finden sich Referenzen an das Rauchen. Besonders eindrücklich zeigt sich das beim französischen Komponisten Solage, über dessen Leben fast nichts bekannt ist.

Von Solage sind zehn Kompositionen erhalten, bei zwei weiteren ist die Autorschaft wahrscheinlich. Sie lassen sich auf den Zeitraum 1380 bis 1400 datieren. Überliefert wurden die Werke im Codex Chantilly, einer bedeutenden Handschrift, die um das Jahr 1400 herum entstand und Musikstücke der Stilrichtung »Ars subtilior« enthält. Die neue Art zu komponieren, Ars nova genannt, hatte im 14. Jahrhundert komplizierte mehrstimmige Vokalmusik hervorgebracht. In der Ars subtilior (verfeinertere Kunst) wird dieser Anspruch auf die Spitze getrieben: Die Musik ist besonders komplex und voll schwieriger Rhythmen. Aufgeschrieben wurden die Kompositionen kunstvoll, passend zum Inhalt etwa in Form von Herz, Kreis oder Harfe. Es ist Musik für Intellektuelle und Rätselfreunde.

Solages Komposition »Fumeux fume par fumée / Fumeuse spéculation« ist zwar kein wirkliches musikalisches Rätsel, wirft aber etliche Fragen auf. Hier findet sich das Motiv des Rauchens in vollendeter Form: »Der Raucher raucht durch den Rauch, rauchiges Spekulieren«, so könnte man den Beginn des Gedichts übersetzen, das der Musik zugrunde liegt. Da die Stimmlagen ungewöhnlich tief gewählt sind, klingt der Rundgesang, das »Rondeau«, düster, geradezu mysteriös. Hinzu kommt die starke Chromatik, die das Stück durchweht: Die durch die Verwendung von Halbtönen entstehenden Harmonien klingen überraschend progressiv und müssen bei Zeitgenossen für Verwunderung gesorgt haben. Fast ist man geneigt zu glauben, dass der Komponist Solage hier die suggestive Sphäre, in die er mithilfe des Rauchens womöglich eintauchte, auch musikalisch abbildet.

Das ist eine reizvolle Vorstellung, für die es jedoch keinerlei Belege gibt. Ob die Mitglieder der Fumeux überhaupt Rauschmittel konsumiert haben, lässt sich ebenso nicht mit Gewissheit sagen. Und wenn sie es taten: Welche Substanzen nahmen sie zu sich? Dass es sich dabei um Weihrauch handeln könnte, ist eine verbreitete These.

Es ist aber genauso denkbar, dass das Spiel mit dem Rauch auf rein symbolischer Ebene stattfand. Schließlich war es zu jener Zeit durchaus beliebt, sich gerade nicht unmissverständlich auszudrücken, sondern vage und verrätselnd. Und zum Teil sind die Kompositionen so komplex, dass sie noch heute Musikwissenschaftler bei der Entschlüsselung vor große Herausforderungen stellen. Nebel und Rauch scheinen hier also zuerst einmal gedanklicher Natur zu sein.

Jesper Klein, geboren in Varel am Jadebusen, 2018/2019 Autor der SZ.

Aus dem Nichts

Wer war Kaspar Hauser, das berühmteste Findelkind des 19. Jahrhunderts? Und wer tötete ihn?

von Rudolf Neumaier

Das *Damen Conversations Lexikon* verstand sich als Lektüre für »das Nützliche, Schöne, Wissenswerthe im Geiste der Frauen«. Darüber hinaus hatte die Redaktion auch ein sehr gutes Gespür für Themen, die eindeutig der Rubrik »Tratsch und Klatsch« zuzuordnen sind. Die zehn Bände erschienen von 1834 bis 1838 und waren topaktuell. Zwischen dem Eintrag der Opernsängerin Karoline Haus und dem Stichwort »Hausfrau« fand sich ein farbiger Bericht über einen Mann namens Kaspar Hauser. Wenn man die Geschichte aus dem *Damen Conversations Lexikon* mit den Kaspar-Hauser-Studien der vergangenen zehn Jahre vergleicht, kommt am Ende das gleiche Ergebnis heraus: Über diesen Burschen kann man ebenso trefflich spekulieren wie über seine Herkunft. Mehr nicht. Wer den jungen Mann getötet hat, auch das wird ein Rätsel bleiben, sofern nicht irgendwo ein stichhaltiges Bekennerschreiben auftaucht.

»Am zweiten Pfingstfeiertag 1828«, heißt es im Lexikon, »erschien gegen 5 Uhr Abends am Hallerpförtchen in Nürnberg ein in Bauerntracht gekleideter junger Mensch, dessen körperliche Haltung und Jammergestalt jedermann auffiel

Der junge Kaspar Hauser.
Radierung von Friedrich Fleischmann (1828)

und der wie ein Trunkener vorwärts wankend einen Brief in der Hand hielt.« Adressiert war der Brief an einen Rittmeister. Doch weil der dienstlich unterwegs war, nahm sich dessen Personal des »Erbarmungswürdigen« an. Der Junge konnte sich kaum artikulieren, seine Zunge erwies sich als ungeschult im Umgang mit Sprache. Auch mit der Nahrungsaufnahme hatte er Probleme: »Man setzte ihm Bier und Fleisch vor, aber kaum genossen, brach er es wieder von sich, dagegen stillte er seinen Heißhunger und Durst mit Schwarzbrod und frischem Wasser.«

Eine fantastische Geschichte war in der Welt. Ein Mythos und Symbol für die Verstoßenen und Verbannten. Ein Rätsel, das von Historikern über Mediziner, von Linguisten bis hin zu Rechtsgelehrten die Wissenschaften beschäftigt hat. Ein gigantischer Stoff für Künstler. Peter Handkes 1968 uraufgeführtes Stück *Kaspar* steht heute noch auf Theaterspielplänen. Kurt Tucholsky schrieb Texte unter dem Pseudonym Kaspar Hauser.

Immer wieder, wenn in einem Verlies Menschen entdeckt werden, deren Existenz unbekannt war und die lange Zeit sozialer Kontakte entbehrten, wird Kaspar Hauser als Referenz und Ahn der Weltentfremdeten aufgeboten. Oder war er nur ein Aufschneider, der sich von geschickten Geschäftemachern für die Rolle einer Jahrmarktsattraktion instrumentalisieren ließ? Diese Sichtweise gibt es auch.

Der mysteriöse Absender des Briefes an den Rittmeister gab sich als Tagelöhner mit zehn Kindern aus. Er schrieb, der Überbringer des Schreibens sei ihm 1812 als Neugeborener vor die Tür gelegt worden. Wenn alles stimmt im Brief, hatte der anonyme Verfasser die Pflege des Findelbuben übernommen, den Fund des Säuglings aber nicht gemeldet. Wollte er sich keinen Papierkram aufhalsen? Oder war er bezahlt? Oder stimmte die Geschichte nicht? Jedenfalls gab der Schreiber an, er habe den Buben christlich erzogen und ihn das Schreiben gelehrt. Im Briefkopf stand »Von der Bäierischen Gränz«, doch auch das kann eine Nebelkerze sein, um die wahre Provenienz zu verschleiern.

Fünfeinhalb Jahre lebte Kaspar Hauser vom plötzlichen Erscheinen bis zum Tod. Er war nacheinander bei Bürgern untergebracht. Der berühmte Strafrechtspionier Anselm von

Feuerbach hatte als Obervormund Aufsicht über die Entwicklung und förderte Kaspar, wo er konnte, er starb aber 1833. Mit der Zeit lernte Hauser das Sprechen, die Lehrer lobten das handwerkliche Geschick, auch seine Begabung im Zeichnen soll beachtlich gewesen sein. Jeder Betreuer versuchte, dem Rätsel der Abstammung auf die Spur zu kommen. Alle mussten sich mit den Angaben Kaspars begnügen, er sei in einem dunklen Kerker bei Wasser und Brot gehalten worden. Allerlei Versuche ließ er über sich ergehen. Okkultisten begutachteten ihn, homöopathische Tests wurden ebenso vorgenommen wie Experimente mit Magnetismus. Die Aufmerksamkeit, die er auf sich zog, störte ihn nicht. Im Gegenteil.

Das *Damen Conversations Lexikon* reihte sich als eine der ersten Publikationen bei den Zweiflern ein, die Kaspar mit wachsender Skepsis betrachteten: »Fast interessirte man sich nicht mehr für ihn, als ein auf ihn gerichteter Mordversuch neue und allgemeine Theilnahme erregte, aber Niemand vermochte den Thäter zu entdecken.« 1829 war das erste Mal, dass Hauser eine Stichwunde erlitt. Nach seiner Schilderung suchte ihn der Täter auf der Toilette heim. Das Märchen eines Betrügers, um im Gespräch zu bleiben? Hauser bekam Polizeischutz und wurde später nach Ansbach gebracht. Der reiche englische Adlige Philip Henry Stanhope nahm sich seiner an und investierte viel Zeit und Geld in die Recherche der Herkunft. Umsonst. Stanhope gestand sich später ein, einem Lügner aufgesessen zu sein.

Hauser starb am 17. Dezember 1833, drei Tage nach einem Messerstich. Wer ihm die Wunde zugefügt hatte, ließ sich nie klären. Er selbst? Die Spekulationen über den seltsamen Kerl schossen nun erst recht ins Kraut. Dass er ein badischer Erbprinz sei, dieses Gerücht etwa hat sich bis heute gehalten, wurde aber durch neueste DNA-Analysen vom Haar und einer Blutprobe endgültig widerlegt. »Die nunmehr gesicherte mitochondriale DNA-Sequenz von Kaspar Hauser (Mitotyp W) weicht deutlich von der badischen Abstammungslinie ab (Mitotyp H1bs), was eine mütterliche Verwandtschaft zum Haus Baden und damit die weit verbreitete Prinzentheorie ausschließt«, berichtet Walther Parson von der Medizinischen Universität Innsbruck dem Wissensmagazin *scinexx.de*. Auch ein anderes Labor, das unabhängig analysiert hat, kam zum gleichen Ergebnis.

Das *Damen Conversations Lexikon* verzichtete auf eine eigene Theorie zur Abkunft Kaspars. Aber so viel wusste es: dass es sich bei den Leuten, die ihn gefangen gehalten hatten, um »unnatürliche Tyrannen« handelte. An der Stelle, an der Kaspar angeblich überfallen wurde und den Todesstich erlitt, stellten die Ansbacher einen Gedenkstein auf mit der Inschrift: »Hier wurde ein Geheimnisvoller auf geheimnisvolle Weise getötet.«

Tod im Kornfeld

Lange galt es als sicher, dass sich Vincent van Gogh erschossen hat. Doch seit einiger Zeit gibt es Zweifel an dieser Theorie: War alles ganz anders?

von Volker Bernhard

Vincent van Gogh? Ja klar, das Künstlergenie, das sich sein Ohr abschnitt und im Alter von 37 Jahren Suizid beging. Ähnlich bekannt wie seine berühmten Sonnenblumenbilder oder die *Sternennacht* ist seine Lebensgeschichte, die so tragisch endete. Sein künstlerisches Unterfangen bestand im Versuch einer radikal subjektiven Aneignung der Welt, die mit seinem Wahn aufs Innigste verwoben war: Julian Schnabel versucht das in seinem Film *Van Gogh – An der Schwelle zur Ewigkeit* erfahrbar zu machen, es klappt trotz eines großartigen Willem Dafoe eher mittelgut.

Galt der Stil des Malers zu Lebzeiten noch als fragwürdig, wurde van Gogh nach seinem Tod schon bald »très chic«, was ja kein seltenes Phänomen ist, wenn man sich bekannte Künstlerbiografien anschaut. Aber wie dramatisch, wie filmreif war das Ende dieses Mannes wirklich?

Van Gogh versucht lange erfolglos, ein bürgerliches Leben aufzubauen. Mit 27 Jahren beschließt er, Maler zu werden, und leistet sich einen Lebensstil, der sein Einkommen bei Weitem übersteigt. Er reist quer durch Europa, bis an sein

Lebensende wird er von seinem jüngeren Bruder Theo, einem Kunsthändler, finanziell unterstützt. Im Februar 1888 flieht er vor dem Winter ins südfranzösische Arles. Es werden äußerst produktive sechzehn Monate, die stets auch von Geldnot, Einsamkeit, gesellschaftlicher Enge und den Streitereien mit seinem Bruder geprägt sind.

Schon bald will er im angemieteten »Gelben Haus« eine Künstlergemeinschaft gründen, einzig Paul Gauguin folgt dem Aufruf, gelockt von der finanziellen Förderung Theo van Goghs. Vincent malt extra für die Ankunft des verehrten Gauguin in Arles die Sonnenblumenbilder als Dekoration, doch die Temperamente der beiden sind allzu verschieden. Nach zwei Monaten, in der Nacht des 23. Dezember 1888, eskaliert die Situation: Van Gogh steht betrunken und blutüberströmt vor einem Bordell und überreicht der bald ohnmächtigen Gabrielle Berlatier, die dort als Dienstmädchen arbeitet, sein abgetrenntes Ohr. Gauguin ist bereits auf dem Weg zurück nach Paris. Van Gogh wird von der Polizei am nächsten Tag mit starkem Blutverlust entdeckt und kann sich an nichts erinnern.

Lange Zeit galt es als sicher, dass van Gogh zuerst Gauguin bedrohte (so schreibt es dieser in seinen Memoiren) und sich dann selbst das Ohr abschnitt. Denn der dem Wahnsinn zugeneigte Ausnahmekünstler hat immer wieder depressive Schübe gehabt, Phasen voller Schlafstörungen und Halluzinationen. Dazu kam sein Alkoholproblem.

Doch Rita Wildegans und Hans Kaufmann bestreiten in ihrem 2008 erschienenen Werk *Van Goghs Ohr: Paul Gauguin und der Pakt des Schweigens* diese naheliegende These. Ihrer Ansicht nach hat Gauguin im Streit mit van Gogh zum Degen gegriffen und mit dessen Ohr kurzen Prozess gemacht. Die Geschichte der »Selbstverstümmelung des wahnsinnigen Malers« sei demnach ein perfider Schutz vor der Strafverfolgung. Ihre Vermutung wurde vielfach bestritten und erscheint zumindest gewagt. Zwar lässt sich allerlei Schlechtes über Gauguin zusammentragen, doch was in jener Nacht tatsächlich geschah, bleibt offen.

Nach längerer ärztlicher Behandlung reist van Gogh im Mai 1890 über Paris ins nahe gelegene Auvers-sur-Oise, wo sich der zwielichtige Kunstfreund und Arzt Paul Gachet seiner annimmt. Van Gogh arbeitet hier unermüdlich und frönt weiter dem Alkohol. Am 6. Juli 1890 kommt es bei einem Besuch der Familie seines Bruders erneut zu heftigen Auseinandersetzungen. Und so gilt schon lange als ausgemacht, dass sich der Künstler am 27. Juli mit einem geborgten Revolver auf einem Feld in den Bauch schießt, zur Herberge zurückkehrt und zwei Tage später in den Armen seines Bruders stirbt. Genau so zeigt es der Film *Vincent van Gogh – Ein Leben in Leidenschaft* von 1956 mit Kirk Douglas in der Hauptrolle.

Mögliche Motive gibt es zuhauf: die Furcht vor dem Ende der Zuwendungen durch seinen Bruder Theo. Der Unwille, sich weiterhin von diesem aushalten zu lassen. Ein Hilfeschrei, da er sich einsam fühlte. Eine sich anbahnende und verbotene Liebe zur Tochter Gachets.

Und doch sind die Zweifel an der Suizidthese in den letzten Jahren gewachsen: Steven Naifeh und Gregory White Smith behaupteten 2011 in *Van Gogh: The Life*, dass Einschusswinkel und Distanz zweifelhaft für einen Selbstmord seien. Sie fokussieren sich auf eine lange vergessene Geschichte und führen bekannte Fakten mit zahlreichen Zeugenaussagen ins Feld: Demnach haben zwei Jungen van Gogh wiederholt geärgert, er habe aus Einsamkeit jedoch ihre Nähe gesucht. Bei einer dieser Neckereien hätten sie ihn absichtlich oder aus Versehen angeschossen.

Vincent van Gogh. Selbstporträt, 1889.

René Secretan war einer dieser Jungen, er bestätigte 1956 in einem Interview die Bekanntschaft und die Streiche. Jedoch habe van Gogh ihm die Waffe gestohlen, die beiden seien zum Zeitpunkt der Tat nicht mehr in Auvers gewesen. Was noch schwerer wiegt, ist die überlieferte Aussage des Künstlers direkt vor seinem Tod. Als die Polizei van Gogh fragte, ob er sich töten wollte, antwortete er: »Ich denke schon.« Um daraufhin zu ergänzen: »Beschuldigt niemand anderen.«

1965 fand ein Landwirt auf den Feldern um Auvers-sur-

Oise einen völlig verrosteten 7-mm-Lefaucheux-Revolver und übergab ihn an den Besitzer der Auberge Ravoux. Ob der Revolver, den der Künstler angeblich benutzte, wirklich 75 Jahre dort lag? Das Pariser Auktionshaus Drouot versteigerte jedenfalls am 19. Juni 2019 die Überreste einer Waffe, die zugleich reines Spekulationsobjekt ist. Die schiere Möglichkeit, der Gegenstand könne mit kunstgeschichtlicher Bedeutung aufgeladen sein, reichte für ein Versteigerungsspektakel. Der Schätzpreis lag bei 40 000 bis 60 000 Euro – den Zuschlag gab es letztlich für 162 500 Euro. Van Gogh, der leider nicht mehr erlebte, wie sein Marktwert ins Gigantische stieg, ist immer noch Anlass für die wildesten Geschichten.

Ein Handwerker der Magie

Der geheimnisvolle Entfesselungskünstler Harry Houdini.

von Josef Schnelle

Erst legt er sein Jackett ab, zieht die Krawatte aus und lässt sich dann mit stechendem stoischem Blick noch stehend eine Zwangsjacke anlegen, deren Armausstülpungen über Kreuz vor seiner Brust gebunden werden. Die Helfer verschließen sie außerdem mit einem System von Schnallen hinter seinem Rücken. Eine unüberschaubare Menschenmenge umgibt ihn. Dann legt er sich mitten unter die Leute hin, seine Füße werden zusammengebunden und an ein Tau gehängt, an dem er dann, sanft getragen von ein paar Helfern – es sind Polizisten –, kopfüber hochgezogen wird von einem Kran, und zwar mit Bedacht vor die Fenster des Massenblattes *Houston Chronicle*, der größten Tageszeitung von Texas. Erst hängt er nur da, fast regungslos, um nicht durch die Pendelbewegung gegen die Hauswand geschleudert zu werden. Hinter den Fenstern weitere Schaulustige. Manche fotografieren. Dann plötzlich beginnt Harry Houdini zu zucken und zu ruckeln und seine noch zusammengebundenen Arme heftig auf und ab zu bewegen. Urplötzlich hat er sie frei und beginnt die Schnallen hinter seinem Rücken aufzuknüpfen. Dann zieht er auch den Rest der Jacke aus und schwenkt sie, fuchtelt, noch in der Luft hängend, mit den

Harry Houdini um 1906.

Armen. Er hat sich wieder einmal befreit, ganz allein und unter unmöglichen Bedingungen. Von dieser Aktion existiert ein Stummfilm aus dem Jahr 1923. Harry Houdini ist auf dem Höhepunkt seiner Karriere als Magier und spektakulärer Entfesselungskünstler.

Da war er schon geraume Zeit der erste Superstar Amerikas, und seine Stunts wurden immer größer und führten stets zu Massenaufläufen und Schlagzeilen. Niemand hinterfragte mehr seinen Künstlernamen, den er von dem französischen Illusionisten Jean Eugène Robert-Houdin abgeleitet hatte, den er bewunderte, später aber als Scharlatan zu überführen versuchte. Zunächst mühsam hatte sich der Sohn eines verarmten Rabbis aus Budapest vom einfachen Varietékünstler unter seinem Originalnamen Eric Weisz mit Kartenkunststückchen zum glänzenden Showact als der Große Harry Houdini hervorgearbeitet. Nach mühevollem Training konnte er mit seinen Zehen Knoten lösen oder Nadeln und Metallstifte hinunterschlucken, wieder hervorwürgen und benutzen. Auch Schlüssel und Dietriche – einen ließ er patentieren und nach sich benennen – beherrschte er so und war damit ein umjubelter Handwerker der Illusionskunst. Er ließ sich öffentlich einsperren und fesseln, am liebsten durch ehrgeizige Polizisten, und befreite sich aus immer komplexer gestalteten Handschellen. Seine Ehefrau und Assistentin Bess soll ihm gelegentlich beim Abschiedskuss noch Schlüssel oder kleine Werkzeuge in der Mundhöhle weitergegeben haben, mit denen er sich dann jeweils befreien konnte.

Bei seiner Europatournee 1903 gelang es ihm sogar, vor den Augen des russischen Zaren Nikolaus aus einer als absolut ausbruchssicher geltenden, mit Zinkblech ausgeschlagenen Carette, mit der Häftlinge nach Sibirien verfrachtet wurden, auszubrechen. In Deutschland verblüffte er zunächst sein Publikum durch sein perfektes Deutsch, das bei ihm zu Hause vorwiegend gesprochen worden war. Es gelang ihm sogar, die eigens von den Krupp-Rüstungsfabriken hergestellten Hand- und Fußfesseln zu überwinden, wobei er allerdings seine rechte Hand für Wochen unbrauchbar machte. Immer wenn Houdini eine Stadt betrat, führte sein erster Weg zum Polizeirevier, wo er sofort darum bat, gefesselt zu werden, nicht ohne vorher als früher PR-Profi die Presse über seine geplante Aktion informiert zu haben.

Immer grandiosere Aktionen führte er auf: Mit Handschellen gefesselt, sprang er in einen Fluss und tauchte dann – diese triumphal in die Höhe reckend – nach wenigen Minuten wieder auf. Er konnte angeblich 3:45 Minuten die Luft anhalten, was er in einer eigens dafür angeschafften Badewanne ausgiebig trainiert hatte. Er ließ sich gefesselt in einer verschlossenen gigantischen Milchkanne versenken, um dann zum Erstaunen der Zuschauer in letzter Sekunde wieder entfesselt aufzutauchen. Sosehr er auch immer wieder betonte, ein reiner Handwerker zu sein, der immer nur seine ganz besondere Trickkiste virtuos benutzte, spielte er natürlich in Wahrheit auch mit dem Wunderglauben seiner Zeitgenossen.

Zeitweise soll er sich auch tatsächlich sehr für die Séancen mit Geisterbeschwörung interessiert haben, die immer mehr grassierten, was ihm auch 1920 den Kontakt zu Arthur Conan Doyle ermöglichte, der an diesen Spuk glaubte. Houdini soll an einer Séance teilgenommen haben, bei der ihm Doyle den Kontakt zu seiner verstorbenen Mutter versprach, was er aber nicht einlösen konnte. Von da an führte der enttäuschte Houdini, der stets abgestritten hatte, selbst über echte Zauberkräfte zu verfügen, einen regelrechten Feldzug gegen die Scharlatanerie der Séancen. Er enthüllte in seinen Programmen gängige Tricks der »Miracle Mongers«, der betrügerischen Wundertäter, wodurch er in deren Kreisen regelrecht verhasst wurde. Sein rätselhafter Tod wird auch damit in Verbindung gebracht. Tatsache ist: In der Art eines Fakirs hatte Houdini stets behauptet, durch Anspannung seiner Buchmuskulatur jeden noch so heftigen Schlag in den Unterleib unbeschädigt überstehen zu können.

Darauf berief sich am 22. Oktober 1926 der Student Jocelyn Gordon Whitehead, als er überraschend seine Garderobe betrat und ihm brutal mehrmals in den Bauch schlug. Houdini absolvierte trotz heftiger Schmerzen eine letzte Vorstellung, bevor er wenige Tage später an einem Blinddarmriss verstarb. Sofort kursierten Verschwörungserzählungen um diesen so überraschenden Tod, der aus einer eigentlich harmlosen Situation entstanden war. Whitehead soll mit Spiritistenkreisen in Verbindung gestanden haben. War er der gedungene Racheengel der Erzfeinde? War Gift im Spiel gewesen? War der Blinddarm schon geschädigt? Nichts davon wurde nachgewiesen.

Schon als zehn der damals größten Illusionisten den Bronzesarg mit Houdinis Leichnam für das Begräbnis in Queens schulterten, flüsterte einer von ihnen den anderen zu: »Wetten, dass er nicht mehr drin ist?« Die Legende vom Entfesselungskünstler, der sich aus jeder noch so tödlichen Gefahr wider alle Wahrscheinlichkeit befreien konnte, war stärker als alle kurzfristigen Gerüchte und ist es bis heute.

Trügerische Sensation

Mehr als zehn Jahre hielt die Freude über eine wiedergefundene Schubert-Symphonie – doch das Werk war gefälscht.

von Helmut Mauró

Im Herbst 1813 trat er aus dem Schatten Beethovens, alle inneren Hemmnisse waren beseitigt, er wirkte wie befreit. Franz Schubert, der skrupulöse Komponist der ausgehenden Wiener Klassik, komponierte nun eine Symphonie nach der anderen. Mehr als vier Jahre ging das so, es entstanden sechs symphonische Meisterwerke. Und dann? Auf einmal wieder Selbstzweifel, Schreibblockaden. Zu fünf neuen Symphonien setzte er an – und brach ab. Alles, was er nun anfasste, blieb Versuch, Fragment: ein Scherbenhaufen für die Nachwelt.

Doch dann, im März 1824, die Wende. Schubert schreibt an seinen Freund Leopold Kupelwieser, dass er zwei Quartette komponiert habe und sich mithilfe eines weiteren »den Weg zur großen Symphonie bahnen« will. Aber wo ist die geblieben? Die »Große C-Dur-Symphonie« vollendet er erst 1828. Lag denn die im Brief avisierte Symphonie, wie viele seiner Werke, nach seinem Tod irgendwo unbeachtet auf einem Dachboden? Es gab Anhaltspunkte, dass Schubert die angekündigte große Symphonie 1825 in Gmunden und Gastein komponiert hatte. Deshalb zählte man auch lange Zeit neun

Schubert-Symphonien und ließ die siebte Position frei für das hoffentlich bald aufzufindende Werk.

Spät im Jahr 1973 landete bei Walther Dürr in Tübingen ein dickes Paket auf dem Schreibtisch. Dürr leitete die Neuausgabe sämtlicher Werke Schuberts – er lebte als Wissenschaftler geradezu für das Werk des Wiener Komponisten. Die Sendung enthielt vier Satzanfänge einer Symphonie und ein Schreiben, in dem sich der Finder der Noten anheischig macht, aus den komplett aufgefundenen Orchesterstimmen eine Partitur zusammenzustellen. Es sei sogar ein Originalbrief Schuberts mit Anweisungen an den Notenkopierer vorhanden. War die von der gesamten Forschung so lange gesuchte Symphonie nun endlich aufgetaucht?

In seinem Buch *Mein Weimar* berichtet der Musikforscher und Dirigent Peter Gülke über ein Gespräch bei der Stasi, deren Verhörmethoden hier allerdings nicht über das hinausgehen, was auch im Westen in jedem Führungskräftekurs als Gesprächssteuerung unterrichtet wird. Nur die Umstände waren ernster: Vier Musiker der Weimarer Staatskapelle, deren Generalmusikdirektor Gülke war, hatten während einer Westtournee nicht mehr zurück in den Bus gefunden. Gülke sollte dafür haften, man warf ihm vor, mit der feindlichen Presse Kontakt aufgenommen zu haben.

Tatsächlich hatte ihm ein Journalist bei diesem Treffen die Partitur einer wiederentdeckten Schubert-Symphonie gezeigt. Da kann man als Musikforscher nicht widerstehen, da ergibt sich ein konspirativer Dialog ganz von selbst. Ob man sich sicher war über die Echtheit der gefundenen Noten? Gülke hat damals nicht Stellung bezogen, schreibt erst jetzt im Rückblick, dass es sich niemals um einen echten Schubert gehandelt haben konnte. Heute wissen es die meisten der einst Unentschlossenen besser.

Man kann schon an den ersten Takten ablesen, dass da etwas nicht stimmt. Schubert folgt bei symphonischen Kopfsätzen traditionell dem klassischen Schema der langsamen Einleitung. Statt derer sieht man hier: sinnlos flirrende Streicher, eine Tonleiter herabzitternd, dazu sogleich melodiöse Holzbläser, nach und nach etwas tiefer tremolierende Streicher, eine Soloklarinette, ein Cello, hohe Blechbläser, irgendwie alles, was zur Verfügung steht. Und das gilt auch motivisch. Teile und Teilchen aus bekannten Schubert-Symphonien sind da eins ans andere gehäkelt, entwickelt wird nichts – es ist eine Pathétique des Zusammenstopselns, mit Schuberts Symphonik als Themen-Resterampe.

Dass dieses Machwerk nicht Teil der neuen Schubert-Ausgabe wurde, ist dem Musikforscher Walther Dürr zu danken. Andere Musikologen, etwa Christoph Wolff als Herausgeber der Bach-Ausgabe, waren da großzügiger und integrierten eigene, durchaus auch zweifelhafte Funde. Doch selbst Dürr konnte nicht verhindern, dass die neue »Gmunden-Gasteiner Symphonie« in der »Rekonstruktion durch Gunter Elsholz« (1936–2004) als originaler Schubert mehr als zehn Jahre lang die Runde machte. Die Uraufführung in Hannover unter der Leitung des Operndirektors George Alexander Albrecht, Bruder des Ministerpräsidenten Ernst Albrecht, fand große Beachtung, und das Cincinnati Philharmonia Orchestra brachte sogar eine eigene Aufnahme heraus.

Inzwischen hatte die Berliner Bundesanstalt für Materialprüfung ihre Untersuchungsmethoden so weit verfeinert, dass klar war: Die Stimmensätze konnten nicht vor 1945 geschrieben worden sein. Das hätte aber der Fall sein müssen, da der Finder behauptete, die Partitur sei bei Kriegsende verloren gegangen. So dilettantisch sich das Werk musikalisch ausnahm, so stümperhaft war es offenbar auch angefertigt:

Das benutzte Deckweiß wurde erst Anfang der 1970er Jahre hergestellt. Ebenso amateurhaft zeigte sich die Parteinahme des Hitler-Forschers Werner Maser, der die unglaubwürdige Herkunftserzählung von Elsholz widerrief und stattdessen eine neue Geschichte hervorzauberte, die unter »Psychiatrie-Hypnosetherapie-Hypnoanalyse« von Elsholz ans Licht gekommen sein sollte.

Nun war die Partitur erst später verloren gegangen, der Stimmsatz von Elsholz' Onkel angefertigt worden. Eine Theorie, die den nun erwiesenen Fakten angepasst war. Aber die Glaubwürdigkeit war dahin, und mit ihr die sehnlich erwartete Schubert-Symphonie. Der Komponist meinte mit seinem Hinweis auf ein neues symphonisches Werk wohl doch die C-Dur-Symphonie. Sie ist jetzt die Nummer 8, und die vormals achte, die Unvollendete, firmiert nun als Nummer 7. Für neue Symphonie-Funde ist kein Platz mehr.

Helmut Mauró, geboren in München, schreibt seit 1990 für die SZ.

Eisiges Grab

Im Roopkund-See liegen Tausende Menschenknochen. Bis heute ist nicht geklärt, wer genau die Toten im Himalaja sind.

von Titus Arnu

Selten verirren sich Wanderer an den Roopkund-See im Himalaja. Er liegt auf 5029 Metern Höhe im nordindischen Bundesstaat Uttarakhand, umgeben von schroffen, schneebedeckten Siebentausendern. Ein Weg, der Roopkund-Trail, führt zu dem kleinen Bergsee, die Tour durch den Nanda-Devi-Nationalpark dauert neun Tage und gilt als ziemlich anspruchsvoll. Nur einen Monat im Jahr ist der Roopkund-See frei von Eis. Und dann bietet sich den Besuchern ein schauriger Anblick: Tausende Menschenknochen liegen im Wasser und rund um den See verstreut. Deshalb wird er auch »Skeleton Lake« oder »Mystery Lake« genannt.

Die Skelette wurden 1942 von einem indischen Park Ranger entdeckt und geben der Wissenschaft seitdem Rätsel auf. Archäologen schätzen, dass am Roopkund-See zwischen 600 und 800 Menschen starben. Wer waren diese Leute, was haben sie an dem abgelegenen Bergsee gesucht, und wodurch kamen sie ums Leben? Der Zorn der hinduistischen Berggöttin Nanda Devi habe dort einst eine Pilgergruppe getroffen, erzählen sich die Einheimischen, weil König Jasdhaval und seine Frau unerlaubterweise Tänzerinnen an den heiligen Ort gebracht hatten. Nanda Devi habe die Pilger deshalb mit Hagelkörnern getötet. So weit die Legende. Eher weltlichen Spekulationen zufolge könnte es sich bei den Toten auch um indische Soldaten oder eine chinesische Karawane handeln, die von einem Schneesturm oder einem Erdrutsch überrascht oder von einer Seuche dahingerafft wurden.

Seit der Entdeckung ranken sich Gruselgeschichten um den Knochensee. Archäologen haben mehrere Male versucht, eine Erklärung für die Skelette an diesem ungewöhnlichen Ort im indischen Himalaja zu finden – bisher ohne hundertprozentigen Erfolg. Im Jahr 2003 hatte die amerikanische National Geographic Society eine Untersuchung in Auftrag gegeben, um Alter und Herkunft der Toten zu klären. Mit der Radiokarbonmethode wurde das Alter einiger zufällig ausgewählter Skelette auf das 9. Jahrhundert n. Chr. datiert. Die Todesursache der untersuchten Überreste konnte nur zum Teil geklärt werden: Viele der am See gefundenen Schädel wiesen Löcher und Dellen auf. Die Menschen waren vermutlich in einem gewaltigen Hagelsturm mit tennisballgroßen Schloßen umgekommen. Die Legende über die wütende Berggöttin hat wohl einen wahren und ziemlich harten Kern.

Doch die Untersuchung von 2003 beantwortet nicht alle Fragen. Woher kamen die vielen Menschen, was wollten sie überhaupt an diesem zugefrorenen See im Hochgebirge? Der indische Forscher Niraj Rai vom Birbal Sahni Institute of Palaeosciences in Lucknow beschäftigt sich seit Jahren mit dem mysteriösen Knochensee. Zusammen mit einem internationalen Team von Paläogenetikern, zu dem auch Wissenschaftler aus Jena und Cambridge (USA) gehörten, untersuchte er Proben von 38 Skeletten, um etwas über die Identität der Toten herauszufinden. Als das Fachblatt *Nature Communications* die Ergebnisse im Sommer 2019 veröffent-

Der Roopkund-See ist nur vierzig Meter breit.

lichte, schlug das in Fachkreisen hohe Wellen. Was bei der Untersuchung herauskam, warf zusätzliche Fragen auf, die den See noch rätselhafter erscheinen lassen.

Die Forscher stellten fest, dass die Menschen laut Radiokarbondatierung nicht bei einer einzigen Katastrophe, sondern in mehreren Zeitabschnitten starben – zwischen den Jahren 800 und 1000 herum und dann etwa tausend Jahre später um 1800. Im ersten Fall stammen die Menschen aus mehreren Regionen Indiens, die zweite Gruppe stammt überraschenderweise aus dem östlichen Mittelmeerraum – den genetischen Ähnlichkeiten zufolge wahrscheinlich aus Griechenland oder Kreta. Ein anderer Mann wiederum, der ebenfalls um 1800 am See starb, hatte den Paläogenetikern zufolge südostasiatische Vorfahren. »Die Genetik der Skelette überraschte uns sehr. Dass hier Individuen aus dem Mittelmeerraum gefunden wurden, lässt vermuten, dass der Roopkund-See nicht nur von lokalem Interesse war, sondern dass Menschen aus der ganzen Welt hierherkamen«, sagt Éadaoin Harney von der Harvard University, eine der Autorinnen der Studie.

Dass es sich um Soldaten handelt, die bei Kampfhandlungen ums Leben kamen, schließen die Wissenschaftler aus. Archäologen fanden am See Skelette von Männern und Frauen, Alten und Jungen, Kleinen und Großen. Nur zwei Personengruppen kommen nicht vor: Frauen über sechzig sowie Kinder und Jugendliche. In den Knochen konnten keine Krankheitserreger nachgewiesen werden.

Vermutlich waren die Toten Pilger, die an der alle zwölf Jahre stattfindenden Nanda Devi Raj Jat teilnahmen, einer Wanderung zu Ehren der Berggöttin. Möglicherweise waren mehrmals im Verlauf der Jahrhunderte große Pilgergruppen in Unwetter geraten und hatten am See, der in einer tiefen Mulde liegt, Schutz gesucht.

Doch wer die Männer und Frauen aus dem Mittelmeerraum waren, die um das Jahr 1800 im Himalaja starben, ist nach wie vor ungeklärt. Was verschlug sie an den Knochensee? Gab es in Griechenland etwa Hindus? Und warum existieren keine historischen Aufzeichnungen über den Tod so vieler Menschen an einem so ungewöhnlichen Ort? Eine vollständige archäologische Untersuchung des Sees könnte vielleicht weitere Erkenntnisse bringen, doch an dieses Abenteuer hat sich noch niemand gewagt. Der Aufwand für eine klassische Ausgrabung wäre sehr hoch. Der Fundort auf 5029 Metern ist durch Steinschlag und Lawinen gefährdet, nur einen Monat im Jahr ist der See eisfrei. Das Rätsel des Knochensees bleibt vorerst eingefroren.

Titus Arnu, geboren in Laufenburg (Schweiz), ist unter anderem seit 1994 Autor der SZ.

Absturz oder Anschlag?

Der dramatische Tod des UN-Generalsekretärs Dag Hammarskjöld 1961 in Nordrhodesien ist bis heute ungeklärt.

von Volker Bernhard

Der britische Historiker Eric Hobsbawm beschrieb das »kurze 20. Jahrhundert« – vom Beginn des Ersten Weltkriegs bis zum Ende der Sowjetunion – einst als »Zeitalter der Extreme«. Das zeigt sich auch daran, dass um Vermittlung und Ausgleich bemühte Figuren der Zeit oft einem Attentat zum Opfer fielen: etwa Mahatma Gandhi, die Kennedys, Martin Luther King. Reiht sich der Fall des Dag Hammarskjöld da ein?

1953 wird der Schwede zum wohl einflussreichsten UN-Generalsekretär und dafür postum mit dem Friedensnobelpreis geehrt: Er erweist sich als geschickter Konfliktbewältiger. Im Zuge der Kongokrise 1960 kritisiert er die Ressourcenausbeutung in Afrika und ruft im Rahmen der Operation der Vereinten Nationen im Kongo (ONUC) die UN-Friedenstruppen (Blauhelme) ins Leben. Jene Operation, die Hammarskjöld im Alter von 56 Jahren ein ebenso tragisches wie rätselhaftes Ende bereitete.

Am 30. Juni 1960 erhält der Kongo die Unabhängigkeit vom brutalen Regime der belgischen Kolonialisten, doch sofort besetzen belgische Truppen Teile des Landes, um eine Verstaatlichung rohstoffreicher Bergwerke zu verhindern.

Auch Großbritannien und die USA fürchten um Beteiligungen an Minengesellschaften, zugleich ist Zentralafrika generell als Einflusszone im Kalten Krieg und wegen der großen Uranvorkommen interessant. Einzelne Provinzen verweigern sich der Zentralregierung um Patrice Lumumba, der Sezessionist Moïse Tschombé ruft nach elf Tagen die Unabhängigkeit der ressourcenreichen Provinz Katanga aus. Kongos Demokratie ist kurz nach den ersten freien Wahlen schon zersetzt, das Land bevölkert von Söldnern, Geheimdienstlern und vom westlichen Kapital korrumpierten Politikern. Die ONUC-Mission soll Einigkeit und Frieden wiederherstellen und wird doch in harte Gefechte verwickelt.

In dieser explosiven Gemengelage befindet sich Dag Hammarskjöld am 17. September 1961 als Teil einer sechzehnköpfigen Delegation auf dem Weg nach Nordrhodesien (heute Sambia) zu Friedensgesprächen mit Tschombé. Sein Flugzeug *Albertina* startet um 16.51 Uhr. Man vermeidet Funkverkehr und den Luftraum über Katanga, die Reise ist gefährlich. Der belgische Söldner und Kampfpilot Jan van Risseghem, bekannt als »Lone Ranger«, attackiert als Teil der winzigen Luftwaffe Katangas in jenen Wochen UN-Truppen. Hammarskjöld bittet daher um Luftunterstützung, die ihm jedoch verweigert wird.

Die Piloten funken um 23.35 Uhr an den Flughafen Ndola und geben 0.20 Uhr als Ankunftszeit an. Zehn Minuten vor der Landung befindet sich die *Albertina* auf 2000 Metern Höhe. Die Piloten sehen die Landebahn, Ordner am Boden das Flugzeug. Der Fluglotse gibt Landeerlaubnis, die *Albertina* dreht noch eine Schleife und ist plötzlich weg. In Ndola geht man von einem Platzen der Gespräche aus und unterlässt, obwohl Polizisten einen hellen Blitz am Himmel melden, die Suche bis zum nächsten Tag. Erst dann entdeckt

Wer wollte seinen Tod? Dag Hammarskjöld 1953.

man die fünfzehn Kilometer vom Flughafen entfernt zerschellte *Albertina*. Laut nordrhodesischem Untersuchungsbericht hätten die Piloten die Mindestflughöhe unterschritten, das Flugzeug habe Baumwipfel touchiert und sei daher abgestürzt. Der Fall gilt mit der Erklärung eines Pilotenfehlers als offiziell abgeschlossen.

Doch US-Präsident Harry S. Truman befeuert sogleich Zweifel an dieser Version, als er zwei Tage nach dem Absturz ohne weitere Erläuterungen im Hinblick auf Hammarskjöld raunt: »Er war kurz davor, etwas zu erreichen, als sie ihn umbrachten. Beachten Sie, dass ich sagte: ›als sie ihn umbrachten‹.« Tatsächlich gibt es gewaltige Ungereimtheiten. Einige Köhler bei Ndola berichten, dass in besagter Nacht zwei Flugzeuge auffällig nah beieinander geflogen seien. Eines davon habe bereits in der Luft zu brennen begonnen, während das andere später Richtung Flughafen zurückkehrte. Einer der Köhler sucht die Polizei auf, die Aussage wird aber als unzuverlässig abgetan. Einziger Überlebender ist der von schweren Verbrennungen gezeichnete Harold Julien, dessen Aussagen sich mit jenen der Köhler decken. Er berichtet von vielen kleinen Explosionen in der Luft, die zum Absturz geführt hätten, bevor er nach sechs Tagen an Nierenversagen stirbt. Der nordrhodesische Untersuchungsbericht tut seine Aussage als Delirium ab.

Über Jahrzehnte sind weitere Zeugenaussagen dazugekommen. Die fehlende gründliche Aufarbeitung lässt Theorien und Behauptungen wuchern: Zeigen Bilder der Opfer von Gewehrkugeln getroffene Körperteile? Steckte in Hammarskjölds Kragen tatsächlich ein Pikass – ein Symbol des Todes? Ein ehemaliger Mitarbeiter der NSA will von einer Abhörstation auf Zypern aus mit Kollegen den Angriff von »Lone Ranger« belauscht haben. In der Dokumentation *Cold Case Hammarskjöld* von 2019 berichtet ein Freund des Söldnerpiloten Jan van Risseghem alias »Lone Ranger«, dass der ihm vor seinem Tod den Abschuss der *Albertina* gestanden habe. Er habe den Auftrag ausgeführt, ohne Wissen um die

Identität der Insassen. Die Doku vermutet eine Schattenorganisation hinter der Exekution, die Aufträge im Namen von CIA und MI5 erledigt, doch fehlen Beweise. Die Hintermänner bleiben im Dunkeln, viele Akten sind bis heute unter Verschluss oder offiziell gar nicht existent.

Durch Susan Williams' Buch *Who Killed Hammarskjöld?*, in dem sie systematisch alle Spuren zusammenfügt, kommt ab 2014 wieder Bewegung in den Fall. Das öffentliche Interesse wächst, neue Untersuchungen werden aufgenommen. 2017 ernennt UN-Generalsekretär António Guterres mit Mohamed Chande Othman einen Sonderermittler. Die von ihm über die Jahre erstellten Berichte bewerten einen möglichen Abschuss als »plausibel«, auch da sich im fraglichen Zeitraum mehr Söldner und Piloten in der fraglichen Gegend aufhielten als bisher angenommen. Vor allem moniert Othman fehlende Transparenz und Kooperation der Länder Großbritannien, Russland, Südafrika und USA. Es sei »fast sicher«, dass sich entscheidende und bisher noch unveröffentlichte Informationen in den Archiven von Mitgliedsstaaten befinden. Guterres unterstützt die Ermittlungen regelmäßig und beschwört die Notwendigkeit einer völligen Aufarbeitung der Geschehnisse. Es zeigt sich das Grunddilemma der Vereinten Nationen: Sie sind nur so einflussreich, wie die Mitgliedsländer es ihr zugestehen.

Als das Lachen stoppte

Roscoe »Fatty« Arbuckle war einer der größten Stummfilmstars. Bis zu einer Party in San Francisco mit fatalen Folgen.

von Fritz Göttler

Es war eine wilde Party, dieses erste Wochenende im September 1921 in San Francisco, und wie sie sich, in ihrer fatalen Feuchtfröhlichkeit, entwickelte, das hat Hollywood für immer gezeichnet. *The Day the Laughter Stopped* heißt das Buch von David A. Yallop (1976), das von der Nacht, dem Skandal und dem Mann im Mittelpunkt, Fatty Arbuckle, erzählte. Dutzende weitere Bücher und Artikel hat es seither gegeben. Johnny Depp kaufte die Rechte an einem Roman, der sich Fattys Geschick widmete.

Roscoe »Fatty« Arbuckle war für ein paar Jahre der starke Mann des amerikanischen Kinos, bevor Buster Keaton und Charlie Chaplin ihre Triumphzüge starteten. Ein Riesenbaby, aggressiv und sanft zugleich, das den reinen Slapstick verkörperte und mit seinem unförmigen Körper die graziösesten Momente entwickeln konnte. »Worte können kaum andeuten, wie energievoll diese Komiker zusammenrumpelten und wieder voneinander wegsprangen«, schrieb James Agee, »die Gesten waren wild empathisch, keine Kontur oder Bewegung des Körpers war vergeudet oder ausdruckslos.« Und Fatty war ganz besonders, »mit seinem lockeren, heiteren

Lächeln, seiner seidigen Manipulation seiner Körpermasse und seiner teuflischen Meisterschaft mit Torten (er warf beidhändig und konnte gleichzeitig Menschen in entgegengesetzten Richtungen angehen)«.

Zimmer 1219, im Luxushotel St. Francis in San Francisco, 5. September 1921, Labor Day: der Tag, an dem das Gelächter endete. Fatty Arbuckle wollte es richtig krachen lassen. Er hatte einen Vertrag mit dem Paramount-Studio über drei Millionen Dollar, das war sagenhaft damals, ein halbes Dutzend seiner Filme liefen auf den Leinwänden des Landes, weitere waren bereits abgedreht. Die serielle, wöchentliche Produktion von Comedys war ein anstrengender Job.

Zwei Tage zuvor war Fatty mit seinen Freunden in seinem neuen Pierce-Arrow vor dem St. Francis vorgefahren, am nächsten Abend folgten Starlets, unter ihnen Virginia Rappe und ihre Freundin Maude Delmont. Ein paar Tage später war Virginia tot, Fatty hinter Gittern. Die Anklage lautete auf Mord, dann geändert auf Totschlag, das Volk forderte die Todesstrafe. Was am Labor Day in Zimmer 1219 geschehen war, konnte nie geklärt werden. Es bleibt ein Wust von Aussagen und Widersprüchen, von falschen Behauptungen und Widerrufen, von miesen Taktiken vor Gericht. Virginia Rappe hatte sich, als die Party schon vorangeschritten war, ins Badezimmer der Suite zurückgezogen – hatte sie Schmerzen oder war sie sturzbetrunken? Fatty wollte sich um sie kümmern, aber das wirkte, als Maude ins Zimmer kam, als würde er sich an sie ranmachen. »He did this to me«, soll Virginia gestöhnt haben. Sie wurde ins Hospital gebracht und starb am 9. September an einer Bauchfellentzündung, ihre Blase war zerfetzt. Eine Penetration? Ein Eiszapfen, eine Cola- oder eine Schampusflasche? Fattys Penis? Hatte er sie mit seinem Gewicht erdrückt? Sein Gewicht wird ihn verdammen, erklärte ein Kommentator, der die Stimmung im Lande kannte. Das sanfte Riesenbaby wurde zum Monster erklärt. Vor Gericht setzten sich die Absurditäten fort, es gab drei Prozesse, zwei endeten mit einer »hung jury«, die sich nicht einig werden konnte. Im dritten kam es zu einer Verurteilung – wegen des Konsums von Alkohol. Es war die Prohibitionszeit. Was den Todesfall anging, monierten die Geschworenen, es sei Fatty schweres Unrecht widerfahren durch die Vorverurteilung in der Öffentlichkeit – und sprachen ihn frei.

Auch für das Kino änderte sich einiges. Das Hays Office übernahm in der Krise das Regiment, die freiwillige Zensurinstanz der Hollywoodproduzenten. Das Paradies des Slapsticks war hinfort verschlossen, das Kino operierte in einer moralischen Grauzone. Seine Anarchie galt als dubios, in ihrer Mischung aus Naivität und Gemeinheit, Infantilität und Aggression. Chaplin und Keaton (den Arbuckle ins Kino eingeführt hatte) passten sich an, entwickelten nun komplexere Geschichten und reduzierten die wilde Rasanz und Aggressivität der Kurzfilme. Das Lachen stoppte nicht völlig, aber es wurde aufgesogen von Melancholie und Humanismus.

Für Fatty aber war es das Ende. Er war freigesprochen vor Gericht, aber das Urteil der Straße lautete anders. Erzürnte Frauen in Connecticut zerfetzten die Leinwände von Kinos, die Fattys Filme spielten, Cowboys in Wyoming schossen auf die Leinwand. Sein guter Freund Keaton wollte Fatty weiter im Filmgeschäft halten, er übertrug ihm die Regie bei seinem Film *Sherlock, Jr.*, angedacht war, sarkastisch-subversiv, als Pseudonym Will B. Good. Aber Arbuckle war, durch den Prozessstress, so genervt und chaotisch, dass er nach drei Wochen aufhören musste. Die Schauspielerin Louise Brooks

Mabel Normand, Roscoe Fatty Arbuckle
und Buster Keaton im Film Coney Island *(1917).*

hat seiner respektvoll-wehmütig gedacht, sie war die Lulu in Georg Wilhelm Pabsts *Büchse der Pandora* und wusste Bescheid über die Mechanik der gesellschaftlichen Moral und die Traum- und Lustfabrik Hollywood. In den Dreißigern drehte Brooks mit Fatty den Film *Windy Riley Goes Hollywood*. Sie erinnert sich, wie er damals traurig in seinem Sessel saß, wie ein Toter: »Er war ein wunderbarer Tänzer, ein wunderbarer Ballroom-Tänzer in seinen großen Tagen.

Es war, als würde man in den Armen eines riesigen Donut schweben, das war köstlich.«

Erst 1933 kriegte Fatty wieder einen Filmvertrag, im Studio Warner Brothers, mehr als zehn Jahre nach dem Tag, da das Lachen stoppte. »This is the best day of my life«, erklärte er. In der Nacht dieses besten Tages starb er im Alter von 46 Jahren. »Die ihr Pfund Fleisch verlangten«, hat Will Rogers damals erklärt, »sind endlich befriedigt worden. Roscoe ›Fatty‹ Arbuckle kam ihnen entgegen, indem er an einem gebrochenen Herzen starb.«

Zäher Bursche

Warum wanderte »der alte Ledermann« um 1880 jahrelang im Uhrzeigersinn 365 Meilen zwischen New York und Connecticut?

von Carolin Werthmann

Alles an ihm war aus Leder. Hose, Mantel, Schuhe, Hut, Rucksack. Nie wechselte er die Kleidung. Hätte er es getan, hieße er nicht »der alte Ledermann«. Unter diesem Namen wurde er bekannt, jener Vagabund, der im 19. Jahrhundert zwischen den US-Bundesstaaten New York und Connecticut hin- und herwanderte. Dreißig Jahre soll er unterwegs gewesen sein, mindestens sechs davon auf der immer gleichen Route. Er lief 365 Meilen im Uhrzeigersinn. Alle 34 Tage erreichte er dieselben Orte, Danbury, New Fairfield, Watertown, Westchester, wieder Danbury. Er war so pünktlich, dass jede Unpünktlichkeit eine Nachricht wert war. Die Presse schrieb gern über ihn, und Kinder rannten aus der Schule, um einen Blick auf den Ledermann bei der Durchreise zu erhaschen. Seine Identität blieb ein Rätsel.

Im August 1869 berichtete das *Port Chester Journal* über einen Mann im zerfledderten Lederanzug, der seit Längerem damit auffiel, allein auf Wanderschaft zu sein. Er schlief in Höhlen, aß Beeren, ging und kehrte wieder. »Der armen Kreatur«, stand in der Zeitung, könne man nur Glück wünschen in ihrer Einsamkeit. Es folgten Berichte in der *Bristol*

Press, im *Connecticut Valley Advertiser*, im *Waterbury Daily American*, in der *New York Times*. Bis zum Tod des Ledermanns 1889 wuchs ein immenses Repertoire an Texten, das der Amerikaner Dan W. DeLuca 2008 in einer Publikation mit dem Titel *The Old Leather Man* bündelte. »Old« oder »Alt« sind im Grunde irreführende Worte: Der Ledermann war etwa fünfzig, als er starb.

Den Aufzeichnungen zufolge wirkte er so, als wäre seine Wanderung das lebenswichtigste Unternehmen der Welt, als ginge es um Leben oder Tod, sein Ziel, was immer das auch sein mochte, zum vorgesehenen Zeitpunkt zu erreichen. Er war friedlich und sprach nicht viel, und wenn, dann einzelne Silben auf Französisch und Englisch, was die Leute nur noch mehr faszinierte. Der Ledermann war wie eine real gewordene Märchenfigur. Mancher assoziierte den Ledermann mit der Figur des Ewigen Juden aus christlichen Volkssagen, auf immer zur Rastlosigkeit verdammt, um Sühne für vergangene Sünden zu leisten. Ein wenig Sühne steckt in der Tat in einer der Theorien, die seine Herkunft begründen soll. Das Schöne: Die Theorie ist eine Liebesgeschichte. Das Schlechte: Es gibt kein Happy End. Noch schlechter: Das Ganze ist nicht mal wahr – aber zu wunderbar tragisch, um es zu ignorieren.

Sein Name soll Jules Bourglay gewesen sein. Er kam aus dem französischen Lyon und hatte sich in die Tochter eines wohlhabenden Lederhändlers verliebt. Doch Heiraten war ein kompliziertes Vorhaben unter den Argusaugen des Vaters. Jules Bourglay müsse sich erst als Ehrenmann beweisen, die Gunst seiner Tochter und den Segen des Schwiegervaters in spe verdienen. So übergab der Vater sein Geschäft temporär in die Hände des jungen Mannes. Sollten ihm florierende Abwicklungen gelingen, stünde einer Hochzeit nichts im Wege. Eine Zeit lang ging das gut, Bourglay wirtschaftete

Eine markante Erscheinung: The Old Leatherman.

tüchtig. Dann investierte er übermütig in neue Lederware. Dann stürzten die Preise. Dann stürzte er. Der Schwiegervater, der nie ein Schwiegervater werden würde, verstieß ihn. Jules Bourglay floh nach Amerika, wo er sich fortan eingewickelt im Stoff des Unglücks Schritt für Schritt für sein Scheitern bestrafte.

Im Rucksack des Ledermanns fand man später neben einer Pfeife, einem Beil und Klappmessern ein französischsprachiges Gebetsbuch. Selbst wenn er nicht Jules Bourglay war, so musste er doch Franzose sein. Obwohl die Beweise mickrig waren, brachte man einige Jahre nach seinem Tod auf einem Grab auf dem Sparta Cemetery in Ossining, New York, den Namen Jules Bourglay an. Inzwischen wurde das

Grab verlegt und der falsche Name ersetzt. Heute stehen dort zwei andere Wörter geschrieben: The Leatherman. Anonym zwar, aber immerhin kein Märchen.

Im September 1888 verspätete er sich. Ein Schneesturm wütete. Aus den üblichen 34 Tagen wurden 36. Dem Ledermann ging es schlecht. Unter seinem Kinn schwoll ein Geschwür so groß wie eine Orange. Krebs zerfraß seine Lippen. Der *Brewster Standard* zitierte einen Arzt, der den Wanderer sah. Es sei nur eine Frage der Zeit, sagte dieser, bis die Reise des Ledermanns ein Ende haben werde. Die *Bristol Week Press* schrieb, der Ledermann könne nur noch essen, was zuvor in Kaffee getunkt wurde, doch selbst das Kauen weicher Kost schmerzte so sehr, dass Tränen seine Wange hinabliefen.

»The Old Leather Man Dead – Der Alte Ledermann ist tot«, titelte am 25. März 1889 die *New York Times*. Man fand ihn in einer Höhle in der Kleinstadt Mount Pleasant. Sein lederner Anzug, mehr Kunstwerk als Kleidung und etwa sechzig Pfund schwer, wanderte nicht unter die Erde, sondern an die Besitzer des Meehan & Wilson's Globe Museum in New York und das Eden Wax Musée auf Coney Island. Dort brach 1928 allerdings ein Feuer aus. Die Kleider verbrannten in den Flammen.

Vielleicht war dieser ewig Wandernde alles, nur kein Suchender. Weder auf der Suche nach sich selbst noch nach etwas anderem, weder nach Erlösung begangener Sünden noch nach einer Bewältigung verlorener Lieben. Gehen um des Gehens willen, eine Leichtigkeit des Seins.

Carolin Werthmann, geboren in Kempten, schreibt seit 2018 für die SZ.

Das Phantom

Der amerikanische Schriftsteller Thomas Pynchon ist eine der rätselhaftesten Gestalten des Literaturbetriebs.

von Willi Winkler

Auf den wenigen Bildern, die es von ihm gibt, ist er unsterblich jung, ein Knabe mit hasenhaften Zähnen, schadhaft womöglich schon früh, deshalb musste später ein Schnurrbart drüberwachsen, aber was wusste man sonst schon von ihm? Dass er aus bester neuenglischer Familie kam, zur See gefahren war und in Cornell erst auf Ingenieur und dann Literaturwissenschaften studiert hatte, bei Vladimir Nabokov angeblich, der sich jedoch nicht an ihn erinnern wollte, dessen Frau aber wenigstens die Handschrift des Studenten nicht vergessen hatte. Kärglichste Spuren insgesamt; die Fotos im Schuljahrbuch konnten kaum als Lebenszeichen gelten. Thomas Pynchon ist kein Schriftsteller, sondern ein Phantom.

Mit einem Kopf voller Romane (ja, so muss es gewesen sein) verließ er die Uni, ging aber nach Seattle als Redakteur einer Firmenzeitschrift der Boeing-Werke. Dann verschwand er von der Bildfläche, trieb sich angeblich in Mexiko herum oder wenigstens im blumenkindlichen Kalifornien, aber es fehlte nicht an Geschichten, in denen er wie der tote Elvis irgendwelchen Verehrern leibhaftig erschienen sein soll. Detektive wurden auf ihn angesetzt, Paparazzi wollten ihn abschießen und wussten dabei gar nicht, wie er aussah. Als ihn ein Fernsehsender tatsächlich vor der Kamera hatte, rief er beim Chef an und bat darum, ihn in Ruhe zu lassen. No photo, please. Ein Schlaumeier kam auf die Idee, Pynchon müsste identisch mit J. D. Salinger sein, der in den Sechzigerjahren ebenfalls verschwunden war und nichts mehr veröffentlichte – oder eben das, was unter dem Namen Pynchon in die Welt kam: *V.*, *Die Versteigerung von No. 49*, *Gravity's Rainbow – Die Enden der Parabel*. Prompt meldete sich das Phantom aus dem Untergrund oder woher auch immer: »Nicht schlecht, versucht es weiter.«

Es gibt keine Bilder, aber die Bücher, und irgendwer muss sie ja geschrieben haben. Es sind die intelligentesten, vertracktesten, finstersten und zugleich lustigsten Bücher, die es gibt, voller tiefer Gedanken und übelster Zoten. Vaudeville-Songs wechseln mit Emily-Dickinson-Zitaten, Philosophisches folgt auf astreinen Blödsinn. Gern belächelt der Europäer die mangelnde historische Tiefe der Amerikaner, höhnt über Oberflächlichkeit und McDonaldismus, das Mickymausige allen Treibens, über das wie zur Bestätigung ein oranger Kindkaiser herrscht. Aber hier ist einer, der sich alles zusammengesucht hat, was es an Weltwissen gibt, der in der Nautik genauso brilliert wie in der Quantenphysik, der die Nullstellen in der Riemann'schen Zeta-Funktion herbeten kann und überhaupt mit einem solchen Kenntnisreichtum auch der nebensächlichsten Details auftrumpft, dass gleich mehrere Universalgelehrte dafür in seinem Schreibkeller roboten müssten.

Was oder wer ist dieser Pynchon denn dann? Mathematiker? Philosoph? Eine Mischung aus James Joyce und Charles M. Schulz, dem die Welt die Peanuts verdankt? Als er 1974 für *Gravity's Rainbow* den Pulitzerpreis erhalten sollte, lehnte der Vorstand die Entscheidung der Jury ab, weil das

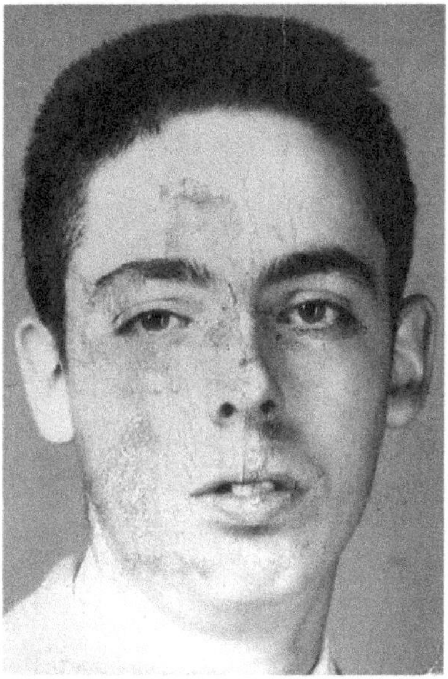

Thomas Pynchon auf einer Fotografie aus dem Jahr 1955.

Buch unlesbar und »obszön« sei. Das war scharf beobachtet, denn eine Hauptperson mit dem eingängigen Namen Tyrone Slothrop wird plötzlich kriegswichtig, weil der Soldat jedes Mal eine Erektion bekommt, wenn im Blitzkrieg eine V-2 in London einzuschlagen droht. Es ist aber auch der Roman, der zum ersten Mal ausführlich den Völkermord an den Hereros im damaligen Deutsch-Südwestafrika als Auftakt zum Holocaust schildert.

Lang bevor Bill Gates in seinem Schuhkarton hockte und an ersten Programmsynapsen bastelte, saß in der kleinen Stadt Ithaca weit oben im Staat New York ein Student an seinem Schreibtisch und begann damit, die Welt zu enträtseln, indem er sein eigenes Großrätsel entwarf. Im Schatten der allzeit drohenden Atombombe entfaltete sich das pynchoneske Werk, das bei seinen eigenen Vorfahren in der

Hexenverfolger-Stadt Salem beginnt, die Zeit der Aufklärung rekonstruiert, gegen den Kapitalismus des 19. Jahrhunderts die anarchistischen Terroristen feiert und die verlorenen Träume der Hippie-Jahre nicht vergisst.

Gleichzeitig hat der Leser das Gefühl, dass Pynchon es nicht ernst genug meint, dass er ihm etwas vorgaukelt, diese ganze fantastische Inszenierung mit weltumspannenden Verschwörungen und den Abenteuern in der Luft und im unentdeckten Wilden Westen nur ein gigantisches Illusionstheater ist, aber wenn es anders wäre, wäre es nicht von Thomas Pynchon. Er könnte genauso gut Teil des alles verzehrenden Literaturbetriebs sein, dem er jahrzehntelang erfolgreich entgangen ist. Stattdessen ließ er sich bei einer Preisverleihung von einem Comedian vertreten, der die Zuhörer so erfolgreich mit faktoidem Unsinn zuschwallte, dass sich alle sicher waren, den echten Pynchon vor sich zu haben.

Matt Groening, der Erfinder der TV-Serie *Die Simpsons*, versichert, dass es ihn wirklich gibt; er habe ihn gesehen, sich auch länger mit ihm unterhalten, sich seine Bücher signieren lassen. Pynchon tauchte tatsächlich mehrmals in den *Simpsons* auf, stilgerecht mit einer Papiertüte über dem Kopf, und hat sich selber gesprochen, ja, sich sogar über sein eigenes Versteckspielen lustig gemacht.

Inzwischen ist er 88. Nach allem, was man weiß, lebt er in New York, ist mit einer Literaturagentin verheiratet und hat einen Sohn. Noch immer lässt er sich nicht fotografieren, er geht in keine Talkshow, er macht keine Lesungen, er schreibt einfach, und zwar die schwierigsten, wahrscheinlich auch die besten Bücher, die es zu lesen gibt. Thomas Pynchon ist ein Phantom. Gut, dass es ihn trotzdem gibt.

Willi Winkler, geboren in Sittenbach, ist seit 1998 Autor der SZ.

Griechische Zahnräder

Der hochkomplizierte Mechanismus wurde im Meer vor der Insel Antikythera gefunden und löst bis heute Fragen aus.

von Harald Eggebrecht

Ob es ein Sturm war, der das hochbeladene Schiff in die Tiefe stieß, oder ein missglücktes Manöver, als die Besatzung allzu nahe an der kleinen Insel Antikythera, die zwischen dem Peloponnes und Kreta liegt, vorbeizusteuern versuchte – wir wissen es nicht. Doch irgendwann um etwa 70 v. Chr. ist dieses Frachtschiff auf der Fahrt von Griechenland nach Rom an der Insel zuschanden geworden und versunken, und es dauerte rund 2000 Jahre, bis das Wrack entdeckt wurde.

Nun sind im Altertum viele Schiffe untergegangen, 1992 zählte A. J. Parker in *Ancient Shipwrecks of the Mediterranean & Roman Provinces* schon 1259 Funde auf, 2007 kamen in J. Strauss' Arbeit *Roman Cargoes* 273 dazu, die Zahl vergrößert sich weiter von Jahr zu Jahr. Die meisten sanken in römischer Zeit von der Republik bis ins Kaisertum. Die Reste des havarierten Frachters vor Antikythera und seiner kostbaren Ladung wurden 1900 zufällig von Schwammtauchern entdeckt. Und mit der folgenden weiteren Erforschung dieses Wracks begann ein neues Kapitel in der Geschichte der Ausgrabungen: die Unterwasserarchäologie.

Zwei Schwammtaucher trauten 1900 also ihren Augen

kaum, als in etwa fünfzig Metern Tiefe Arme aus dem Meeresgrund ragten, die sich als Teile von antiken Bronzestatuen erwiesen. Zwei Jahre später veranstaltete man eine erste Expedition, um den Fundort zu erkunden. Dann tauchte 1976 Jacques-Yves Cousteau mit der Crew seines Forschungsschiffs *Calypso* zum Wrack hinunter und holte vieles ans Tageslicht. 2014 wurde eine Expedition erneut fündig. Die Forschungsarbeit endet damit nicht, es wird dort weiter nach Bronze- und Marmorstatuen, Glaskunst, Keramik und anderem getaucht.

Der auf dem Weg nach Rom gesunkene Transporter war keiner mit üblicher Handelsware wie Naturalien, Ölen, Stoffen und anderem Gut im regen Seeverkehr zwischen Rom und dem östlichen Mittelmeer. Dieses Schiff, übrigens das größte antike Wrack, das man bisher gefunden hat, war so außergewöhnlich, weil es mit griechisch-hellenistischen Statuen, Glaswaren und anderen Attraktionen hoch beladen war, nach denen man in Roms gehobenen Kreisen aus Statusgründen lechzte und für die man gut bezahlte.

Unter all den Schätzen befand sich auch ein zu einem unansehnlichen Klumpen aus Metall und Sedimenten zusammengebackenes Stück, für das sich erst einmal niemand interessierte und das für einen Teil einer Bronzestatue gehalten wurde. Doch dann, als man daranging, die Statue aus Fragmenten zusammenzusetzen, fanden die Forscher astronomische Inschriften wie »Sonne« oder »Aphrodite« (Venus) auf dem ominösen Stück und Teile, die an Zahnräder erinnerten. So wurde aus dem Klumpen in den Augen der Archäologen ein astronomisches Instrument. Der Altphilologe Albert Rehm bezeichnete es 1905 daher als eine Art Planetarium oder Astrolabium.

Doch konnte man damals noch nicht ins Innere des Fragments sehen, ohne es zu zerstören. Erst fünfzig Jahre später ließ der Wissenschaftshistoriker Derek de Solla Price das Ding durchleuchten. Inzwischen hatte man auf dem Meeresboden weitere Teile gefunden, die zum Instrument dazugehörten. Price wagte auch eine Rekonstruktion des Gerätes, obwohl seine Röntgenaufnahmen die Rückseite des Mechanismus nicht scharf genug abbildeten. 1989 unterzog eine Forschergruppe um Michael Wright die zusammengedrückte und -gebackene Zahnradwelt einer Computertomografie. 2005 wurde die Prozedur wiederholt mit noch schärferer Auflösung. Die nun entstandenen Rekonstruktionsversuche kommen dem Original schon sehr nahe.

Seitdem reißen die Erklärungsversuche nicht ab für ein Uhrwerk, das nicht nur die Zyklen von Sonne, Mond und der damals bekannten fünf Planeten anzeigen kann, sondern auch die Berechnung von Sonnen- und Mondfinsternissen ermöglicht und anderes mehr. Alles in allem scheint hier das gesamte astronomische antike Wissen in einem Gerät vereint.

Wer konnte eine so hochkomplizierte »Himmelsuhr« gebaut haben, die nach ihren Inschriften zu urteilen wohl schon 200 v. Chr. entstanden sein könnte? Eine hypothetische Spur des Gerätes, dessen Mechanik auch schon sogenannte epizyklische Zahnräder kennt, wie man sie bis dahin erst anderthalbtausend Jahre später für möglich hielt, führt zum Philosophen, Geografen und Astronomen Poseidonios von Apameia, der damals auf Rhodos lehrte. Sogar der Name des Universalgenies Archimedes aus Syrakus schwirrt in den Spekulationen um den Konstrukteur des komplexesten Gerätes des Altertums mit. Genauso ungeklärt ist die Frage, was die Römer mit dieser wunderbaren Zahnradwelt wollten. Oder gehörte sie einfach zur nautischen Ausstattung

Wer kann eine so komplizierte »Himmelsuhr« gebaut haben?

des Schiffes? Dann müsste es wohl mehr von diesen Instrumenten gegeben haben.

Inzwischen ist man überzeugt, dass es wegen seiner Feinheit und fragilen Konstruktion nicht für Bauern bestimmt war, um ihnen bei den richtigen Zeitpunkten für Aussaat und Ernte zu helfen. Auch für die Seefahrt brauchte man entschieden Robusteres. Außerdem enthält der geheimnisvolle Kasten einen Überfluss an Informationen, die in keiner Weise auf eine Anwendungsmöglichkeit reduziert werden können, so der kanadische Wissenschaftshistoriker Alexander Jones.

War es vielleicht nur ein Spielzeug für die höheren Stände oder aber eine Art Lehrmittel für Himmelskunde? Oder nur ein Statussymbol für römische Patrizier, die damit angeben wollten? Bisher ist erst ein Viertel aller Bestandteile des Mechanismus ans Tageslicht befördert worden. Die Suche im Meer geht also weiter.

»Bewegung thut gut«

Der taube Beethoven nutzte Konversationshefte, in die Besucher Meinungen und Fragen schrieben. Doch seine Antworten fehlen.

von Wolfgang Schreiber

Ludwig van Beethoven hat seine Taubheit frühzeitig, herzzerreißend, protokolliert: »Welche Demüthigung, wenn jemand neben mir stund und von weitem eine Flöte hörte und ich nichts hörte; oder jemand den Hirten Singen hörte, und ich auch nichts hörte.« Das notierte er vor den Toren Wiens am 6. Oktober 1802 im Brief an seine Brüder, berühmt als »Heiligenstädter Testament«. An Suizid habe er gedacht, bekannte der 31-Jährige. »Den Menschen zu sagen: sprecht lauter, schrejt, denn ich bin taub«, das traue er sich noch nicht. Ausgerechnet er, »mit einem feuerigen Lebhaften Temperamente gebohren«, müsse auf Gespräche verzichten, auf die »Erholung in menschlicher Gesellschaft, feinere Unterredungen, wechselseitige Ergießungen«. Um so den Menschen als »feindselig störisch oder Misantropisch« zu erscheinen.

Die Schwerhörigkeit verschlimmerte sich, Beethovens Bemühungen, damit umzugehen, stießen an Grenzen. Hörrohre aus Blech, primitiv ans Ohr gedrückt, heute erbarmenswert Museumsvitrinen zierend, enttäuschten ihn. Ebenso diverse

Therapieversuche. Dirigierte er bisweilen noch ein Orchester, mussten die Musiker den drohenden Crash verhindern.

Nur ein Kommunikationsmedium gab es, den Rettungsanker in fortschreitender Ertaubung, so simpel wie zeitraubend – »Konversationshefte«. Beethoven warf sie nicht weg, 400 Exemplare sollen es gewesen sein, 139 blieben erhalten. In seinen letzten Lebensjahren lud Beethoven seine Besucher konsequent mit Papier und Bleistift zu Gesprächen, von 1818 an las er ihre hingekritzelten Sätze oder Satzfetzen, ihre Fragen, Beobachtungen, Meinungen. Seine eigenen Äußerungen erfolgten mündlich, mit wenigen Ausnahmen treten in den Heften nur die Gesprächspartner auf. Bleibt die Frage: Sind die Redeanteile Beethovens zwischen den Notaten rekonstruierbar, bräuchte es dafür musikhistorische Detektive, die Eingebung von Dichtern?

Beispiel Konversationsheft Nr. 91, Mitte Juli bis Mitte August 1825. Zwei Personen mit handschriftlichen Wortmeldungen. Beethovens Neffe Karl: »Ich will jetzt zu Fuchs gehen; es ist Zeit. Du kannst noch spazieren gehen, ich schaffe dann zu Hause an. Auch wird der Thal gleich dort seyn« ... Der Geiger Karl Holz: »Er wird bald Vater« ... »Er verwendet viel auf den Director-Ruhm« ... »Ein gefälliger Mensch« ... Neffe: »Romberg spielt immer ohne Noten« ... Holz: »Und schneidet überirdische Gesichter dazu« ... Neffe: »In Rom ist ein Mensch, der durch die Kraft des Gebethes gebratne Hühner auf der Schüssel herumfliegen lässt« ... Holz: »Wohin wollen Sie ausfliegen?« ... »Soll Linke 12liniges Notenpapier nehmen?« ... »Indessen hätten Sie ein neues großes Werk geschrieben« ... Neffe: »Es ist bald ½ 5. Bester! Verseht uns mit dem Nötigsten« ...

Beethoven 1825, knapp zwei Jahre vor dem Tod. Er arbeitet, nach überstandener schwerer Krankheit, nach Absage einer

Ludwig van Beethoven. Holzstich nach einem Gemälde (1820) von Joseph Karl Stiele

Londonreise, an den letzten, »der Welt abhanden gekommenen« Streichquartetten, jetzt an Opus 132 in a-Moll mit dem Satz Molto Adagio: »Heiliger Dankgesang eines Genesenen an die Gottheit«. Beethoven befindet sich mitten in seinem Wiener Alltag. Steht im Kreuzfeuer musikalischer Fachfragen und Verlagsinteressen, gepeinigt von der reaktionären Politik nach den Napoleonischen Kriegen und dem Wiener Kongress, gequält von seinem Kampf um die Vormundschaft für den fragilen Neffen Karl, geplagt vom Tratsch und

Klatsch um Haushalt, Essen und Trinken. Die Konversationshefte werden zum Spiegel seines Lebens.

Wer mit ihm über soziale und politische Zustände in Österreich und der Welt redet, findet in seiner Nähe zu einer unerbittlich kritischen Haltung, im Konversationsheft nachzulesen von der Hand des Karl Holz, Beethovens letzten Sekretärs: »Zu viele Beamte, zu viel Militär, zu viel Geld, zu viele Pfaffen, zu wenig Verstand.« Ein paar Blätter weiter fragt Holz: »Sind Sie müde?« Dann: »Bewegung thut aber gut.« Weiter: »Sind Sie so hungrig?« Und wie in einer Kochschule: »Wenn die Hühner mürbe seyn sollen, so müssen sie zwey Stunden vor dem Braten ausgeweidet und ins Wasser gelegt werden.« Was mag Beethoven in solchen »Gesprächen« gesagt haben, wie war sein Tonfall, sein kauziger Witz, sein Alltagsmisstrauen?

Wer die mit Beethoven tätigen, in den Konversationsheften palavernden Personen sind, wie sie zu ihm und der damaligen Musikwelt standen, das klären die Erläuterungen in der elfbändigen, von 1972 an gedruckten kritischen Edition der Konversationshefte. Deren Originale, nach Beethovens Tod von einem Mann namens Anton Schindler in Besitz genommen, liegen heute in der Berliner Staatsbibliothek, zwei Hefte im Bonner Beethoven-Haus.

Zu den offenen Fragen um Beethovens Gesprächswelt in den Konversationsheften gehört nun Anton Schindler, ein junger Geiger in Wien, der Beethoven erst spät begegnete, sich ihm als »Intimus« andiente, um später die erste, mit Fälschungen gespickte Beethoven-Biografie zu schreiben. Schindler nannte die Konversationshefte, in denen Beethoven »schweigt« und ihn daher zu frei erfundenen Beiträgen eigenen Interesses anstiftete, seine »Zauberbücher«. Im Anmerkungsapparat der Edition wird Schindlers habgierige List nach allen Regeln der Textkritik durchleuchtet. Jedoch: Die Konversationshefte bleiben ein Quell für Beethovens »Geheimnisse« und manche Scherze. So, wenn Holz einmal über einen Hasenbraten redet und dabei an Joseph Haydn denkt: »Das ist der Hase, der in den Jahreszeiten erlegt wird« ... Und weiter fantasierend: »Die Schöpfung ist ein erhabnerer Gegenstand« ... Nun denn: »Gebraten ist er gut, aber er riecht.«

Exotisches Gebräu

Wie kam der patagonische Hefepilz nach Europa – und damit in die Fässer der hiesigen Bierbrauer? Darüber kursieren erstaunliche Theorien.

von Titus Arnu

Das Bier wird in Deutschland gerne überhöht dargestellt, als eine Art nationaler Zaubertrank. Die Werbung schäumt das beliebteste Rauschmittel der Nation mit symbolischer Bedeutung auf. Goldener König mit weißer Schaumkrone. Unverzichtbares Grundnahrungsmittel. Mythisches Gesöff, mit dem unsere Ururahnen die Schädel ihrer Gegner füllten und sich damit zuprosteten. Ein quasireligiöses Elixier, das Münchner selbst im Himmel noch zum Frohlocken bringt. Nüchtern betrachtet ist Bier nur Wasser, Hopfen und Malz, das durch Zugabe von Hefe zum Gären gebracht wird.

Die Ursprünge des Bieres sind unklar. Schon vor 13 000 Jahren, belegen archäologische Funde aus einer Höhle in Israel, wurde eine Art Bier gebraut. Die ersten Braurezepte gab es nachweislich bereits im alten Ägypten, vor 4000 bis 5000 Jahren ließ man Reste von Sauerteigbrot mit Wasser vergären und trank das alkoholhaltige Gebräu. Mittelalterliche Mönche entwickelten das Bierbrauen zur Kunstform, 1516 wurde in Bayern eine Vorschrift erlassen, die später als Reinheitsgebot bekannt wurde, es gilt längst als deutsches

Kulturgut. In der Urfassung des Reinheitsgebotes ist lediglich von Gerste, Hopfen und Wasser die Rede. Ohne die Hefe, wesentlicher Bestandteil des Brauvorgangs, gäbe es allerdings kein Bier, denn die Hefepilze wandeln den Malzzucker in Alkohol um.

Diese Hefepilze sind wahre Wundermittel. Nicht nur, dass sie Wasser in Bier verwandeln. Ihnen werden auch alle möglichen wohltuenden Wirkungen auf den Menschen nachgesagt. Paracelsus, Hippokrates, Hildegard von Bingen und Sebastian Kneipp zählten die Bierhefe zu den wichtigsten Arzneien. Im Mittelalter galt der Hefeschlamm, der beim Brauvorgang übrig blieb, als Heilmittel gegen Akne, Ekzeme, Furunkel, Hautpilzinfektionen und Wunden aller Art. Als Nahrungsergänzungsmittel soll Bierhefe der Verdauung helfen und die Haut verjüngen.

Lange wurde Bier nur obergärig gebraut, bei relativ hohen Temperaturen. Gegen Ende des Mittelalters entdeckten bayerische Brauer untergärige Hefen, die kälteresistent sind – das bei kühlen Raumtemperaturen langsam vergorene Lagerbier war länger haltbar. Das Helle mag in Bayern erfunden worden sein, aber die Schlüsselzutat stammt von der anderen Seite der Erde: Wissenschaftler haben vor einigen Jahren entdeckt, dass die Bierhefe, die für Helles und Pils verwendet wird, ihren Ursprung in Südamerika hat – genauer gesagt in Patagonien im Süden Argentiniens. Dies ergaben Genanalysen des Mikrobiologen José Paulo Sampaio von der Universidade Nova de Lisboa in Portugal. Die Hefepilze gelangten irgendwie von den patagonischen Bäumen, an denen sie normalerweise wachsen, in die Fässer der bayerischen Bierbrauer. Aber wie?

Im Mittelalter konnte man noch nicht verschiedene Bierhefen im Internet bestellen wie heutzutage. Flugzeuge wurden erst lange nach der Einführung des Reinheitsgebots erfunden. Die südamerikanischen Hefepilze mussten auf anderen Wegen die Reise nach Europa geschafft und sich über die Jahrhunderte weiterentwickelt haben. Über deren Herkunft war nichts bekannt, bis der portugiesische Mikrobiologe Sampaio verschiedene Bierhefen untersuchte. Die meisten großen Brauereien verwenden für die Produktion von untergärigen Bieren heutzutage einen Hefepilz namens Saccharomyces carlsbergensis, einen Hybrid zwischen der klassischen Bierhefe Saccharomyces cerevisiae und einer wilden Hefe.

In einer Datenbank stießen die Forscher auf mehrere ähnliche Hefepilzarten, die in freier Natur in Buchenwäldern vorkommen. Bei einer Gensequenz eines Hefepilzes aus Patagonien, die Saccharomyces eubayanus getauft wurde, fiel Sampaio etwas auf: Sie war fast identisch mit der klassischen europäischen Bierhefe. Nach einer Überprüfung des gesamten Genoms stand fest: Die patagonische Hefesorte stimmt zu 99,5 Prozent mit Saccharomyces carlsbergensis überein. Die kleine Differenz beziehe sich auf Gene, die bei der Fermentation von Zucker beteiligt sind, so die Forscher – Mutationen, die im Lauf der vergangenen Jahrhunderte beim Bierbrauen entstanden sein müssen.

Der patagonische Hefepilz scheint ideal zu sein zum Bierbrauen, denn am Südzipfel Südamerikas herrschen Bedingungen wie in einem Brauhaus. Viel Wasser, die Temperatur steigt selten über zehn Grad. Hefepilze überleben dort nur, wenn sie kälteresistent sind. Bleibt immer noch die Frage, wie die südamerikanischen Hefepilze in die bayerischen Bierfässer kamen. Sampaio nahm zunächst an, sie könnten in Fässern per Schiff nach Europa gelangt sein. Das ließ sich aber mithilfe von Gendatenbanken nicht nachweisen. Eine weitere Studie der University of Wisconsin-Madison versuchte deshalb, dem Migrationshintergrund des Lagerbiers auf die Spur zu kommen.

Chris Hittinger, Mikrobiologe von der University of Wisconsin-Madison, untersuchte mit seinem Team mehr als 120 Brauhefen und stieß auf viele verschiedene Einkreuzungen von Wildhefe. Er fand heraus, dass Saccharomyces eubayanus nicht nur in Patagonien zu Hause ist, sondern zum Beispiel auch im Sheboygan Indian Mound Park in Wisconsin, wo es ähnlich kühl ist wie in Feuerland. »Die neuen Daten legen eine frühere Migrationsbewegung nahe, an der womöglich gar keine Menschen beteiligt waren«, fasst Genetikexperte Hittinger zusammen. Den Wissenschaftlern ist bekannt, dass Zugvögel von Patagonien nach Wisconsin fliegen, aber auch von Kanada bis nach Europa.

»Diese Zugwege könnten ein plausibles Beförderungsmittel sein«, sagt Hittinger. Vielleicht haben also die Vögel die Pilzsporen über den Atlantischen Ozean gebracht und so die moderne Bierbraukunst erst ermöglicht. Aus Sicht eines bayerischen Biertrinkers, der sich gerade das fünfte Helle reinpfeift, mag das abwegig klingen. Aber es ist nach Ansicht der Wissenschaft die plausibelste Erklärung für den weit gereisten Pilz. Prost!

Gleich drei Rätsel

Dass *Die Gesänge des Maldoror* des unbekannten Autors Lautréamont doch noch entdeckt wurden, grenzt an ein Wunder.

von Josef Schnelle

Dieses, sagen wir, verfemteste aller Bücher hat sofort drei Geheimnisse zu bieten, die bis heute ungelöst sind. *Die Gesänge des Maldoror* – man kann den Namen der bitterbösen Hauptfigur als abgeleitet von »Aurore du mal«, Morgenröte des Bösen, lesen – vollendete nach fünfjährigem Schaffen ein junger Mann von gerade mal zwanzig Jahren mit dem Künstlernamen Comte de Lautréamont, den er sich frisch zugelegt hatte. Sie lesen sich jedoch wie das Vermächtnis eines zynischen alternden Dichters, der, vom prallen Leben enttäuscht, zum letzten Schlag ausholt. »Meine Dichtkunst wird nur darin bestehen, den Menschen, dieses Raubtier, mit allen Mitteln anzugreifen und mit ihm den Schöpfer, der ein solches Ungeziefer nicht hätte erzeugen sollen«, erklärt der Autor in der vierten Strophe des zweiten Gesangs sein poetisches Programm.

Der Text ist voller Bezüge zum Leben im Paris des Zweiten Kaiserreichs, das von September 1870 an von Preußen belagert wurde. Lautréamont muss den drohenden Kanonendonner noch gespürt haben, bevor er im November 1870 mit nur 24 Jahren in einem Pariser Hotel, vermutlich an Schwindsucht, erkrankte und starb.

In Wahrheit hieß der Autor Isidore Lucien Ducasse und hatte 1868 auf eigene Kosten anonym den ersten Gesang des Cantus in nur wenigen Exemplaren selbst herausgebracht. So sind wir schon beim zweiten Geheimnis angelangt, dass dieses außergewöhnliche Stück Literatur überhaupt überdauert hat. Lautréamonts belgischer Verleger Albert Lacroix, der auch Herausgeber der Fortsetzungsgeschichten Eugène Sues war, hatte die kompletten sechs *Gesänge des Maldoror* bereits drucken lassen, verweigerte aber aus Angst vor der Pariser Zensur die Auslieferung an die Buchhändler. Die kleine Auflage des Buchs, prall gefüllt mit grausamen Details, mit Mord, Weltekel und Vergewaltigung, eine wahre Apokalypse ohne Trost, verschwand in einem Gebirge bibliografischer Kuriositäten, und nur ein außergewöhnlicher Zufall konnte sie wieder zutage fördern. Vielleicht wäre ohne eine kleine »Ode an die Mathematik« im zweiten Gesang aus der tatsächlichen Wiederentdeckung der *Gesänge des Maldoror* nichts geworden.

Ausgerechnet in der mathematischen Abteilung eines kleinen Antiquariats in der Nähe seines Lazaretts am Rive Gauche entdeckte der Kriegsverletzte Philippe Soupault 1917 den Text. Sofort waren ihm dessen Bezüge zu seiner eigenen, gerade entstehenden Literaturrichtung des Surrealismus überdeutlich. Er reichte das Buch an den Freund André Breton weiter, mit dem er ein kleines Literaturmagazin herausgab. So begann der Siegeszug des Comte de Lautréamont als einer der »poètes maudits«, der verfluchten Dichter, unter denen er fortan dezidiert als »Großvater des Surrealismus« gefeiert wurde. Breton und Soupault glaubten bei Lautréamont sogar Elemente und Techniken des automatischen Schreibens (écriture automatique) zu entdecken, bei dem Gedanken, Bilder und kühne poetische Tabuverletzungen unbewusst aufs Papier fließen sollten. Das war genau das, was sie mit der neuen Bewegung anstrebten.

Besonders die bildenden Künstler ließen sich von den *Gesängen des Maldoror* anregen. Man Ray schnürte einen unförmigen Klotz in Samt und stellte damit das »undurchdringliche Geheimnis des Isidore Ducasse« dar. Salvador Dalí, Max Ernst, Yves Tanguy, Joan Miró und René Magritte ließen sich inspirieren durch Sätze und Formulierungen aus Lautréamonts Großgedicht. In einem Zitat aus dem sechsten Gesang sah Max Ernst sogar die Grundstruktur des surrealistischen Bildes gegeben. Da wird die Schönheit eines Jünglings so beschrieben: »Er ist schön wie das zufällige Zusammentreffen einer Nähmaschine und eines Regenschirms auf einem Seziertisch!« Das bleibt bis heute der meistzitierte Satz aus Lautréamonts Text, der weiterhin immer wieder Künstler wie etwa Georg Baselitz angesteckt hat. Die Filmregisseurin Agnès Varda widmete dem Satz eine denkwürdige Kunstinstallation.

Wie kam es aber dazu, dass ausgerechnet die Surrealisten rund fünfzig Jahre nach Lautréamonts Tod die Modernität des rätselhaften Einzelgängers und seines einzigen Werkes erkannten? Hatten die Grausamkeiten und die Barbarei des Ersten Weltkriegs ihnen die Augen geöffnet? Plötzlich schien alles in der Realität möglich, was erste Leser der *Gesänge des Maldoror* noch als abgehobene satanisch-böse Fantasie eines Verrückten empfanden. Hatten alle Zufälle der Editionsgeschichte nur dazu gedient, die besondere Sprengkraft der »Zeitkapsel«, die dieses Büchlein darstellte, für eine Zukunft zu erhalten, die sie besser begreifen konnte? Oder gehörte Lautréamont einfach zu jenen Gestalten, die, zur Unzeit geboren, sowieso erst von der Nachwelt verstanden werden können? Schon wie er geschrieben hat, von Maldoror, vor dem selbst Satan wegen dessen elementarer Bosheit erzittert, davon berichtet der Verleger Léon Genonceaux: Er habe nur nachts am Klavier geschrieben, »wo er laut deklamierte, wild in die Tasten schlug und zu den Klängen immer neue Verse heraushämmerte«. Als nahezu musikalische Komposition erschließt sich das sperrige Gedicht besser.

Es ist kaum etwas bekannt über das wahre Leben des Isidore Ducasse alias Comte de Lautréamont. Als Fünfjähriger hatte er in Montevideo die grausame Belagerung im uruguayischen Bürgerkrieg hautnah miterlebt. Sein Vater war dort hoher Beamter am Konsulat. Er las die Lyriker, die das Böse eher poetisch besangen, wie Byron, Shelley, Milton und Baudelaire und war dann geschlagen mit einer Begabung, die ihn erschlug, wie Wolfgang Koeppen das in seinem Essay »Die elenden Skribenten« beschrieb, und erschuf inmitten des Chaos Ende des 19. Jahrhunderts in Paris die mächtigste Gewaltfantasie, die auch heute noch schwer zu lesen ist. Immerhin hatte er schon versprochen nach seiner »Phänomenologie des Bösen« schließlich in einem nächsten Werk »das Gute« besingen zu wollen, ebenso rein wie zuvor das Böse. Zu mehr als einer Art Vorwort, den *Poesien I* und *II*, reichte es aber nicht. Aber vielleicht wartet in den Untiefen bibliophiler Sammlungen noch ein viertes Geheimnis auf uns.

Encephalitis lethargica

Die »Schlafepidemie« befiel vor allem zwischen 1916 und 1950 Hunderttausende Menschen. Die Ursachen sind bis heute ungeklärt.

von Alexander Menden

In Penny Marshalls Film *Zeit des Erwachens* von 1990 ist in einer bewegenden Szene festgehalten, wie ein Patient eines New Yorker Krankenhauses namens Leonard Lowe (Robert De Niro), aus einem Jahrzehnte währenden Dämmerzustand erwacht. Der behandelnde Arzt, gespielt von Robin Williams, kommt eines Abends in den Saal, in dem Leonards Bett steht, findet dieses jedoch leer vor. Leonard sitzt an einem Tisch. »Hier ist es aber ruhig«, sagt er. »Es ist schon spät, alle schlafen«, erklärt der Arzt. »Ich schlafe nicht«, antwortet Leonard. Ein kleiner Moment des Triumphes.

Zeit des Erwachens basiert auf den Erinnerungen des britischen Neurologen Oliver Sacks. Er hatte sich seit Mitte der Sechzigerjahre mit einer Patientengruppe im Beth Abraham Hospital in der Bronx befasst, die zum Teil seit vierzig Jahren unbeweglich und nicht ansprechbar gewesen waren. Sie waren Überlebende der rätselhaften »Europäischen Schlafkrankheit«, deren wissenschaftlicher Name Encephalitis lethargica lautet und die von 1916 bis 1926 weltweit in epidemischem Ausmaß gewütet hatte. Sacks begann, den

Patienten die Aminosäure L-Dopa zu verabreichen, mit der damals bereits die Symptome der Parkinson-Krankheit behandelt wurden, und erzielte einige Anfangserfolge, die Marshalls Film zeigt.

Die Encephalitis lethargica wurde Ende 1917 von Constantin von Economo bei der Behandlung von Patienten am Psychiatrisch-Neurologischen Klinikum der Universität Wien beschrieben. Mehrere von ihnen wiesen ungewöhnliche neurologische Symptome auf; allen gemein war eine ausgeprägte Lethargie. Sie waren mit ganz unterschiedlichen Diagnosen – darunter Meningitis, Multiple Sklerose oder Delirium – aufgenommen worden. Keiner von ihnen passte jedoch wirklich in eines der betreffenden Diagnoseschemata. Nach einer Periode allgemeinen Unbehagens sahen die meisten eine Zeit lang doppelt, bekamen bisweilen leichtes Fieber und wurden dann von einer tiefen Schläfrigkeit befallen. Doch der Begriff »Schlaf«, der dieser Krankheit ihre Volksbezeichnung der »Europäischen Schlafkrankheit« einbrachte, war irreführend: Während der Körper der Erkrankten alle Anzeichen von Schlaf aufwies, blieben sie sich ihrer Umgebung vollständig bewusst.

Economo – ein in Rumänien geborener österreichischer Arzt griechischer Abstammung, der mit vollem Namen Constantin Alexander Freiherr Economo von San Serff hieß – kategorisierte die Symptomgruppe als eigenständigen Krankheitstypus, den er 1917 Encephalitis lethargica nannte. Der französische Pathologe Jean-René Cruchet hatte die rätselhafte Erkrankung sogar schon etwas früher beschrieben, und zwar 1916. Er hatte die spezifischen Symptome bei französischen Soldaten nach der Schlacht bei Verdun festgestellt. Im folgenden Jahrzehnt erkrankten weltweit zwischen 500 000 und einer Million Menschen. In Deutschland wurde in den

Zwanzigerjahren der Neurologe Felix Stern zum führenden Experten für die Krankheit. Er sammelte an der Göttinger Nervenklinik viele wertvolle Daten zum Krankheitsverlauf und wies besonders auf die Gemeinsamkeiten des vielfältigen Leidens hin.

Auffällig gefährdet waren Kinder und Jugendliche sowie Menschen mit geschwächtem Immunsystem. Ein Drittel der Erkrankten starb in der akuten Phase, normalerweise an Ateminsuffizienz. Autopsien ergaben, dass in erster Linie der Hirnstamm von der Entzündung betroffen gewesen war. Wer überlebte, litt an starken Konzentrationsstörungen und einem Gefühl des Identitätsverlusts. Charakterliche Veränderungen äußerten sich zudem in Impulsivität, einem Bedürfnis nach Lärm, fehlender oder auch vereinzelt extrem gesteigerter Empathie und, nach der Geschlechtsreife, in zum Teil unkontrollierbarer sexueller Übergriffigkeit. Encephalitis lethargica war eine der ersten Erkrankungen, die klarmachten, dass es kaum möglich war, die psychischen und physiologischen Aspekte des Gehirns scharf zu trennen. Die Degeneration des Gehirns schritt nämlich fort. Es konnte Tage oder auch Jahrzehnte dauern, bis bei den Patienten ein sogenannter postenzephalitischer Parkinsonismus auftrat. Ihre Unfähigkeit, mit der Welt zu interagieren, in Kombination mit ihrem ausdruckslosen, unbeweglichen Parkinson-Gesicht und ihrer Muskelsteifheit, ließ sie wie lebende Statuen erscheinen.

Felix Stern, nach dessen Schätzungen allein in Deutschland um die 60 000 Menschen an dieser Art Enzephalitis erkrankten, vermutete früh, es könne ein ursächlicher Zusammenhang zwischen dieser und der Spanischen Grippe bestehen. Beide traten zur gleichen Zeit auf. Er distanzierte sich später wieder von der These, aber auch andere haben versucht, diesen Zusammenhang herzustellen. Eine Untersuchung von archivierten Gewebeproben 2001 konnte jedoch keine Influenza-RNA bei den Patienten nachweisen. Auch andere virale Auslöser wie Herpes oder bakterielle wie Scharlach galten zeitweise als mögliche Kandidaten.

Nach der Epidemie verschwand die Krankheit weitgehend. Es gab noch mögliche Einzelfälle, zuletzt einen siebenjährigen Jungen mit geschwächtem Immunsystem, bei dem 2015 im chinesischen Jinan Encephalitis lethargica diagnostiziert wurde. Die Ursache dieser für ein Jahrzehnt aufgeflammten, heute extrem seltenen Nervenerkrankung bleibt ein Rätsel. Vielleicht werden wir nie erfahren, ob die »Europäische Schlafkrankheit« durch eine Infektion, eine Reaktion auf einen mikrobiellen Wirkstoff, einen neurotoxischen Schadstoff oder einen anderen, unerforschten Auslöser verursacht wurde.

Oliver Sacks' Experiment mit der Gabe von L-Dopa in den Sechzigerjahren war nur kurz von Erfolg gekrönt. Nach einer Besserungsphase traten bei den Patienten extreme Ticks und Krämpfe ein. Trotz einer Erhöhung der Dosis fielen sie schließlich einer nach dem anderen wieder in ihren katatonischen Zustand zurück.

Doppelt tragisch

Der Fenstersturz des Publizisten Hermann Franck und der Tod seines Sohnes Hugo in Brighton bleiben bis heute im Dunklen.

von Helmut Mauró

Am 10. September 1847 beschloss Hermann Franck, sein restliches Leben einer einzigen Aufgabe zu widmen: der Erziehung seines Sohnes Hugo – festgehalten in einem detaillierten, anrührenden Tagebuch. An diesem freundlichen Septembertag wurde seine geliebte Frau beerdigt, eine Nichte des preußischen Königs. Franck erstickte seine Trauer in dem Schwur, für den damals siebenjährigen Hugo alles zu tun, was nach seiner Überzeugung und Erfahrung eine maximale Bildung und Charakterbildung ausmachte. Und so groß seine Zuneigung und Freude an dem hochbegabten Kind auch war, so sehr achtete er doch darauf, dass er nicht nur einfühlsamer Vater, sondern auch distanzierte Lehrperson blieb. Denn bis zu seinem elften Lebensjahr war Hermann Franck mehr oder weniger der einzige Lehrer für Hugo, sieht man einmal von den Klavierstunden bei der Mutter von Clara Schumann ab oder vom Voltigieren im benachbarten Zirkus.

Der Junghegelianer Hermann Franck gehörte zu den führenden europäischen Intellektuellen, stand in Austausch mit Heine, Börne, Mendelssohn, Chopin, Liszt und anderen, er war Journalist, Publizist und einer der frühen bedeutenden Musikkritiker. Als Pädagoge orientierte er sich am griechischen Ideal der Paideia, einer allumfassenden Bildung, die mit heutiger Pädagogik oder gar Sozialpädagogik nichts mehr gemein hat und vor allem von einer Hinwendung geprägt ist, die das eigene Ego erst einmal in den Hintergrund stellt.

Dass der Zwölfjährige Latein und Griechisch in beide Richtungen fließend übersetzt und, heute würde man sagen, Erwachsenenbücher liest und seine Freude daran hat, erscheint nur als Nebenprodukt dieser sehr individuell ausgerichteten Erziehung. Franck erinnert in seiner Liebe und Freude an dem hochbegabten Kind an Leopold Mozart, der jedoch anders als Franck wohl nie die Grenze zu psychischer und physischer Gewalt überschritt.

Francks – bei aller Liebe – preußische Härte könnte zum tragischen Ende dieser Geschichte beigetragen haben. Früh begeistert sich Hugo für die Seefahrt – aus Protest gegen oder als Folge der preußischen Erziehung? Der Vater versucht ihm diesen Berufswunsch auszureden. Er sieht vor allem die sprachliche und künstlerische Begabung des Sohnes, der unter anderem ein hervorragender Zeichner war. Aber er will ihm auch nicht im Weg stehen. Zu Ostern 1855 bringt er ihn in das maritime Lehrinstitut im englischen Gosport und mietet sich nebenan in Portsmouth ein. Hugo wird als Kadett akzeptiert und soll sich im Dezember auf einem Ostindienschiff einfinden.

Am 2. November fahren Vater und Sohn nach Brighton, um den dort lebenden Schriftsteller Arnold Ruge zu besuchen, einst Sprachrohr der Junghegelianer und aufgrund seines Engagements im Vormärz zu fünfzehn Jahren Festungshaft verurteilt – während der er griechische Klassiker im originalen Versmaß übersetzt. Vater und Sohn Franck haben sich im Albion Hotel einquartiert, wo sie Ruge gegen 21.30 Uhr besucht. Er überrascht die beiden beim Schachspiel, gut gelaunt, den Vater »wohl und heiter«, den Sohn »so natürlich und liebenswürdig«. Man trinkt Tee, später Punsch. Um 23 Uhr verabschiedet sich Hugo ins Bett, Ruge und Franck sprechen noch eine Weile über Politik und, voller Stolz, über ihre Söhne. Eine halbe Stunde vor Mitternacht geht Ruge nach Hause. Es ist eine regnerische, aber friedliche Nacht.

Am nächsten Morgen, noch vor Tagesanbruch, werden die Bediensteten des Hotels durch einen lauten Knall furchtbar erschreckt. Bald darauf breitet sich das Entsetzen über die ganze Stadt aus. Franck war aus dem dritten Stock gestürzt, stirbt noch an Ort und Stelle. Dienstboten eilen in das Zimmer der Francks. Dort liegt der fünfzehnjährige Sohn tot auf dem Bett. Sein Körper ist noch warm, Anzeichen eines Kampfes gibt es nicht. Dennoch scheint es zunächst am plausibelsten, der Vater habe den Sohn getötet und dann sich selbst. Ruge kann den untersuchenden Coroner überzeugen, dass Hermann Francks edler Charakter solch eine Tat niemals zugelassen hätte. Stattdessen unterbreitet er die These, Hugo habe nun doch nicht mehr Seemann werden wollen, sich aber nicht getraut, dies dem Vater zu sagen, und habe sich deshalb umgebracht; woraufhin auch der Vater Suizid verübte.

Eine Obduktion wird nicht angeordnet, was zu zahlreichen spekulativen Erklärungen führt. Neue Nahrung erhalten die Mutmaßungen durch einen Bericht von Dr. Hall, der beide Leichen am Tag der Beerdigung äußerlich untersuchte und Würgemale am Hals von Hugo feststellte. Andere Ärzte glauben, es handle sich um Spuren der Reanimation. Andere erinnern an den plötzlichen Tod der Mutter, möglicherweise ein erbliches Herzleiden. Gab es andere Anzeichen für diesen doppelten tragischen Todesfall?

Am ersten Weihnachtstag 1847, zwei Wochen nach der Beerdigung der Mutter, wundert sich der Vater, dass Hugo nie nach dieser fragt. Dann erinnert er sich, dass Hugo schon früher einmal sagte, er wolle tot sein, die Toten seien »so hübsch ruhig«. Wenn man tot sei, wisse man »nichts mehr von allem Hässlichen im Leben«. Fünf Wochen später wiederholt Hugo den Todeswunsch. Es gefalle ihm nicht, zu leben. 1851 sagt er im Religionsunterricht: »Wenn ich ein ganz schmerzloses Mittel haben würde, mich zum Sterben zu bringen, ich würde es schon angewendet haben.« Diese Äußerungen, schreibt der Vater in der gewohnten direkten Ansprache an den Sohn, »sind umso wunderlicher, als Du erstens ein grundheiteres Naturell hast, sodann weder Mühen noch Kummer kennst, gegen körperlichen Schmerz Dich zum Erstaunen abgehärtet zeigst«. Seelisch aber konnte sich der empfindsame Sohn nicht hinreichend abhärten – das wussten beide.

Das Genie, das sich in Luft auflöste

Der Italiener Ettore Majorana galt als brillanter Physiker und wurde sogar mit Galileo und Newton verglichen. Er forschte zur Kernenergie – bis er 1938 spurlos verschwand.

von Francesca Polistina

Das Geburtsdatum von Ettore Majorana ist bekannt, nicht aber sein Todestag. War es jener 26. März 1938, an dem er einen letzten Brief verschickte? Oder starb der geniale Physiker erst viel später, nach Jahrzehnten im Verborgenen? Genauso unklar sind auch die Umstände seines Todes: Warf er sich von einer Fähre ins Meer, wie die Polizei früher glaubte, ohne allerdings die Leiche zu finden? Oder verstarb er friedlich in hohem Alter in seinem Bett?

Schon zu Lebzeiten war Ettore Majorana ein Rätsel, umso rätselhafter erscheint bis heute sein spurloses Verschwinden. Der italienische Wissenschaftler war ein Einzelgänger, er galt als verschlossen, scheu und innerlich zerrissen. Majorana war ein brillanter Wissenschaftler, aber einer besonderen Spezies: Der Tragweite seiner Arbeiten war er sich wohl bewusst, deshalb behielt er sie manchmal lieber in der Schublade. Immer wieder mussten seine Kollegen ihn überreden, seine Studien zu publizieren. So trug er seine Theorie vom

Atomkern angeblich in Rom vor, weigerte sich aber, sie zu veröffentlichen. Wenige Monate später publizierte der deutsche Physiker Werner Heisenberg seine eigene Kerntheorie.

Ettore Majorana wurde 1906 auf Sizilien geboren. Wegen seiner Begabung im Kopfrechnen galt er als Wunderkind, in der Schule übersprang er eine Klasse. Er studierte zunächst an der ingenieurwissenschaftlichen Fakultät der Universität Rom, dann wechselte er zur Physik und traf dort auf die »Jungen aus der Via Panisperna«, wie man sie nannte. Am berühmten Physikinstitut an der Panispernastraße erforschte der spätere Nobelpreisträger Enrico Fermi mit einer Gruppe junger Wissenschaftler die Kernphysik. Majorana war der außergewöhnlichste Student, den Fermi je hatte, er bewunderte den Sizilianer und verglich ihn mit Newton und Galileo. 1934 gelang es der Gruppe, die Eigenschaften langsamer Neutronen aufzuzeigen, was zur Entdeckung der Kernspaltung führte und später zum Bau der ersten Atombombe. Doch da war Majorana schon nicht mehr so präsent.

1933 verbrachte er sieben Monate im Ausland, darunter am Leipziger Physikinstitut von Heisenberg, der den Nobelpreis für Physik bekommen hatte und während des Zweiten Weltkriegs an einer deutschen Atombombe arbeiten sollte. Als Majorana im August 1933 nach Rom zurückkam, offenbar auch aus gesundheitlichen Gründen, verhielt er sich laut Leonardo Sciascia, der über den Fall ein Buch schrieb *(Das Verschwinden des Ettore Majorana)*, wie ein »erschreckter Mensch«: Er verließ das Haus nur selten, noch seltener ließ er sich am Institut blicken. Noch auffälliger war, so Sciascia, dass Majorana es »sorgfältig vermied, über Physik zu sprechen«. Es ist nicht klar, ob er sich in diesen Jahren noch intensiv mit Physik beschäftigte oder ob er sich eher der Philosophie oder anderen Fächern widmete, wie manche vermuten. Sicher sei nur, dass er den Großteil seiner Schriften vor seinem Verschwinden zerstörte.

Was beunruhigte Majorana? Genau diese Frage erscheint zentral und lässt die Geschichte, zumindest laut einer gängigen Interpretation, die Züge eines Dramas annehmen. »Unsere Wissenschaft ist schrecklich geworden, unsere Forschung gefährlich, unsere Erkenntnis tödlich«, sagt der Forscher Möbius in Dürrenmatts Stück *Die Physiker*. »Wir müssen unser Wissen zurücknehmen, und ich habe es zurückgenommen«, liest man weiter. Hatte auch Majorana seine Erkenntnisse zurückgenommen und sich von ihnen distanziert? Fürchtete er sich vor den Auswirkungen der modernen Physik, vor den Folgen einer Atombombe? Oder litt er eher an psychischen Problemen?

Kurz vor seinem Verschwinden 1938 hatte Majorana, damals 31 Jahre alt, eine Professur an der Universität von Neapel bekommen. Im März desselben Jahres war er mit der Fähre nach Palermo gefahren, seine Freunde hatten ihm geraten, eine kurze Auszeit zu nehmen. Doch er kehrte nie zurück. Gefunden wurde Majorana nicht, weder lebendig noch tot. Die Hypothesen über sein Schicksal häuften sich im Lauf der Zeit – und wurden immer fantastischer.

Einige, wie die Polizei, dachten, dass der Physiker auf dem Weg zurück nach Neapel Suizid begangen hatte, obwohl er kurz davor sein ganzes Geld von der Bank abgehoben haben soll – wieso sollte jemand das machen, wenn er sich umbringen will? Seine Familie glaubte, dass er sich in ein süditalienisches Kloster zurückgezogen hatte. Andere wiederum behaupteten, dass er nach Deutschland zurückgekehrt war, um für die Nazis zu arbeiten. Über die Bewunderung Majoranas für das »effiziente« Deutschland, wie er das Land nach seinem dortigen Aufenthalt im Jahr 1933 beschrieb, ist einiges

Zurückhaltend, verschlossen und einer der bedeutendsten Physiker seiner Zeit: Ettore Majorana.

geschrieben worden, aber einen verlässlichen Beweis, dass er für das NS-Regime arbeitete, gibt es nicht.

Andere neigten zur Südamerika-These, die auch in jüngster Zeit noch vertreten wurde. Demnach soll Majorana zunächst nach Argentinien und dann nach Venezuela ausgewandert sein, es gibt sogar Menschen, die versichern, ihn dort unter einem anderen Namen kennengelernt zu haben. Auch die Staatsanwaltschaft von Rom, die 2011 den Fall wiedereröffnete und ihn vier Jahre später doch wieder zu den Akten legte, vermutet, dass Majorana zumindest in den Fünfzigerjahren in Venezuela gelebt hat. Was sie allerdings nicht beantworten kann, ist nach wie vor die fundamentale Frage: Warum verschwand das Genie überhaupt? Giorgio Parisi, einer der drei Physik-Nobelpreisträger des Jahres 2021, schrieb einmal über Majorana: »Wenn man an die ganze Geschichte zurückdenkt, bleibt ein bitterer Nachgeschmack, wenn man bedenkt, was das für ein Verlust für die Physik war.«

Francesca Polistina, geboren in Borgomanero (Italien), schreibt unter anderem seit 2019 in der SZ.

Die Geisterbrücke

Von einem Baudenkmal haben sich mehr als 600 Hunde gestürzt, viele sind gestorben. Ist die schottische Brücke verflucht?

von Titus Arnu

Gemauerte Rundbögen aus grauem Granit, Vorsprünge mit Zinnen, in der Mitte ein Relief mit einem Wappen: Die Overtoun Bridge sieht eigentlich ziemlich hübsch aus. Die Brücke führt in Dumbarton, einer schottischen Kleinstadt in der Nähe von Glasgow, über eine fünfzehn Meter tiefe Schlucht. Einer der Zufahrtswege zum Overtoun House, einem ehemaligen Herrenhaus, führt über die 1895 erbaute Brücke. Ein Baudenkmal aus der viktorianischen Zeit, ein beliebtes Fotomotiv – und aus Sicht vieler Einheimischer ein verfluchter Ort.

Von der Overtoun Bridge sind in den vergangenen siebzig Jahren etwa 600 Hunde gesprungen, mehr als fünfzig überlebten den Sturz nicht, wie britische Zeitungen berichten, unter anderem die *Daily Mail*. Die meisten Tiere seien von derselben Stelle in der Mitte der Brücke gesprungen, und zwar stets an sonnigen Tagen, viele der Tiere hatten lange Schnauzen. Die Overtoun Bridge trägt deshalb auch den makabren Spitznamen »Dog Suicide Bridge«, Hundesuizid-Brücke. Über die Gründe für die angebliche Todessehnsucht der Tiere wird schon lange spekuliert. Hundeflüsterer, Geisterbeschwörer, Historiker, Verhaltensbiologen haben nach Erklärungen gesucht.

Ein altes Schloss, ein angeblicher Fluch, todessüchtige Haustiere: Diese Geschichte hat alle Zutaten für ein typisch schottisches Schauermärchen. Im hohen Norden Großbritanniens ist es oft neblig, die Nächte sind lang, dazu kommen Einsamkeit, Whisky und Fantasie – unter solchen Bedingungen gedeihen Mythen und Monster sehr gut. Eine verkrüppelte Kiefer kann sich dann schon mal in einen Geist verwandeln, eine Ente in ein Seeungeheuer. Auch auf der Hundesuizid-Brücke sollen Geister zugange sein, wenn man den Geschichten schottischer Spukexperten Glauben schenken mag.

Paul Owens, ein Lehrer aus Glasgow, breitet in seinem Buch *The Baron of Rainbow Bridge* eine abenteuerliche Theorie über die Todesbrücke aus. Angeblich werden die Hunde vom Geist der Lady Overtoun in den Abgrund gelockt. Dem Autor zufolge war die Witwe von Baron Overtoun eine verwirrte Frau, die seit dem Tod ihres Ehemanns im Jahr 1908 Tag und Nacht über das Gelände des Landsitzes irrte, auf der Suche nach ihrem Gatten – angeblich spukt sie bis heute dort herum. Anwohner wollen immer wieder eine »weiße durchsichtige Figur« auf der Brücke gesichtet haben. Wie gesagt, in Schottland gibt es oft Nebel.

Ein anderer Erklärungsversuch, der noch düsterer klingt, bezieht sich auf ein Ereignis im Jahr 1994. Damals warf ein 32 Jahre alter Vater sein eigenes Baby von der Overtoun Bridge, weil er glaubte, es sei der Antichrist. Das Kind starb an den Folgen des Sturzes, der geistig verwirrte Mann wurde in eine psychiatrische Klinik gebracht. Was das genau mit den Hunden zu tun haben soll, weiß niemand, abergläubische Schotten behaupten jedoch, auf der Brücke existiere ein »übernatürlicher Riss«.

Die fünfzehn Meter tiefe Schlucht scheint die Tiere magisch anzuziehen.

Ob so etwas existiert und warum sich Hunde deswegen von der Brücke stürzen, ist nicht bekannt. Gibt es überhaupt suizidale Tiere? Es finden sich Berichte über Kühe, die scheinbar ohne Anlass auf einen Steilhang zurennen und in den Tod stürzen. Alte Elefanten ziehen sich von der Herde zurück und fressen nicht mehr, wenn sie sterben wollen. Lemminge stürzen sich angeblich in Massen über Klippen. Doch Verhaltensbiologen können die meisten solcher Fälle aufklären: Wenn Kühe Panik haben, flüchten sie manchmal in zu steiles Gelände und stürzen ab. Der Massensuizid der Lemminge ist ein Mythos, er stammt aus dem Disney-Film *Weiße Wildnis* aus den Fünfzigerjahren. In Wirklichkeit gibt es Jahre mit einer Überpopulation von Lemmingen, wenn diesen das Futter dann nicht ausreicht im kurzen arktischen Sommer, sterben besonders viele von ihnen. Aber nicht freiwillig. Suizidales Verhalten widerspricht dem Selbsterhaltungstrieb aller

Arten, nur der Mensch ist so destruktiv, dass er auch vor der Selbstzerstörung nicht haltmacht.

Warum aber springen dann so viele Hunde von der Overtoun Bridge? Viele Fälle sind dokumentiert, auch von Hundehaltern, die nicht an Gespenster glauben. Manche Tiere seien absichtlich in die Tiefe gesprungen, unverletzt geblieben, wieder hochgerannt – und dann ein zweites Mal gesprungen, heißt es sogar. Offensichtlich gibt es tatsächlich etwas, das den Hunden so den Verstand vernebelt, dass sie fünfzehn Meter in die Tiefe hüpfen – was völlig dem Instinkt der Tiere widerspricht.

Vor etwas mehr als zehn Jahren untersuchte der renommierte britische Verhaltensbiologe David Sands die Brücke. Er stellte fest, dass die meisten Vorfälle mit langschnauzigen Rassen passiert waren, die besonders geruchsempfindlich sind. Labradore, Schäferhunde, Collies und Australian Shepherds gelten als begabte Spürhunde. Seine Vermutung: Wild in der Schlucht unter der Brücke könnte den Hunden den Kopf verdrehen. Und möglicherweise könnte die Bauart der Brücke mit ihren massiven Brüstungen und Zinnen den Hunden das Gefühl geben, es handele sich um einen sicheren, ebenen Ort.

Tatsächlich fand Sands kein Gespenst oder einen sonstigen paranormalen Faktor, der die Hunde in den Tod lockte, sondern Spuren einer anderen Tierart. Unter der Brücke nisten immer wieder Minks, amerikanische Nerze. Diese Marderart war in Schottland ursprünglich nicht heimisch, die Minks entwichen vor gut hundert Jahren aus Pelzfarmen und vermehren sich seitdem prächtig. Und Nerze stoßen ein Sekret aus, das die Geruchsnerven von Hunden so sehr anspricht, dass sie kaum noch zu halten sind.

Unanständig morbide

Queen Kelly war der letzte große Hollywoodstummfilm – und ruinierte gleich mehrere Karrieren.

von Fritz Göttler

Königin für eine Nacht sein, ein schillernder Traum für eine junge Frau. Für Kitty Kelly scheint er in Erfüllung zu gehen, als der junge Prinz Wolfram sie in den Palast holt und mit Champagner beglückt, in perlender Fröhlichkeit, sodass sie gleich hintüberkippt. Der Ort ist Kronberg, Hauptstadt eines jener imaginären europäischen Kleinstaaten, wie Hollywood sie dutzendfach schuf für seine Romanzen. Für diese Nacht, sinniert Wolfram, bist du Queen Kelly. Leider ist der Prinz berüchtigt für seine nächtlichen Ausschweifungen, und für den nächsten Morgen ist eigentlich seine Hochzeit mit der richtigen Königin angesetzt, Queen Regina V., ein sadistisches Luder, das Boccaccios *Decamerone* auf ihrem Nachttisch hat und eine Zigarre im Aschenbecher – sie peitscht Kelly, als sie in die Liebesszene platzt, brutal aus dem Palast hinaus.

Queen Kelly von 1929 ist der letzte große Hollywoodfilm von Erich von Stroheim, der mit jedem seiner Auftritte seinen Ruf als »the man you love to hate« ganz lässig bestätigte. Viele Filme des Regisseurs – *Foolish Wives*, *Greed* – gelten als »maudit« als unselig belastet, sie wurden abgebrochen, zensiert, verstümmelt. Immer wieder hat er seine Filme mit provokanten Details gespickt und die Produktionskosten in irre Höhen getrieben mit seiner Lust am Detail. Auch *Queen Kelly* wurde nie fertig gedreht, sondern nur zurechtgeflickt ins Kino gebracht. Hat die Produzenten der Mut verlassen, hat Stroheim sie über seine aggressiven Absichten nicht aufgeklärt, wie hat man ihm überhaupt ein so gewagtes Großprojekt anvertrauen können? (Ein Punkt für Stroheim: Leider war seine *Merry Widow* einer der ganz großen Erfolge der Stummfilmzeit.)

Am Anfang von *Queen Kelly* stand der Superstar Gloria Swanson. Wie andere erfolgreiche Frauen der Zwanziger – Mary Pickford, die mit ihrem Mann Douglas Fairbanks, Charles Chaplin und David W. Griffith die United Artists gründete, Mae West, die für den Broadway ihre eigenen Stücke schrieb – hatte auch Swanson Ambitionen. Sie war unzufrieden mit dem romantischen Allerlei, zu dem das Studio sie verpflichtete, und wollte selbst ihr Image bestimmen. Einer ihrer ersten Versuche als Produzentin war sehr erfolgreich, *Sadie Thompson* nach W. Somerset Maughams »Rain«. Miss Swanson ist Sadie, eine Prostituierte, robust und offen, die es mit einem bigotten Missionar zu tun bekommt. In den Zwischentiteln waren die Dialoge ein wenig entschärft, wenn man sich darauf einließ, von den Lippen der Schauspieler zu lesen, wurde es sehr viel deftiger – ein »cuss-word puzzle« hat es ein Filmhistoriker genannt.

Romantisch Gewagtes hatte auch Stroheim Anfang 1928 Swanson vorgeschlagen, der Prinz und Kelly begegnen einander, als eine Schar Klosterschülerinnen und eine Patrouille Soldaten zu Pferd sich auf einer Landstraße treffen. Kelly verliert ihr Höschen, die Männer prusten los, sie wirft erzürnt und kokett das dumme Textil auf den Prinzen. Er

Gloria Swanson war Hauptdarstellerin und zugleich Produzentin des Films von Erich von Stroheim.

entführt sie nachts aus dem Konvent in den Palast, sie sieht bezaubernd aus, schmales Gesicht und große Augen, kein leichtsinniges Mädel, sondern eine junge Frau, die gern erfahren würde, was Liebe ist. »With my head upon your heart hold me close and never wake me ... sing me dead and kiss me dead, heart and soul and body – take me.« Nur Stroheim kann eine Szene so filmen, erotisch und zauberhaft, gar nicht zuckersüß – mit seiner »Empfindlichkeit für scheinbar nicht Greifbares, nicht Darstellbares«, schreibt die Kritikerin Frieda Grafe, »für Gefühle, die vergangen sind, ehe man sie wahrnimmt, für alles, was nur einen Moment lang das Auge trifft«. Swanson und Stroheim, man spürt eine Verbindung zwischen ihnen, über die Liebe zum Filmemachen. Leider war ein Dritter bei dem Deal dabei, Joseph P. Kennedy, der Vater von John F. und Robert. Er hatte Millionen an der Börse gemacht und wollte nun in das neue überraschend profitable Geschäft rein, das Kino, Hollywood. Er war, nicht lange, Gloria Swansons Liebhaber.

Mit der Romanze zwischen Kelly und dem Prinzen allein war es für Stroheim, der auch das Drehbuch für *Queen Kelly* schrieb, aber nicht getan. Kelly geht nach der Attacke der verrückten Königin zu ihrer Tante nach Afrika, sie heiratet einen senilen Kolonialistenknacker. Die Tante stirbt, und Kelly erbt ihr Etablissement, das weniger eine Tanzhalle ist als ein veritables Bordell. Das malträtierte Mädchen residiert hier in Prunk und Gloria wie eine richtige Queen Kelly.

Es kam dann in der Drehzeit einiges zusammen. Swanson fand die Afrikageschichte extrem morbide und unanständig, Stroheim wurde vor Ende des Drehs gefeuert, seine Karriere als Regisseur war ruiniert, Kennedy betrog Gloria, sie trennten sich. Und: 1927 kam der erste Tonfilm ins Kino, der erfolgreiche *Jazz Singer*, der Stummfilm war am Ende. Swanson ließ *Queen Kelly* liegen, erst 1932 möbelte ihn die Produzentin mit Toneffekten auf und brachte ihn kurz in Europa und Südamerika heraus: Die fiese Queen triumphiert, Kelly springt verzweifelt ins Wasser, der Prinz steht erschüttert an ihrer Leiche. Afrika war gestrichen. Die amerikanischen Zuschauer bekamen erst 1950 was von *Queen Kelly* zu sehen, als Billy Wilders *Sunset Boulevard* in die Kinos kam. Dort verkörpert Swanson eine alte Stummfilmdiva, die von einem Comeback träumt und sich zu Hause ihre alten Filme anschaut, eben auch *Queen Kelly*. Ergeben steht ihr zur Seite ihr Chauffeur, Butler und Ex-Regisseur (auch zuständig für die Beerdigung ihres toten Hausaffen), verkörpert von: Erich von Stroheim. Es steckt eine Menge Masochismus in dessen Leben und Karriere. In ganz Hollywood.

Napoleons Tod

Obwohl Magenkrebs als wahrscheinlichste Todesursache des Ex-Kaisers der Franzosen gilt, gibt es etliche Theorien, der Korse sei auf St. Helena vergiftet worden.

von Josef Scheppach

Am 6. Mai 1821 setzt Francesco Antommarchi (1780–1838) sein Skalpell am Brustkorb eines Leichnams an, über dessen mysteriösen Tod so viele Bücher geschrieben wurden wie wohl über keinen anderen Menschen. Die Rede ist von Napoleon Bonaparte (1769–1821).

Die Obduktion seines Leibarztes zeigte zwar einen Magendurchbruch, der zu schweren Blutungen als Folge von Magenkrebs geführt haben dürfte. Doch den Tod sah Antommarchi letztlich durch die klimatischen Verhältnisse auf St. Helena ausgelöst, wohin der Feldherr 1815 von den Engländern verbannt worden war. »Man kann nicht einen Schritt machen, ohne vor Nässe zu triefen, auf dieser Insel [...] Immer nur Regen und Nebel!«, klagte der Korse während seines Exils.

Von Antommarchis Diagnose aber wollten die englischen Pathologen, die ebenfalls im Sterbezimmer anwesend waren, nichts wissen. Der Inselgouverneur hatte es bei Strafe verboten, ein Leiden Napoleons mit dem Klima auf dem Felseneiland in Verbindung zu bringen. Denn damit wäre England für den Tod des Verbannten zumindest mitverantwortlich.

So lautete denn in den drei englischen Autopsieberichten die offizielle Todesursache Magenkrebs. Und die meisten Forscher akzeptierten diesen Befund – zumindest bis in die frühen 1960er Jahre. Dann nämlich sorgte eine Theorie von Sten Forshufvud für Aufregung. Der schwedische Zahnarzt und Toxikologe hatte die Tagebücher von Napoleons Diener Louis Marchand gelesen. Darin beschrieb er Symptome, an denen der große Feldherr kurz vor seinem Tod litt: Schlaflosigkeit, schwache und geschwollene Beine, Haarausfall, Krämpfe und permanenter Durst. Für Forshufvud allesamt Anzeichen einer Arsenvergiftung. Damit war die These in der Welt, dass Napoleon »ermordet wurde« – durch eine über einen längeren Zeitraum bewusst herbeigeführte Verabreichung von Gift.

Als Hauptverdächtigen machte er Graf Charles de Montholon aus. Der Mundschenk hätte die Gelegenheit gehabt, seinem Herrn unbemerkt mit Wein auch Arsen einzuflößen. Sein Motiv: Napoleon soll ihm zwei Millionen Goldfranken vermacht haben. Forshufvud konnte seine These untermauern, als er in konservierten Locken Napoleons einen abnormen Arsengehalt nachwies. War der ehemalige Kaiser tatsächlich vergiftet worden?

Die Einlagerung von Arsen in Haaren ist allerdings kein typisches Symptom für einen vorsätzlichen Mord, denn dieses Gift war im 19. Jahrhundert allgegenwärtig. Es wurde zum Beispiel zur Reinigung von Gefäßen wie Weinfässern verwendet oder als Gift für Ratten ausgelegt. Deren Zahl war in Napoleons Exilresidenz »so groß, dass sie, wenn wir bei Tische saßen, um die Tafel spazierten, als wären wir gar nicht da«, notierte ein Vertrauter des ehemaligen Kaisers.

Doch dann bekam 1980 der Historikerstreit um den Tod Napoleons neue Nahrung. Das populärwissenschaftliche Magazin *Science & Vie* hatte abermals Reste von Napoleons Schopf analysieren lassen; diesmal mit der neuen physikalischen Methode der Synchrotonstrahlung. Sie zeigt die Zusammensetzung der Materie in atomarer Vergrößerung. Untersucht wurden neunzehn Haare Napoleons: von Haarschnitten aus den Jahren 1805 und 1814 – also vor seinem Exil – und von Strähnen, die ihm 1821 auf dem Totenbett abrasiert wurden. Mehr als tausend Messungen wiesen in sämtlichen Haaren tödliche Arsenwerte nach. »Wäre das die Todesursache gewesen, hätte Napoleon dreimal sterben müssen«, zitierte *Science & Vie* den Leiter des Labors für Toxikologie der Pariser Polizei, Ivan Ricordel. Er schlussfolgerte, dass das Gift eben nicht durch innerliche Aufnahme über den Organismus bis in die Haarspitzen gelangt sein kann, sondern später von außen hinzugefügt worden sein muss. Höchstwahrscheinlich seien mit dem Konservierungsmittel Arsen auch jene Locken des Kaisers behandelt worden, die quasi als Reliquie aufbewahrt wurden.

Als alle dachten, damit sei Napoleons Tod geklärt, kochte der Streit Giftmord oder Magenkrebs abermals hoch. Es wurde nämlich Arsen auch im Inneren der Haare entdeckt und nicht nur auf deren Oberfläche. Dies lieferte den Anhängern der Mordtheorie neue Munition. Denn dieses Analyseergebnis bedeutet, dass das Gift durch das Blut befördert und somit durch die Nahrung in seinen Körper gedrungen war – oder durch die Atemluft? Dafür jedenfalls könnte ein Stück Wandtapete aus Napoleons Sterbezimmer die Erklärung liefern.

1825 hatte ein Souvenirjäger diesen Schnipsel ausgeschnitten, und als er auf Arsen untersucht wurde, staunten die Forscher. Das Ergebnis war ein Gehalt von 120 Milligramm Arsen pro Quadratmeter. Damit war die sogenannte Tapetentheorie geboren. Ihr zufolge starb Napoleon an der Farbe Grün …

Die These: Napoleon hatte sich beim Schreiben seiner Memoiren stundenlang in seinem Arbeitszimmer aufgehalten, das mit einer grünen Tapete ausgekleidet war. Hinter dem damals verwendeten Farbstoff steckten Kupfer-Arsen-Salze, die chemisch nur mäßig stabil waren. Drang Feuchtigkeit in den Raum, beschleunigte dies die Zersetzung des Kupferarsenit. Es entstand unter anderem gasförmiger Arsenwasserstoff. Das Einatmen dieser giftigen Verbindung könnte demnach für Napoleons Tod verantwortlich sein oder doch zumindest seinen Gesundheitszustand verschlechtert haben.

Doch kaum war diese Theorie in der Welt, kam auch schon Widerspruch. Der französische Toxikologe Pascal Kintz hatte durch aufwendige Laboruntersuchungen festgestellt, »dass es sich bei dem in Napoleons Haar vorhandenen Arsen zu 97 Prozent um mineralisches Arsen handelte und nicht um organisches, das in der damaligen Tapetenfarbe enthalten war«.

Wird also nie zweifelsfrei geklärt werden, woran Napoleon starb? Und überhaupt: Wer weiß, ob es sich bei den bonapartensischen Locken nicht um Falsifikate handelt? Dies könnte nur eine gentechnische Untersuchung klären. Doch dazu müsste man den Sarkophag seiner Majestät im Invalidendom zu Paris öffnen. Solange er verschlossen bleibt, werden zu den Zigtausenden Werken über den Korsen sicher noch weitere Spekulationen von Buchautoren hinzukommen.

Josef Scheppach, geboren in Krumbach, Schwaben, ist unter anderem seit 2024 Autor der SZ.

Der unbekannte Heiland

Im Monumentalfilm *Ben Hur* ist Jesus nur von hinten zu sehen. Über ein rätselhaftes Detail der Filmgeschichte.

von Fritz Göttler

Es gab eine Zeit, da war das Kino nicht zu bremsen. »Alle Legenden«, schrieb im Jahr 1927 Abel Gance, einer der großen enthusiastischen Stummfilmregisseure, die vor nichts zurückschreckten, »alle Legenden, alle Mythologien und alle Mythen, alle Religionsstifter, ja alle Religionen ... warten auf ihre belichtete Auferstehung, und die Heroen drängen sich an die Pforten.« Natürlich war auch Jesus in diesem Getümmel dabei, das in den folgenden Jahrzehnten kaum schwächer wurde – und jedes Jahrzehnt suchte sich dann seinen eigenen Jesus-Darsteller. Ende der Fünfziger war das Claude Heater, der intensive Erinnerungen hat an seine Jesus-Zeit – man musste ihm wohl glauben, wenn er 1992 dem *Marin Independent Journal* von seinen Erlebnissen beim Dreh erzählte: »Es gab Leute auf dem Set, die, wenn sie mich sahen, auf die Knie sanken und das Kreuzzeichen machten.«

Nur wenige werden mit dem Namen Claude Heater etwas anfangen können, er taucht in den Credits des Films, in dem er Jesus verkörperte, gar nicht auf: *Ben Hur*, 1959, einer der erfolgreichsten Hollywoodfilme der Geschichte, den Millionen Zuschauer in aller Welt sahen. Dass Christus hier eine große Rolle spielt, wird leicht vergessen, in Erinnerung bleiben die spektakulären Momente, das legendäre Wagenrennen, der erbarmungslose römische Imperialismus, der verzweifelte Konflikt zwischen den Jugendfreunden Ben-Hur und Messala. Aber: Der Roman, auf dem der Film basiert, von Lew Wallace, der einer der ganz großen Bucherfolge in Amerika wurde, hat einen vertrackten Untertitel: *Ben-Hur – A Tale of the Christ*.

Claude Heaters Jesus-Gesicht bekommt man im Film nie zu sehen, Jesus wird immer nur von hinten oder aus der Ferne in weiten Panoramaaufnahmen gefilmt. Oder sein Gesicht wird verdeckt von Wänden oder vom Kreuz, das er nach Golgatha schleppt. Es war seine einzige Rolle im Kino, seine Karriere hat Claude Heater auf den Opernbühnen der Welt gemacht, sie hat ihn auch nach Bayreuth geführt. Ein Christus, der zum Tristan wurde.

»Christus porträtieren, das ist ein wenig tricky und gruselig«, erklärte William Wyler, der Regisseur von *Ben Hur*, »er dürfte ja der bekannteste Mensch sein, der je gelebt hat.« Wylers Vorstellungen waren ein wenig abgehoben für einen Blockbuster, man sollte Jesus »sehen« in den Reaktionen der anderen Menschen auf ihn. Eine Phantomfigur. »Man meinte, man hätte ihn gesehen, seine Stimme gehört, aber nicht wirklich.« Claude Heater sang in den Fünfzigern auch auf den Bühnen Italiens, und dort sah ihn Henry Hennigson, Produktionsleiter von *Ben Hur* – der Film wurde in der Cinecittà in Rom gedreht. Hennigson war fasziniert und erzählte Wyler von der Entdeckung: tolle Stimme, wundervolles durchgeistigtes Gesicht.

»Vor allem«, erinnert sich Claude Heater, »waren sie an den Händen interessiert. Sie wollten starke, aber empfindsame Hände.« In der schönsten Szene des Films kommen diese Hände voll zum Einsatz. Da zieht Judah Ben-Hur (Charlton Heston) mit dem Trupp der Galeerensklaven durch Nazareth. Die Einwohner eilen herbei und versorgen die vom Marsch durch die Wüste erschöpften Männer mit Wasser. Der da nicht, raunzt ein Zenturio einen Mann an, der auch Judah Wasser reichen will; er greift nach dem Gefäß, trinkt selbst vor Judahs Augen, spuckt den Rest aus. Judah sinkt zu Boden, in grimmiger Verzweiflung: Gott, hilf mir. Zwei Hände mit einem Trinkgefäß kommen ins Bild, es ist Jesus, der das kühlende Wasser über Judahs Gesicht streicht. Er lässt ihn trinken, Judah schaut hoch.

Jesus rührt sanft mit den Fingerspitzen an die Judahs – das erinnert an die berühmte Szene Michelangelos von der Erschaffung des Menschen, sie ist zu sehen unter dem Vorspann des Films. »Ich hab doch gesagt ...«, dröhnt der Zenturio, aber da richtet Jesus sich auf – Claude Heater ist über 1,90 Meter groß – und schaut ihn an, der Zenturio stockt. Es ist wie im Western, wenn der fiese feige Schurke durch den Blick des Helden gelähmt wird. Die filmische Erzählung bricht auf, der Gegenschuss auf das Gesicht Jesu bleibt aus. Der Trupp zieht wieder los, Jesus steht in der Landschaft und blickt ihm nach. Ein mächtiges Mannsbild, ein ungewohnt viriler Heiland, kein Leidender wie bei anderen Christus-Darstellern.

Claude Heater wurde geboren am 25. Oktober 1927 in Oakland, Kalifornien, gestorben ist er am 28. Mai 2020. Er war Mormone, wirkte in seiner Jugend als Missionar. Er stand seiner Religion durchaus kritisch gegenüber, schrieb 2007 das Buch *Fatal Flaws of the Most Correct Book on Earth*. 1950 ging er nach New York, spielte am Broadway, ging zur Stimmausbildung nach Italien, sang neben Montserrat Caballé. Karajan holte ihn 1959 für zwei Jahre an die Wiener Staatsoper.

Obwohl Jesus in dem Hollywoodklassiker von 1959 eine zentrale Figur ist, erkennt man nie das Gesicht des Schauspielers, sein Name taucht nicht einmal im Abspann auf.

Anfang der Sechziger schulte Claude Heater seine Stimme von Bariton um auf Tenor, sang dann von 1964 bis 1968 an der Bayerischen Staatsoper in München. Er spielte in vielen Wagner-Opern, natürlich auch in Bayreuth. Nach dem Rückzug von der Bühne leitete er über dreißig Jahre ein Studio in San Francisco, wo junge Sänger ihre Stimme entwickelten.

Man hat Claude Heater in diversen Filmgeschichten immer wieder verspottet, als ambitionierten Kerl, der ans große Make-believe glaubte, aber von Hollywood ausgetrickst wurde. Ein Unsichtbarer der Kinogeschichte wider Willen. Der Jesus ist gewiss eine Nebenrolle, aber die Figur Claude Heater ist ungewöhnlich komplex – und wie ihre beiden konträren Momente, die Innerlichkeit von Jesus und das Bühnenpathos eines Heldentenors, zusammengehen, das bleibt eins der unerklärlichen kreativen Phänomene.

Der echte Popeye

Im Netz kursieren Fotos von Matrosen, die das Vorbild für die berühmte Comicfigur gewesen sein sollen. Doch wer war es wirklich?

von Carolin Werthmann

Offenbar wusste Frank »Rocky« Fiegel vor seinem Tod, dass er zum Vorbild für einen Comic-Helden geworden war. Aber dass aus seinem Gesicht und seiner Gestalt ein weltweites Popkulturphänomen werden würde, das Kinder irgendwann dazu brachte, Spinat zu lieben, konnte er nicht ahnen. Der Massenerfolg schwappte erst nach Fiegels Ableben 1947 über den Globus. Vielleicht hätte ihn dieser Erfolg auch gar nicht gekümmert. In der kleinen Welt des Frank »Rocky« Fiegel aus Chester, Illinois, im tiefsten Amerika am Mississippi River, gab es so etwas wie Erfolg nicht. Er hatte nicht einmal Geld für ein anständiges Grab, wurde zunächst anonym beigesetzt neben seiner Mutter, auf dem St. Mary's Catholic Cemetery in Chester. Heute steht auf dem Grabstein sein Name geschrieben, immerhin, jemand hat sich darum bemüht. Darunter eingraviert ist eine Zeichnung der Comicfigur Popeye. Frank »Rocky« Fiegel soll der echte Popeye gewesen sein.

Einige dürften sich erinnern, Stichwort Spinat: In der TV-Serie aus den Sechzigerjahren schluckt Popeye das grüne Zeug runter wie Bier und wird so stark, dass er seinen strunz-

Pfeife im Mundwinkel, Stirnrunzeln und ein zugekniffenes Auge: Zwischen Frank »Rocky« Fiegel und dem echten Popeye gibt es einige verblüffende Ähnlichkeiten.

blöden, aber monstergroßen Konkurrenten Bluto mit dem kleinen Finger k. o. schlägt. Popeye-Erfinder Elzie Crisler (E. C.) Segar soll in seiner Jugend Frank »Rocky« Fiegel begegnet und so beeindruckt von dessen Erscheinung gewesen sein, dass er sich später davon für Popeye inspirieren ließ. Segar ist in Chester aufgewachsen, die Gemeinde war klein, sie ist es heute noch. Die Leute kannten sich. Aber ist Frank »Rocky« Fiegel wirklich der, für den ihn alle halten?

In den vergangenen Jahren tauchte in den sozialen Netzwerken immer wieder ein Foto auf, das die Debatte um den »echten Popeye« überhaupt erst aufleben ließ. Zu sehen ist ein junger Mann mit verknautschtem Gesicht, Pfeife im Mund, Seemannsmütze und wenig Haaren. Das genügte eifrigen Twitter-Nutzern, um zu behaupten, der Kerl sei Popeye. Mit ein wenig Recherche kann das widerlegt werden. Das Foto ist auf der Website des Imperial War Museum in London zu finden und zeigt einen namenlosen Matrosen zur Zeit des Zweiten Weltkriegs. Popeye gibt es aber schon länger.

Interessanter hingegen ist ein alter Zeitungsartikel der *Southern Illinoisan*, datiert auf den 8. April 1979. »Chester Man accepted as real-life Popeye was a brawler, loved kids«, heißt es da in der Überschrift, die im Deutschen etwa lauten könnte: »Mann aus Chester, der als echter Popeye gilt, war ein Raufbold und liebte Kinder.« Bebildert ist der Artikel mit dem unscharfen Foto eines glatzköpfigen älteren Herrn im Hemd, mit Pfeife im Mundwinkel, zugekniffenem Auge und Runzeln im Gesicht. Das also ist Frank »Rocky« Fiegel. Ein Gelegenheitsjobber, ein herziglicher Chaot, so beschreibt ihn der Autor. »Rocky« Fiegel verzettelte sich öfter in Schlägereien, aber nur, um für Ordnung zu sorgen. Manchmal lungerte er einfach nur auf den Straßen von Chester herum, ein ewiger Single, der bei seiner Mutter lebte, bis sie starb. Die Einwohner von Chester nahmen ganz selbstverständlich an, dass Fiegel die Inspiration für Popeye gewesen sein muss. Diese Ähnlichkeit sei doch verblüffend.

Popeye, der leicht untersetzte Matrose mit den zu kurzen Beinen und den ungesund dicken Unterarmen, war ursprünglich nur als Nebenfigur gedacht und erschien erstmals 1929 in der Serie *Thimble Theatre* (Fingerhutbühne) von E. C. Segar, abgedruckt im *New York Journal*. Segar hatte zuvor für den *Chicago Herald* gearbeitet und Charlie-Chaplin-Cartoons gezeichnet. In New York ließ er nun seine Comicfigur Olive Oyl, eine groß gewachsene Schwarzhaarige, in jener entscheidenden Folge mit ihrem Bruder und ihrem Freund nach einem fähigen Seemann suchen. Auftritt Popeye. »Bist du ein Matrose?«, fragt das Trio ihn. »Seh ich aus wie 'n Cowboy?«, antwortet Popeye.

Fortan konzentrierte sich E. C. Segar vor allem auf Popeye, zumindest so lange er konnte. Segar starb 1938 mit Anfang vierzig an Leukämie und hinterließ seinen Nachfolgern ein Erbe, das vor allem durch das Massenmedium Fernsehen Anfang der Sechziger zur Goldgrube wurde und Popeye internationalen Ruhm bescherte. Popeye-Skulpturen, Popeye-Düfte, Popeye-Nintendospiele, Popeye-Musical – anything goes. Heute gibt es immer noch Popeye-Comics, vor allem online. 2022 kündigte die Produktionsfirma King Features Syndicate an, einen neuen Zeichner beauftragt zu haben, um die Kultfigur weiterleben zu lassen. Oder eher, um sie zu modernisieren. Fans scherzen schon: Popeye macht von nun an bestimmt nur noch Yoga und verliebt sich in seinen Rivalen Bluto.

Tatsächlich verzichtet Popeye in den Comics nur selten auf die Gelegenheit, sich zu kloppen. Aber nur, weil seine geliebte Olive Oyl ständig in Gefahr gerät und um Hilfe schreit. Popeye ist eine Figur mit dem Herzen am richtigen Fleck, betonen Fans immer wieder. Das haben die Menschen aus Chester auch über Frank »Rocky« Fiegel erzählt.

Es gibt eine Folge, da sagt Popeye zu seinem Ziehkind Swee'pea, er sei früher so hässlich gewesen, dass nicht mal die Haie im Meer ihn haben fressen wollen. Und es stimmt ja auch, Popeye ist nicht schön, noch nicht einmal sonderlich intelligent, er hat einen Sprachfehler, bei dem Helikopter-Eltern heutzutage den Fernsehsender anrufen und sich beschweren würden, was da bitte ihren Kindern vorgesetzt wird. Popeye war ein früher Antiheld, kein göttergleicher Henry-Cavill-Superman mit Sixpack und Blend-a-med-Zahnpastalächeln. Ein Typ, den man auf den ersten

Blick übersehen würde. Wie Frank »Rocky« Fiegel, der bescheiden lebte und sich nicht einmal sein eigenes Grab leisten konnte – und dank Popeye und E. C. Segar doch noch berühmt wurde.

Der Heimatlose

Über das Leben von Walther von der Vogelweide ist fast nichts bekannt.

von Willi Winkler

Zu seinen Füßen versammeln sich in Bozen gelegentlich Impfgegner und Separatisten. Ihm tut's nichts, er steht da, wie er seit 1889 dasteht, ein Symbol für ein kaum mehr verständliches Gestern. Bei der Einweihung schrieb damals eine Wiener Zeitung: »Am Standbild Walthers auf dem Johannisplatze hält der deutsche Geist Wache.« Wo sich die »Macht der einschmeichelnden italienischen Laute« bereits bis in das Weichbild Bozens erstrecke, wie die *Neue Freie Presse* überfremdungsängstlich klagte, demonstrierte der marmorne Dichter für die Zeitgenossen, dass Deutschland wirklich vom Belt bis hinunter an die Etsch reichte.

Ganz in der Nähe, in Lajen im Eisacktal, soll dieser Walther geboren sein, der Flurname Vogelweide ist dort mehrfach belegt, Walter mit oder ohne h ein guter, deutscher Name, warum also nicht? Ignaz Vinzenz Zingerle war überzeugt, dass der Vogelweider ein Tiroler war. Dem Innsbrucker Professor für deutsche Sprache und Literatur gelang es 1874 sogar, die zu einer Tagung aus allen deutschen Gauen herbeigeeilten germanistischen Ordinarien zu einer Exkursion nach Lajen zu bewegen, wo der Vogelweiderhof stand, der mittels einer Gedenktafel flugs zum Geburtshaus des Dichters erhoben wurde.

Zu Beginn des 19. Jahrhunderts wird das Mittelalter neu erfunden. Die Reichswerdung wird vorbereitet und eingeleitet durch viel Kultur, je älter, desto besser und deutscher. Der Kölner Dom wird endlich fertig gebaut, die Germanistik entsteht, die Handschrift des Nibelungenliedes wird entdeckt, und aus Ritterspielen wird Richard Wagner. Walther passt da nicht hinein, aber er wurde passend gemacht.

Wenn er in seiner Elegie »Ôwê war sint verswunden alliu miniu jâr« nicht nur seine verschwundene Jugend beseufzt, lässt sich das Reimpaar »bereitet ist daz velt, verhouwen ist der walt« ohne Weiteres als öko-fundamentalistisches Klagelied interpretieren. Die deutschnationalen Tiroler verstanden die darauffolgende Metapher »wan daz daz wazzer fliuzet, / als ez wîlent flôz, / für wâr, ich wânde, / mîn ungelücke wurde grôz« (in der Nachdichtung von Peter Rühmkorf: »Wenn da nicht noch Wasser strömte / wo es immer floss / wahrlich, mein Unglück schiene übergangslos«) nicht nur als Ausdruck für das Heimweh des Vogelweiders, sondern als Beleg dafür, dass mit dem Wasser, das da strömen sollte, der Eisack (italienisch: Isarco) gemeint sein musste. Walther war ein Tiroler, er musste einer sein.

Wenig ist bekannt über den Minnesänger Walther von der Vogelweide, immerhin steht fest, dass er vor 800 Jahren gelebt, gedichtet, gesungen hat. Wenn nicht aus Tirol, könnte er aus dem österreichischen Waldviertel stammen oder aus dem Fränkischen. Bestimmt war er ein Emporkömmling, kein Adliger, einer der Ersten, dem die Kunst den Aufstieg in die besseren Kreise ermöglichte, im streng hierarchischen Mittelalter keine kleine Leistung. Nach Dichterart schlug er sich durch, suchte sich beliebt zu machen am Wiener Hof, wo er bei Reinmar lernte, wie der »hövesche sanc« so klang, dass er den Ohren der Herren schmeichelte und das eine oder

Der Dichter als Denker: Darstellung von Walther von der Vogelweide (circa 1300).

andre Honorar abwarf. »Ze Ôsterrîche lernt ich singen unde sagen«, wird er später sagen, und bei Hermann von Thüringen erhielt er eine Zeit lang sein Auskommen. Sonst arbeitete er sich von Hof zu Hof, politisierte, kritisierte, sang.

Ganz bestimmt hatte er mit Passau und dem dortigen Bischof zu tun, der auch als Mäzen des bis heute unbekannten Autors gilt, der das Nibelungenlied gedichtet hat. In den Reiserechnungen dieses Bischofs Wolfger von Erla findet sich unter dem 12. November 1203 ein Honorar in Naturalien: »Walthero cantori de vogelweide pro pellicio v solidos longos«, dem Spielmann Walther von der Vogelweide werden für einen Pelzrock fünf Schillinge ausgefolgt.

Der Künstler musste betteln und sich im Zweifel auch zum Narren seiner Herren machen. Dankbar musste er sein, wenn sich hinter der Küche, aber doch in Reichweite der mitleidigen Mägde, ein Winterquartier fand. Walther dankte und lernte dabei und dichtete ganz unhöfisch das Lied aller Liebeslieder, von den vertrockneten Literaturgeschichtlern der »niederen Minne« zugeordnet, weil es da so freizügig wie sonst nirgends in zeitgenössischer Poesie zugeht: »Under der linden / an der heide / dâ unser zweier bette was, / da muget ir vinden / schône beide / gebrochen bluomen unde gras. / Vor dem walde in einem tal, / tandaradei / schône sanc diu nahtegal.« Der fahrende Sänger ist es nicht, ein Mädchen singt von dieser Geschichte unterm Lindenbaum, und es ist wirklich Liebe und keine Tragödie wie später beim armen entehrten Gretchen.

Nicht einmal wo der größte deutsche Dichter starb und begraben liegt, ist bekannt. Er beschimpfte die Klerisei, soll aber ausweislich einer Tafel dort begraben liegen im Kreuzgang des Würzburger Neumünsters. Jedenfalls ist dort für eine Vogeltränke gesorgt, die Vögel waren seine Musen. Ob's aber stimmt?

»Ich saz ûf einem steine«, hebt Walthers melancholische Rede an, in der er nach Dichterart überlegt, wie man richtig leben solle. »Dô dahte ich bein mit beine. / dar ûf satzt ich mîn ellenbogen; / ich hete in mîne hant gesmogen / daz kinne und ein mîn wange. / dô dâhte ich mir vil ange, / wie man zer welte solte leben. / deheinen rât kond ich gegeben« – und weiß ehrlicherweise doch keinen Rat. Ein überraschendes Asyl fand der Heimatlose im letzten Text von Samuel Beckett, *Stirrings Still.* Beckett variiert diese Position, die zu Walthers Markenzeichen geworden ist. Wo sich kein Stein fand, um wie Walther mit gekreuzten Beinen drauf zu sitzen, bleibe ihm nur, wie erstarrt stehen zu bleiben. Die Dichter wissen es also auch nicht besser, aber sie bemühen sich um Haltung.

Die Unbekannte aus der Seine

Die Totenmaske einer ertrunkenen Pariserin inspirierte viele Schriftsteller und Musiker. Doch bis heute wird gerätselt, wer die geheimnisvolle Frau wirklich war.

von Josef Schnelle

Zum Wochenendvergnügen fast im Stile einer Jahrmarktsattraktion gehörte um 1900 in Paris für viele der Spaziergang mit der Familie zur Leichenhalle, die am Quai de l'Archevêché lag, gleich hinter Notre-Dame. Tausende Besucher besichtigten mit morbidem Gruseln die dort ausgestellten unbekannten Leichen, die doch nur identifiziert werden sollten. In diesem Gewusel muss sich wohl zugetragen haben, was zu der Legende von der »Unbekannten aus der Seine« geführt hat, mit all ihren Folgen.

Ein Pathologe war von der Schönheit einer jungen Frau – vermutlich eine Selbstmörderin, deren Leiche aus der Seine geborgen wurde – angeblich so fasziniert, dass er unmittelbar einen Gipsabdruck ihres Gesichts nahm. Das war nicht ungewöhnlich, denn die Antlitze der Verstorbenen vermoderten schnell. Mithilfe des Abdrucks konnte aber noch etwas länger danach geforscht werden, um wen es sich bei der Leiche gehandelt haben mochte. Doch diese Totenmaske, von der rasch immer neue Replikate und Fotografien hergestellt wurden, hatte etwas Besonderes an sich: das zarte, fast glück-

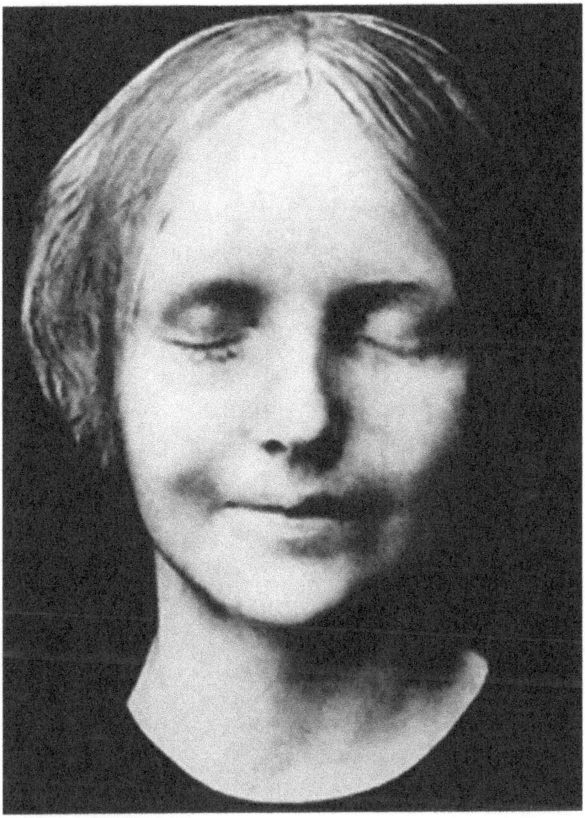

Das mysteriöse Lächeln machte den Gipsabdruck der Toten, die um 1900 starb, zu einem Kultobjekt der Pariser Künstlerszene.

selige Lächeln einer »ertrunkenen Mona Lisa«, wie es Albert Camus viel später einmal genannt hat.

Bald wurde diese ungewöhnliche Plastik massenhaft reproduziert, in dieser Nachbildung erhielt die junge Ertrunkene die Frisur eines Ladenmädchens. Ihre geschlossenen Augenlider wirkten, als könnten sie jeden Moment aufspringen. Mit ihrem Lächeln und ihrem besonderen Gesichtsausdruck wurde die geheimnisvolle »Unbekannte aus der Seine« zu einem Kultobjekt, das bald in Künstlerkreisen und bei der Pariser Bohème als Einrichtungsgegenstand zum guten Ton gehörte und lange in deutschen und französischen Stuben hing.

Dazu trugen die Literaten entscheidend bei. Der Lyriker Rainer Maria Rilke lässt den Protagonisten seines einzigen Romans *Die Aufzeichnungen des Malte Laurids Brigge* noch 1910 schwärmen: »Der Mouleur, an dem ich jeden Tag vorüberkomme, hat zwei Masken neben seiner Tür ausgehängt. Das Gesicht der jungen Ertränkten, das man in der Morgue abnahm, weil es lächelte, weil es so täuschend lächelte, als wüßte es.« Die Rede ist von der Gipswerkstatt Lorenzi in der Rue Racine 19, die zu dieser Zeit mit der Massenfabrikation der ikonischen Maske begonnen hatte.

Totenmasken wurden eigentlich nur von berühmten Persönlichkeiten vervielfältigt, mit denen man sich zutiefst verbunden fühlte. In diesen Kreis stieß die Ertrunkene allein durch ihre Rätselhaftigkeit vor. In Reinhold Conrad Muschlers Erfolgsnovelle *Die Unbekannte* von 1934 wird der jungen Frau zwar eine melodramatische unglückliche Liebesgeschichte angedichtet, doch sie selbst weiß um die Besonderheit des Reizes ihrer Rolle und bekennt: »Es soll niemand wissen, wer ich bin.« Zuvor hatte der Dramatiker Ödön von Horváth die Geschichte verarbeitet, und in Claire Golls Kurzgeschichte führt schon der Anblick der Maske zum Herzstillstand. Musikstücke wie »Reflets dans l'eau« von Claude Debussy und populäre Chansons wie »An eine Totenmaske« von Hilde Körber verstärkten bis in die Vierzigerjahre hinein weiter den Mythos der »toten leise lächelnden Lippen«. Besondere Faszination übte die Unbekannte auf die Surrealisten aus. Louis Aragon verewigte sie in seinem Roman über den Maskenbesitzer *Aurélien*, und Man Ray schuf dazu als Illustration eine Serie von geheimnisvollen Fotografien.

Nur selten und erst in jüngster Zeit tauchten Zweifel daran auf, ob ein solches Antlitz überhaupt von einer Wasserleiche stammen kann. Die tatsächlichen Gesichter Ertrunkener wirken nämlich eher nicht besonders friedvoll, das bestätigen auch heutige Notfallmediziner. Michel Lorenzi, ein Nachfahre des Maskenherstellers, vermutet in einem Interview, dass hinter dem rätselhaften Lächeln ob seiner ikonografischen Präzision ein professionelles Model stecken müsse. Eine Theorie, die auch im Katalog einer Ausstellung von Totenmasken im Musée d'Orsay (»Le Dernier Portrait«) vertreten wird. Die Literaturwissenschaftlerin Elisabeth Bronfen will sogar in ihrer Studie *Nur über ihre Leiche. Tod, Weiblichkeit und Ästhetik* einen Hamburger Gipsfabrikanten ausfindig gemacht haben, der das schöne Gesicht seiner lebendigen Tochter als Unbekannte aus der Seine verewigt hat.

Der Kult um den schönen, romantischen Tod, um die Wasserleiche, die uns aus dem Jenseits zulächelt, findet allerdings noch eine äußerst diesseitige Fortsetzung in Form der »Resusci-Anne«, die seit 1960 in Erste-Hilfe-Kursen verwendet wird. Zunächst hatte der Arzt Peter Safar stark betäubte Freiwillige als Schulungsmodelle für Wiederbelebungstechniken benutzt. Aber das war ebenso ineffektiv wie eine Puppe ohne Gesicht, bis der norwegische Hersteller von Gummispielzeug Asmund Laerdal eine Lösung fand. Er verlieh seiner Rettungspuppe, die das Unternehmen bis heute produziert, das Antlitz der »Unbekannten aus der Seine« samt Lächeln. Seither haben Millionen Menschen tatsächlich versucht, sie wiederzubeleben und sie buchstäblich wach zu küssen.

Die letzte Klappe

Der Erfinder Louis Le Prince drehte die ersten Filme der Welt. Doch bevor er bekannt wurde, verschwand er unter mysteriösen Umständen.

von Florian Welle

Drei Filme, dreimal ein Blick in längst vergangene Tage. Ein Teenager spielt vor einem Hauseingang Akkordeon. Der nächste zeigt zwei Männer und zwei Frauen in einem sonnendurchfluteten Garten, die sich im Kreis drehen. Schließlich eine Brücke, auf der Kutschen dahinzockeln.

Jeder der Filme, die Louis Le Prince im Oktober 1888 im englischen Leeds aufgenommen hat, dauert nur wenige Sekunden. Im Internet kann man sie, mitunter zu Schleifen geschnitten, bestaunen. Und doch hat es mit *Accordeon Player, Roundhay Garden Scene* und *Traffic Crossing Leeds Bridge* seine besondere Bewandtnis. Diese Filme, von Le Prince mit einer selbstgebauten Einlinsenkamera gedreht, sind nichts weniger als die ersten der Geschichte.

Das Problem ist nur: Die wenigsten kennen bis heute ihren Urheber und halten daher eher die Brüder Lumière für die alleinigen Erfinder des Films. Dabei tüftelten damals etliche Konkurrenten fast gleichzeitig an jener Technologie, die schon bald Kino genannt werden sollte: Thomas Alva Edison in den Vereinigten Staaten, Étienne-Jules Marey in Frankreich und Ottomar Anschütz in Deutschland, um nur einige zu nennen.

Erst in jüngerer Zeit rückte Louis Le Prince durch Marente de Moors Roman *Aus dem Licht* und David Wilkinsons Dokumentation *The First Film* stärker ins Zentrum der Aufmerksamkeit. Zuvor war es vor allem Christopher Rawlence, der sich mit seinem Buch *The Missing Reel* von 1990 auf die Fährte des gebürtigen Franzosen gesetzt hatte, den damals außerhalb von Leeds niemand mehr so richtig zu kennen schien.

Aber warum ist Le Prince so lange eine Randfigur in der Filmgeschichte geblieben? Wohl vor allem deshalb, weil er nie die Meriten für seine Erfindungen auf dem Gebiet der Kinematografie einheimsen konnte, die ihm unter normalen Umständen zugefallen wären. Der Erfinder verschwand nämlich unter bis heute ungeklärten Umständen, nachdem er sich am 16. September 1890 in Dijon von seinem Bruder Albert verabschiedet und den Zug in Richtung Paris bestiegen hatte. Anschließend wollte er in seine Wahlheimat Amerika zurückkehren, um seine Errungenschaften erstmals öffentlich vorzuführen. Doch er kam nie dort an. Breit angelegte Suchaktionen der französischen Polizei, von Scotland Yard und der Familie verliefen ohne Erfolg. Schließlich erklärte man ihn im Jahr 1897 offiziell für tot.

Louis Aimé Augustin Le Prince kam 1841 oder 1842 in Metz als Sohn eines Offiziers zur Welt, der mit dem Fotopionier Louis Daguerre befreundet war. Er besuchte Schulen in Brügge und Paris und studierte anschließend in Leipzig Chemie. 1866 machte er die Bekanntschaft von John Whitley, der ihn überredete, mit nach Leeds zu kommen, wo sein Vater Joseph eine Messinggießerei besaß. Louis stieg als Teilhaber bei Whitley Partners ein und heiratete 1869 Johns Schwester Elizabeth, eine Kunstlehrerin.

1882 wanderte die Familie nach New York aus. Louis begann für Theodore Poilpot zu arbeiten, mit dem er riesige Panoramabilder entwarf. Zur selben Zeit, angeregt von der Reihenfotografie Eadweard Muybridges, begann er mit bewegten Bildern zu experimentieren. Allein nach Europa zurückgekehrt, mündeten seine Versuche 1887 in den Bau einer Sechzehnlinsenkamera, die allerdings nur verwackelte Aufnahmen lieferte.

»Le Prince' Absicht war es«, schreibt Christopher Rawlence über den immer besessener arbeitenden Bastler, »bewegte Bilder von aus dem Leben gegriffenen Szenen zu produzieren. Sein Ausgangspunkt war das Showbusiness – sein Wunsch, das Erlebnis der Panoramen noch zu steigern.« Ein Jahr später schon war die Einlinsenkamera fertig, mit der er seine ersten und leider auch letzten Filme drehte.

Alle drei Filme verraten das geschulte Auge, das sich der Möglichkeiten der neuen Technik bewusst ist. Da zieht der sechzehnjährige Adolphe Le Prince für seinen Vater als Akkordeonspieler eine Show ab. Da ist der erhöhte Standpunkt, von dem aus Le Prince den Verkehr auf der Leeds Bridge in den Blick nimmt. Und da ist die Choreografie, mit der er die Gartenszene festhält. Wieder ist Adolphe mit von der Partie. Im dunklen Anzug steht er neben einer Freundin des Hauses, sie im hellen Reifrock. Daneben Le Prince' Schwiegermutter, die etwas Schwarzes anhat, während ihr Mann einen hellen Mantel trägt, der zu fliegen beginnt, sobald sich alle, zwischen Unschuld und Unsicherheit schwankend, zu drehen anfangen.

Gleichzeitig ist der »Roundhay Garden Scene« eine Tragik eingeschrieben, von der ihre Protagonisten nichts ahnen. Zehn Tage nach dem Dreh wird die Schwiegermutter am 24. Oktober 1888 sterben. Knapp zwei Jahre später

1888 filmte der Franzose Louis Le Prince mit einer selbstgebauten Kamera die ersten bewegten Bilder.

verschwindet Le Prince und sorgt damit bis heute für viele Spekulationen. Hat er Selbstmord begangen, weil er sich mit seinen Experimenten hoch verschuldet hatte? Aber warum sollte er dies so kurz vor einem möglichen Durchbruch tun? Steckte Edison dahinter, der unbedingt das Wettrennen um die Erfindung der Kamera für sich entscheiden wollte und einen Auftragsmörder anheuerte, wie mancher vermutet?

Zwar kannte der Amerikaner kaum Skrupel, wenn es um Erfindungen ging – aber dafür morden zu lassen?

Oder wurde Le Prince das Opfer eines Raubmordes? Immerhin tauchte 2003 ein Foto von 1890 auf, das eine aus der Seine gezogene Leiche zeigt, die dem Erfinder ähnlich sieht. Die Wahrheit wird wohl nie ans Licht kommen.

Magische Knochen

Kurz nach seinem Tod wurden die Gebeine des hawaiianischen Königs Kamehameha I. versteckt. Das hatte einen ungewöhnlichen Grund.

von Niccolò Schmitter

Es scheint ein fast schon ureigenes Merkmal des Menschen zu sein: Den eigenen Angehörigen widmet er eine Ruhestätte, die so prominent und pompös sein soll, wie es der eigene Status zulässt. Ein Denkmal an das Leben des oder der Verstorbenen. Man denke nur an die Pyramiden der alten Ägypter, die nabatäische Felsnekropole in Petra oder auch die Grabtürme von Sillustani im heutigen Peru. Quer durch die Kulturen werden die Verstorbenen aufwendig bestattet.

Doch bei den polynesischen Ureinwohnern der hawaiianischen Inseln ist das anders. Der bekannteste aller Hawaiianer ist Kamehameha der Große, erster Regent des Königreichs Hawaii. Er ist eine von Mythen umrankte Persönlichkeit, war schon zu Lebzeiten eine Legende. In den meisten Kulturen läge ein Mensch von einer solchen Prominenz in einem stattlichen Mausoleum. Nicht jedoch auf Hawaii, dort weiß niemand, wo Kamehameha begraben wurde. Das entspricht der hawaiianischen Tradition.

Mythen begleiteten den zukünftigen König zeit seines Lebens. Irgendwann zwischen 1753 und 1760 geboren, schwebte er offenbar kurz nach seiner Geburt bereits in Lebensgefahr. Alapa'inui, sein Großonkel und damaliger Häuptling der Insel Hawaii, spürte angeblich, dass ihm der Säugling einmal gefährlich werden sollte, und plante ein Attentat. Kamehamehas Mutter versteckte das Kind fünf Jahre lang, bis es keinen Anschlag mehr auf sein Leben zu befürchten hatte. Als nun akzeptierter Teil der lokalen Nobilität durchlief der Junge eine Ausbildung zum Krieger und entdeckte seine Berufung zum Anführer. Mit nur vierzehn Jahren gelang es ihm angeblich, den aus vulkanischem Stein bestehenden Naha-Felsen mit bloßen Händen umzukippen. Der Legende nach sollte der Mann, dem dies gelänge, die Kraft erhalten, alle hawaiianischen Inseln unter seiner Führung zu vereinen. Eine Prophezeiung, an deren Verwirklichung Kamehameha unermüdlich arbeitete.

Ein 1782 durch Erbfolgestreitigkeiten ausgelöster Bürgerkrieg hievte ihn an die Spitze einer der rivalisierenden Fraktionen. Nach neun Jahren blutigen Konflikts durfte er sich Herrscher über die Insel Hawaii nennen. Schon bald richtete er seinen Blick auf die anderen sieben Inseln, von denen fünf unter der Kontrolle des Häuptlings Kahekili standen. Die Anhänger der Prophezeiung werden sich bestätigt gesehen haben, als Kahekili starb und sein Herrschaftsgebiet in einem Bürgerkrieg versank. Mit einem starken Heer setzte Kamehameha über und gliederte die geschwächten Inseln schrittweise in sein neues Reich ein. Nach einem erfolgreichen Feldzug rief er 1795 das Königreich Hawaii aus.

Als Kamehameha I. bewies er in Staatsangelegenheiten ein ähnliches Geschick wie bei seinen Eroberungen. Er animierte seine Untertanen zum Wiederaufbau des Landes und trieb die Entwicklung einer diversifizierten Land- und Viehwirtschaft an – bei der Feldarbeit packte der König sogar selbst mit an. Dazu intensivierte er die Handelsbeziehungen mit den Kolonialmächten und China und nutzte dabei geschickt Hawaiis Transitlage im Pazifik.

Der Aufbau einer Wirtschaft nach westlichem Vorbild stellte zwar den Modernisierungsdrang des Königs zur Schau, im Herzen blieb er jedoch ein Traditionalist. Kamehameha setzte das veraltete Kapu-System durch, einen Verhaltenskodex, der das Leben der Hawaiianer bis ins Detail vorschrieb. Dieses angeblich von den Göttern geschaffene System sollte das Mana der Bevölkerung bewahren: spirituelle Macht, die nach der polynesischen Glaubensvorstellung die gesamte Welt durchzog. Als Kamehameha I. 1819 starb, wurde sein Leichnam nach der Tradition des Hunakele, also einzeln und an einem geheimen Ort, bestattet. Je größer die Bedeutung eines Menschen zu Lebzeiten war, desto mehr Mana sollte sich in seinen sterblichen Überresten ansammeln. Ein Mana, das es zu schützen galt, insbesondere bei einer unvergleichlich einflussreichen Persönlichkeit wie Kamehameha.

Eine Entweihung der Knochen musste um jeden Preis vermieden werden. Der Erzählung nach sind in einer düsteren Nacht Kamehamehas engste Vertraute Ho'olulu und Hoapili mit einem Kanu aufs Meer hinausgefahren, um bei Ebbe in eine sonst unzugängliche Höhle an der Küste zu gelangen, wo sie die Gebeine ihres Königs verwahrten. Beide schwiegen über die letzte Ruhestätte des hawaiianischen Gründervaters. Kamehameha III., Sohn des Königs und dessen zweiter Nachfolger, überzeugte Ho'olulu aber angeblich, ihm das Grab zu zeigen. Auf halbem Weg brachen sie ihre Mission jedoch ab, denn Ho'olulu hatte angeblich gesehen, wie sie verfolgt wurden. Ob er gelogen hatte, um die Ruhestätte nicht zu entweihen, oder Kamehameha III. die Geschichte erfunden hat, bleibt bis heute Spekulation.

Auch der letzte König Hawaiis, Kalakaua, war am Grab hochinteressiert. Er lancierte Ende des 19. Jahrhunderts eine Mission, die tatsächlich Knochen aus einer Höhle barg, doch es wurde stark angezweifelt, ob es die Überreste Kamehamehas waren – es konnte bis heute nicht bewiesen werden. Laut einer anderen Legende sind seine Knochen in der Höhle der Kihawahine, einer weiblichen Gottheit, halb Frau, halb Drache, in Sicherheit. Andere meinen, sie seien auf der Insel Maui in der tiefen Schlucht des Iao-Tals vergraben worden. Während viele unterschiedliche Geschichten noch heute auf den Inseln kursieren, schiebt ein gängiges Sprichwort der Legendenbildung einen Riegel vor: »Nur die Sterne des Himmels kennen die Ruhestätte von Kamehameha.«

Niccolò Schmitter, geboren in München, schreibt unter anderem seit 2018 in der SZ.

Der letzte Flug

Warum stürzte der französische Schriftsteller und Pilot Antoine de Saint-Exupéry 1944 mit seiner Maschine ins Mittelmeer?

von Rudolf von Bitter

Als der Fischer Jean-Claude Bianco am 7. September 1998 in seinem Netz ein Silberarmband mit der Aufschrift »Antoine de Saint-Exupéry (Consuelo), c/o Reynal and Hitchcock Inc., 386 4th Ave NYC« fand, verbreitete sich die Nachricht wie ein Lauffeuer. Es war das Armband des Abenteurers und Flugpioniers, des berühmten Autors enorm erfolgreicher Fliegerbücher und des Märchens *Der kleine Prinz*. Consuelo war der Name seiner Frau, die Adresse war die seiner amerikanischen Verleger – möglicherweise war es deren Geschenk. Wie ein Sprecher einer Bergungsgesellschaft ausführte, hatten sich in dem Netz außerdem noch zwei Trümmerteile einer Lightning P-38 gefunden, also des Flugzeugtyps, mit dem Saint-Exupéry am 31. Juli 1944 um 8.45 Uhr vom korsischen Bastia-Borgo zu einem Aufklärungsflug über das französische Alpengebiet um Grenoble und Annecy abgeflogen war. Die Landung der Alliierten in der Provence, nach der in der Normandie, stand unmittelbar bevor und begann am 15. August. Um dreizehn Uhr war der berühmte Pilot immer noch nicht zurück. Die Funkrufe blieben ohne Antwort, um 15.30 Uhr gab man ihn auf.

Dass der 44-Jährige überhaupt Einsätze fliegen durfte, verdankte er einer Sondererlaubnis des kommandierenden US-Generals Eaker. Fünf Einsätze waren genehmigt, dies war der achte. Saint-Exupéry war deutlich älter als die anderen Piloten, er war beleibt, sodass er sich ins Cockpit quetschen und es von außen schließen lassen musste, und seine Flugerfahrungen hatte er mit Doppeldeckern gemacht. Die aus den Knochenbrüchen früherer Bruchlandungen resultierenden Bewegungseinschränkungen waren ein weiteres Handicap.

Nach dem spektakulären Fund ließ sich der Absturzort ungefähr lokalisieren: in der Umgebung der Insel Riou, südlich der Calanques bei Marseille. Im Zeitraum von 1943 bis 1944 stürzten vierzig Lightnings P-38 im Süden Frankreichs ab. Aber deren Wrackteile lagen weit von der neuen Fundstelle entfernt.

Nach dem Krieg begannen Unterwasserarchäologen und Hobbytaucher mit der Suche. Zwei Spezialisten wurden fündig: Lino von Gartzen aus Berg am Starnberger See und Luc Vanrell, der seit Jahrzehnten in Südfrankreich tauchte. Vanrell suchte systematisch rund um die Fundstelle des Armbands und stieß im Mai 2000 tatsächlich in siebzig Metern Tiefe auf Wrackteile einer Lightning P-38, mit der Seriennummer der Maschine, die Saint-Ex, wie man ihn gerne nennt, am Tag des Verschwindens geflogen hatte.

Was noch fehlte, war die Absturzursache. Lino von Gartzen berichtet im Interview von 1200 Rechercheanrufen bei noch lebenden Piloten der deutschen Jägerstaffel 200. Rückblickend sagte Vanrell 2014 im Bayerischen Fernsehen: »Viele haben später versucht, an seinem Ruhm teilzuhaben. Aber nur Saint-Exupéry ist der Held.«

Damit hatte es schon in den Siebzigerjahren angefangen, als im *Landser*-Heft von einem Brief des Piloten Robert Heichele berichtet wurde, der sich am 31. Juli 1944 einen siegreichen Luftkampf mit Saint-Exupéry geliefert habe. Allein, der Franzose war auf einem Aufklärungsflug, anstelle von Kanonen hatte er Kameras an Bord. Und das Bundesarchiv-Militärarchiv nenne von Heichele keinen einzigen Luftsieg, merkt Carly Courtney in *Disciples of Flight* an.

Viel geschickter war Horst Rippert. Er hatte sich die Geistesgegenwart des Kampfpiloten bewahrt und beantwortete von Gartzens Anruf so: »Sie können aufhören zu forschen. Ich habe Saint-Exupéry abgeschossen.« Im *SZ*-Interview erzählt von Gartzen weiter: »Gemeinsam mit meinem französischen Kollegen Luc Vanrell habe ich Ripperts Aussagen dann mit weiteren Details rund um das Wrack, allen Zeugenaussagen und den wenigen existierenden Dokumenten abgeglichen. Und wir haben für jedes von Rippert geschilderte Detail eine eindeutige Entsprechung gefunden.« Rippert sagte, Saint-Exupéry in seiner Jugend gelesen zu haben, und ernannte sich postum zu dessen väterlichem Freund. Seine Aussage solle auch einen Makel in der Biografie seines Idols tilgen: das Gerücht über einen möglichen Suizid. Merkwürdig nur, dass er so lange Zeit gar nichts davon erzählt habe, wunderten sich Ripperts Kameraden über dessen frisch gewonnenes Erinnerungsvermögen. Schließlich sei der Fall Saint-Exupéry immer wieder mal Gesprächsthema gewesen, aber von Rippert nie ein Wort davon.

Für den ehemaligen Luftwaffenpiloten hatte die Aussicht, über das nahende eigene Ende hinaus präsent zu bleiben, wohl ihre Verlockungen. Ripperts jüngerer Bruder Hans Rolf hatte als Ivan Rebroff im Rampenlicht gestanden. Die Überschrift im *Hamburger Abendblatt* vom 17. März 2008 wird ihn gefreut haben: »Nach 64 Jahren: Ex-Kampfpilot lüftet Geheimnis um den verschollenen Autor«.

Antoine de Saint-Exupéry vor seinem Flugzeug.

Auf der Website Ghostbombers.com heißt es lapidar: Am 31. Juli 1944 sei keine P-38 abgeschossen worden. Die nächsten einschlägigen Daten seien eine B-24 am 24. Juli und eine Spitfire am 12. August. Außerdem wurden am Flugzeugwrack keine Einschussspuren entdeckt. Es bleiben also nur noch die technische Panne und ein möglicher Suizid.

Die Mediathek von Saint-Hilaire-de-Riez stellt auf ihrer Website fest, dass die Computersimulation des Unfalls, ausgehend von den verformten Teilen, einen fast senkrechten Sturzflug mit hoher Geschwindigkeit in das Wasser zeige. Dies lasse auf einen technischen Defekt, das Unwohlsein des Piloten oder gar auf einen Suizid schließen. In seiner Biografie des Autors schließt Joseph Hanimann die Selbstmordthese aus.

In ihren erst postum erschienenen Erinnerungen von 2000 zeichnet Saint-Exupérys Frau Consuelo das Bild eines viel komplexeren Menschen als das eines strahlenden Helden der Lüfte, der mit genialer Sensibilität *Der kleine Prinz* geschrieben hatte. So bekommt die Feststellung des Schriftstellers in einem hinterlassenen Briefentwurf ihre eigene Bedeutung: »Sollte ich abgeschossen werden, bereue ich absolut gar nichts. Mir graut vor dem Termitenhaufen der Zukunft. Und ich hasse ihre Robotertugend.«

Rudolf von Bitter, geboren in Hannover, ist unter anderem seit 1983 Autor der SZ.

Von Stahl zu Stein

»Marmor, Stein und Eisen bricht« ist einer der bekanntesten Schlager. Aber von wem stammt die berühmte Zeile wirklich?

von Lothar Müller

Mit *Jettchen Gebert* (1906) und der Fortsetzung *Henriette Jacoby* (1908), Romanen über eine jüdische Familie im Berlin der Biedermeierzeit, hatte Georg Hermann einen großen Erfolg erzielt. Sein neuer Roman *Kubinke* war als Porträt des wilhelminischen Berlins der unmittelbaren Gegenwart angelegt. Am 1. April 1908 beginnt die Handlung, 1910 erschien das Buch. Die Großstadt braucht darin kaum Zeit, um den Friseurgehilfen Emil Kubinke zur Strecke zu bringen. Populäre Lieder aus Operette, Revue und Vergnügungsparks erklingen auf der Tonspur des Romans, während der Held untergeht. Was singt Pauline, seine künftige Verlobte?

»Pauline [...] tanzte [...] links herum einen köstlichen Walzer nach den schönen Klängen des beliebten: ›Rosen, Tulpen, Nelken, / Alle Balumen welken. / Marmor, Stahl und Eisen briecht –/ Aber unsre Lübe – niecht‹.«

Wie wurden die beiden letzten Zeilen aus dem Kaiserreich zum Refrain des Schlagers »Marmor, Stein und Eisen bricht« von Drafi Deutscher, der im Oktober 1965 herauskam, einer der erfolgreichsten Hits der noch jungen Bundesrepublik?

Wie ging dabei der Stahl verloren und wurde durch den Stein ersetzt?

Bei den im Hohenzollerngarten gesungenen Versen handelt es sich um eine Collage, deren erste zwei Zeilen dem Repertoire der Albumblätter des 19. Jahrhunderts entstammen, eine Abbreviatur des beliebten Eintrags: »Rosen, Tulpen, Nelken, / Alle Blumen welken / aber nur die eine nicht / und die heißt *Vergissmeinnicht*«. Die Blumenmetaphorik passt gut ins Biedermeier. Die Trias »Marmor, Stahl und Eisen« passt besser zum Deutschen Kaiserreich nach 1871. Der Weg Emil Kubinkes zur Musterung auf dem Tempelhofer Feld führt durch Eisen und Stahl, vorbei an Lokomotiven, Fabriken und Gleisanlagen, weg vom Marmor, dem Material des klassischen Schönen. »Alle Balumen welken« – Hermanns Zitattechnik trägt dem Umstand Rechnung, dass Schlager eher gehört als gelesen und vor allem mitgesungen werden. Sie werden auswendig gewusst und kursieren über Generationengrenzen hinweg. Ihre Refrains sind das populäre Gegenüber der Klassikerzitate aus dem Bildungsschatz.

In einem älteren Wikipedia-Eintrag zu »Marmor, Stein und Eisen bricht« heißt es lapidar: »Die Melodie schrieb Christian Bruhn, der Text stammt von Günter Loose.« In seiner Autobiografie *Marmor, Stein und Liebeskummer* (2005) widerspricht Bruhn und schildert eine Szene kollektiver Autorschaft: Drafi Deutscher, damals neunzehn Jahre alt, kommt in die Firma des Berliner Produzenten Peter Meisel, greift sich eine Gitarre, singt »làlala-lalà-làlala, dam-dàm, dam-dàm …« und hört wieder auf. Bruhn, der auch anwesend ist, sagt, das fängt ja gut an, und fragt, wie das Lied weitergeht. »Det machst du«, sagt Deutscher. Das »dam-dàm« erinnert Bruhn an den Schlager »Schnürlregen« von 1949, der mit »da-dim-da-dom« beginnt. So kommt Bruhn auf »Weine nicht, wenn der Regen fällt«. Als die Suche nach dem Refrain beginnt, schlägt Peter Meisel vor, es solle etwas wie »Concrete and Clay« sein. Das war ein aktueller britischer Hit der Band *Unit 4 + 2*: »The sidewalks in the street / The concrete and the clay beneath my feet / Begins to crumble / But love will never die / Because we'll see the mountains tumble / Before we say goodbye«.

Die Liebe siegt noch immer über die Vergänglichkeit, auch 1965. Und wieder sind Materialbegriffe im Spiel. Das scheint für Bruhn die assoziative Brücke zum Repertoire des frühen 20. Jahrhunderts gewesen zu sein: »Schließlich schlage ich den (offenbar nur mir) bekannten Albumblattvers Marmor, Stein und Eisen bricht (aber treue Liebe nicht) vor. Peter ist begeistert.« Im Buch von 2005 identifiziert Bruhn die Quelle nicht. Im Herbst 2023, per E-Mail um nähere Auskunft gebeten, hat er sie, inzwischen fast 89 Jahre alt, sofort parat: »›Rosen, Tulpen, Nelken, / Alle Blumen welken. / Marmor, Stahl und Eisen bricht – / Aber treue Liebe nicht.‹ So lautet der Original-Text eines Operetten-Walzerliedes von Paul Lincke, Text Heinrich Bolten-Baeckers. Alle vier Zeilen sind traditionelles Volksgut, welches Bolten-Baeckers aufgegriffen hat.«

Paul Lincke und Textdichter Heinrich Bolten-Baeckers brachten einst zahlreiche Operetten heraus, etwa *Venus auf Erden* und *Frau Luna* (mit der »Berliner Luft«). Dank Bruhn lässt sich die Herkunft des Vierzeilers nun bestimmen: aus der Operette *Prinzeß Rosine* von Lincke/Bolten-Baeckers. Bruhn ersetzte die säuselnde Sentimentalität vieler deutscher Schlager durch ein von *double-time*-Passagen vorangetriebenes Crescendo der Vitalität, dem sich Drafi Deutscher gewachsen zeigte. In einem Interview hat Bruhn gesagt, der Schlager sei eigentlich ein »Rocksong«. Das Tempo spielt bei

Sänger Drafi Deutscher (li.) und Christian Bruhn, der die Melodie des Schlagers schrieb, bei Schallplattenaufnahmen in den Sechzigerjahren.

der Fusion von Schlager und Beatmusik eine Schlüsselrolle. Auf die Frage, warum er Stahl durch Stein ersetzt hat, antwortet Bruhn: »Weil es sich besser singen lässt. Meine Fassung war natürlich Marmorstein in einem Wort.«

Der Verweis auf die leichtere Singbarkeit ist wohl nicht das letzte Wort: Zwischen dem Walzer Paul Linckes von 1905 und dem Erfolg von »Marmor, Stein und Eisen bricht« lagen zwei Weltkriege und der Nationalsozialismus. Kaum ein anderer Materialbegriff wurde da nachhaltiger zeithistorisch aufgeladen als der Stahl. Das zeigen Buchtitel der Weimarer Republik seit Ernst Jüngers *In Stahlgewittern* (1920), Organisationen wie der Stahlhelm und die politische Rhetorik bis hin zu Hitlers Rede beim Reichsparteitag in Nürnberg im September 1935: »So soll die Jugend ab sofort sein: flink wie die Windhunde, zäh wie Leder und hart wie Kruppstahl.« »Marmor, Stein und Eisen bricht« war 1965 über die bessere Singbarkeit hinaus gegenüber der Originalversion die geschmeidigere, neutralere, gegen zeithistorische Assoziationen verlässlicher abgedichtete Variante.

Lothar Müller, geboren in Dortmund, schreibt seit 2001 für die SZ.

Stalins Frankenstein

Wie der sowjetische Biologe Ilja Iwanow ein neues Wesen aus einer Kreuzung von Mensch und Affe schaffen wollte.

von Josef Scheppach

Schon in den frühesten Sagen und Legenden ist die Rede von Mischwesen aus Mensch und Tier. Der Minotauros – ein Wesen mit menschlichem Körper und Stierkopf – ist einer der bekanntesten Hybride: eine Kreuzung aus verschiedenen Arten. Was wäre, wenn Mensch-Tier-Mischlinge nicht nur Mythen wären? Wenn man ein neues Wesen erschaffen könnte, halb Mensch, halb Affe?

Am 28. Februar 1927 um acht Uhr morgens sollte dieses Kunststück gelingen. Der russische Biologe Ilja Iwanowitsch Iwanow injizierte menschliches Sperma in die Vagina zweier Schimpansinnen. Er galt als eine der größten Autoritäten auf dem Gebiet künstlicher Befruchtung. Die bahnbrechenden Techniken des Professors am Moskauer Zoologischen Institut waren so erfolgreich, dass er bis zu 500 Stuten mit dem Samen eines einzigen Hengstes befruchten konnte. Auch kreuzte er Maus und Ratte, Maus und Meerschweinchen, eine Antilope und eine Kuh.

Für ihn war der Plan, ein Mischwesen aus Mensch und Affe zu erzeugen, wohl nur die logische Fortsetzung seiner Tierversuche. Erstmals referierte er darüber 1910 auf einer zoologischen Konferenz in Graz – und fand Gehör. Denn die Idee kursierte schon lange in der Forscher-Gemeinde. Sie versprach sich neue Erkenntnisse zur Herkunft des Menschen.

Auf der Suche nach Sponsoren spielte Iwanow die antireligiöse Stimmung nach der Russischen Revolution 1917 in die Hände. Die bolschewistische Regierung wollte den Klerus abschaffen. So traf Iwanow den Nerv der Zeit, als er die Russische Akademie der Wissenschaften um Unterstützung bat. »Wenn er einen Affen und einen Menschen kreuzte und lebensfähige Nachkommen zeugte, würde das bedeuten, dass Darwin recht hatte, wie eng wir miteinander verwandt sind«, erklärt Alexander Etkind. »Ein Affenmenschenbaby würde die biblische Lehre widerlegen, dass dem Menschen eine Sonderstellung in der göttlichen Schöpfung zustehe«, sagt der russische Osteuropa-Experte an der Wiener Central European University (CEU).

Die politische Sprengkraft des Experiments soll auch den Sowjetdiktator Stalin begeistert haben. Er habe davon geträumt, Affenmenschen als willige Arbeiter oder Soldaten zu züchten, schwadronieren Verschwörungserzähler. Ihnen gilt Iwanow als »roter Frankenstein«. Im Frühjahr 1926 reiste Iwanow nach Kindia, im damaligen Französisch-Guinea an der afrikanischen Westküste. Sieben Kilometer außerhalb der Stadt, im Busch, hatte das französische Institut Pasteur eine der ersten Primatenforschungsstationen weltweit eingerichtet – und bot Iwanow Versuchstiere an. Doch die gefangenen Schimpansen waren allesamt zu jung, um trächtig zu werden. Frustriert reiste der Forscher wieder ab.

Fast gleichzeitig machte Rosalía Abreu von sich reden – eine kubanische Jane Goodall. Der Philanthropin war in ihrem Privatzoo erstmals die Nachzucht von Schimpansen gelungen. »Finca de los monos« (Affensiedlung) nannten die

Einheimischen den großen Park ihres Anwesens, bestückt mit Käfigen für bis zu achtzig Affen. Abreu zeigte sich grundsätzlich interessiert. Doch sie lehnte die Kreuzung eines weiblichen Schimpansen mit einem Menschen ab. Mit der Kreuzung eines männlichen Schimpansen mit einem Homo sapiens aber sei sie einverstanden und bereit, Affensperma zu liefern.

Iwanows Ziel schien zum Greifen nah. Doch als er auf der Suche nach Geldgebern die Amerikanische Gesellschaft zur Förderung des Atheismus kontaktierte, wurde das Vorhaben publik. Die *New York Times* titelte am 17. Juni 1926: »Die Sowjets unterstützen den Plan, die Evolution zu testen.« Protest kam von Kirchen – aber auch vom Ku-Klux-Klan: »Er soll Abreu gedroht haben, sie mache sich der ›Verunreinigung reinrassiger weißer Frauen‹ schuldig«, sagt Historiker Etkind. Abreu zog ihre Zusage zurück.

Iwanow ließ nicht locker. Im November 1926 fuhr er durchs Hinterland von Guinea – und kaufte von Jägern Schimpansen. Der Gouverneur erlaubte das Experiment; allerdings müsse es streng geheim ausgeführt werden. Am 28. Februar 1927 schnürte er mit seinem Sohn im botanischen Garten von Conakry zwei Schimpansenweibchen in Netze ein und injizierte ihnen menschliches Sperma. Woher es stammte, lässt das Labortagebuch offen. Die Affen aber wurden nicht trächtig. Doch Iwanow schmiedete schon einen neuen Plan: Frauen sollte Affensperma gespritzt werden. Für das bizarre Experiment fand er einen Verbündeten: den Leiter des Gesundheitsdienstes in Nola in der heutigen Zentralafrikanischen Republik. Er wollte dafür sorgen, dass die Insemination heimlich vorgenommen wurde. Ob es je dazu kam, ist ungeklärt. Am 1. Juli 1927 jedenfalls verließ Iwanow Französisch-Guinea mit dreizehn Schimpansen, die er nach Sochumi am

Schwarzen Meer brachte. Dort befand sich die erste sowjetische Affenforschungsstation. Hier lebte auch das Orang-Utan-Männchen Tarzan. Es sollte als Samenspender dienen für Freiwillige, nach denen Iwanow öffentlich suchte. Angeblich meldeten sich einige »Heldinnen des Vaterlandes«. Doch Tarzan starb im Sommer 1929 mit 26 Jahren.

Iwanow stand an einem Wendepunkt ebenso wie die Sowjetunion. Stalins »Kulturrevolution« begann. Bei den »Säuberungen« in der Wissenschaft wurden Tausende Forscher verhaftet – auch Iwanow. In der Nacht des 13. Dezember 1929 stand die gefürchtete Geheimpolizei Tscheka vor der Tür. Iwanow wurde wegen konterrevolutionärer Aktivitäten verurteilt und nach Kasachstan verbannt. Mutmaßlich starb er dort 1932. Einige Quellen verorten sein Grab in der Stadt Alma-Ata, dem heutigen Almaty. Dort soll er seine Experimente unter strengster Geheimhaltung fortgesetzt haben.

Kann man Mensch und Affe überhaupt kreuzen? »Nach allem, was man weiß, lässt sich nicht kategorisch ausschließen, dass es funktionieren könnte«, sagt Rüdiger Behr vom Deutschen Primatenzentrum in Göttingen. »Aber es ist extrem unwahrscheinlich, dass es klappt.«

Sensation aus Silber

Der Fund einer norwegischen Münze aus dem 11. Jahrhundert in Maine bleibt ein Rätsel: Wie weit kamen die Wikinger in Amerika?

von Niccolò Schmitter

Der US-Amerikaner Guy Mellgren war ein leidenschaftlicher Hobbyarchäologe. Als solcher konzentrierte er sich vor allem auf ein Interessengebiet: die Ureinwohner Nordamerikas. Mellgren verbrachte seinen alljährlichen Sommerurlaub auf dem Naskeag Point, einer Landspitze auf der Halbinsel Blue Hill in Maine. Dort hatte sich offenbar eine indigene Siedlung befunden, für Mellgren eine reichhaltige Fundstätte, vor allem die Keramik hatte es ihm angetan.

Im Sommer 1957 machte er schließlich die Entdeckung, die ihm internationale Aufmerksamkeit einbringen sollte: eine eigentümlich aussehende Silbermünze, nicht einmal zwei Zentimeter groß, die nicht zu den restlichen Artefakten passen wollte. Doch Mellgren stand der Entdeckung mit erstaunlicher Gleichgültigkeit gegenüber – es handelte sich schließlich nicht um indigene Keramik. Selbst als ein befreundeter Numismatiker urteilte, er habe hier eine englische Münze aus dem 12. Jahrhundert vor sich, schrie Mellgren diese offensichtliche Sensation nicht in die Welt hinaus. Er behielt das Stück in seiner privaten Sammlung und kramte es als Kuriosum hin und wieder hervor. Das änderte sich erst 1978.

Über einen Artikel im *Bulletin of the Maine Archaeological Society* fand die Münze endlich ihren Weg in die Öffentlichkeit. Auf der anderen Seite des Atlantiks las der britische Münzhändler Peter Seaby mit Erstaunen den Beitrag. Auf einem Foto in dem Magazin erkannte Seaby, dass es sich nicht um eine englische, sondern eine norwegische Münze handeln musste, und veröffentlichte seinerseits einen Artikel. Nun war der Fund im Wissenschaftsdiskurs angekommen und rief eine Koryphäe auf den Plan: Kolbjørn Skaare, Numismatiker für norwegische Münzprägung an der Universität Oslo.

Skaare flog zum staatlichen Museum in Maine, dem Mellgren die Münze mittlerweile gespendet hatte. Der Norweger studierte das Geldstück und kam schnell zu folgendem Schluss: Es handelt sich um eine authentische Münze aus der zweiten Hälfte des 11. Jahrhunderts und damit aus der Regierungszeit des damaligen norwegischen Königs Olav III. An der nördlichen Ostküste der USA, wo sich sonst nur indigene Artefakte finden, verbarg sich also eine norwegische Münze aus dem 11. Jahrhundert. Wie konnte das sein?

Die europäische Erschließung des amerikanischen Kontinents begann bekanntlich 1492, doch wie wir inzwischen wissen, hatten fast 500 Jahre vorher die Wikinger bereits Neufundland erreicht. Sie gründeten an der Nordspitze der Insel zumindest eine Kolonie im heutigen L'Anse aux Meadows, die auf das Jahr 1021 datiert wird. Allerdings gaben die Wikinger diese Siedlung nach wenigen Jahren wieder auf. Die Münze von Maine ist jedoch mindestens mehrere Jahrzehnte jünger, ihr Fundort mehr als tausend Kilometer weiter südlich. Die Entdeckung des Kuriosums schien fast zu kurios, um wahr zu sein.

Diese Ansicht vertrat auch Edmund Carpenter. Der Anthro-

Die Münze von Maine wurde 1957 von einem Hobbyarchäologen entdeckt.

pologe stellte sich an die Spitze jener, die den Fund als Betrug abtaten. Carpenter wusste gute Argumente auf seiner Seite, hatten doch Ende der Fünfzigerjahre die sogenannten Viking hoaxes (Wikingerfälschungen) Hochkonjunktur. Seit dem 19. Jahrhundert hatten Hobbyarchäologen um jeden Preis eine Besiedlung Nordamerikas durch die Wikinger beweisen wollen, das hatte auch Betrüger auf den Plan gerufen.

Im Jahr 1956, kurz vor Mellgrens Fund, veröffentlichte der norwegisch-amerikanische Historiker Hjalmar Holand sein Werk über die Entdeckungsfahrten der Wikinger in Nordamerika. Darin beschreibt er, wie der Seefahrer Thorvald Eriksson vor tausend Jahren Mount Desert Island in Maine erreicht hatte – genau gegenüber dem Fundort der Münze. Dazu arbeitete Mellgren offenbar Teilzeit in einem Auktionshaus und hätte somit eventuell Zugang zu historischen Münzen gehabt. Und der Hobbyarchäologe hatte skandinavische Wurzeln. Konnte das Zufall sein? War Mellgren ein Betrüger?

Dem widerspricht jedoch sein Umgang mit der Entdeckung. Mellgren maß der Münze keine große Aufmerksamkeit bei und suchte nicht den Weg an die Öffentlichkeit. 1979 untersuchten professionelle Archäologen auf Betreiben des staatlichen Museums in Maine die Fundstelle. Sie fanden zwar keine nordischen Artefakte, dafür aber eine Fülle indigener Überbleibsel verschiedener Kulturen aus weit entfernten Regionen – von den Großen Seen im Mittleren Westen bis zu Labrador und Neufundland an der Ostküste Kanadas. Der Fundort der Münze schien vor einem Jahrtausend ein äußerst betriebsamer Treffpunkt gewesen zu sein.

Im Jahr 2017 stellte der norwegische Numismatiker Svein H. Gullbekk eine Frage in den Mittelpunkt seiner Untersuchung: Wenn die Münze von Maine auf dem Naskeag Point platziert worden war – woher hätte sie kommen sollen? Gullbekk zufolge sind Münzen aus der Regierungszeit Olavs III. eine Seltenheit. Fast alle bekannten Funde stammen aus Norwegen und sind streng dokumentiert. Die wenigen anderen Geldstücke kommen aus Großbritannien. Der Numismatiker hat den Weg jeder dieser Münzen verfolgt und kam zu dem Schluss, dass die Münze von Maine kein offizieller, dokumentierter Fund gewesen sein kann. Dafür war auch ihr Zustand viel zu schlecht, so hätte sie nie verkauft worden sein können.

Solange Guy Mellgren nicht das Kunststück vollbracht hätte, in Großbritannien oder Norwegen in geheimer Mission eine Münze aus der Zeit Olavs III. zu finden und in die USA zu schmuggeln, gibt es nur eine plausible Erklärung: Auch Jahrzehnte nachdem die Wikinger ihre Kolonie in Neufundland aufgegeben hatten, unternahmen sie Fahrten nach Nordamerika und hielten Kontakt zur indigenen Bevölkerung. Über Tauschgeschäfte ist so eine norwegische Münze aus der zweiten Hälfte des 11. Jahrhunderts bis hinunter nach Maine gewandert.

Vermessung des Todes

Mit einem makabren Experiment versuchte ein Arzt, eines der letzten Rätsel zu lösen: Hat der Mensch eine Seele?

von Josef Scheppach

Am 11. März 1907 landete die *New York Times* einen Scoop. Die Schlagzeilen lauteten: »Seele hat Gewicht, glaubt Physiker; Dr. MacDougall aus Haverhill berichtet von Experimenten beim Tod. Verlust am Körper aufgezeichnet. Waage zeigte eine Unze Verlust.«

Die Zeitung war der wissenschaftlichen Veröffentlichung einer langjährigen Versuchsreihe zuvorgekommen, mit der Duncan MacDougall nach Beweisen für eines der größten Mysterien suchte: die Existenz der menschlichen Seele.

Der Mediziner und Physiker aus Haverhill, Massachusetts, glaubte, dass die Seele Masse hat. Wenn sie zum Zeitpunkt des Todes den Körper verlasse, müsse folglich ein Gewichtsunterschied messbar sein, und die Differenz würde genau dem Gewicht der Seele entsprechen. Probanden für seine Seelenvermessung fand er unter Todkranken im Dorchester's Consumptives' Home, einem karitativen Hospital für an Tuberkulose im Spätstadium Erkrankte; Tuberkulose war damals unheilbar. Er konstruierte eine Waage, die groß genug war für eine Matratze, auf die er einen Sterbenden bettete. Tuberkulose sei eine geradezu ideale Krankheit für die Versuche, schrieb MacDougall in der Ausgabe vom April 1907 der Fachzeitschrift *American Medicine*. Die Patienten würden in »großer Erschöpfung« und ohne jede Bewegungen sterben, die seine Präzisionswaage erschüttern könnten. Das Spezialmodell der Firma Fairbanks, Morse and Company wies eine für damalige Verhältnisse bemerkenswerte Messtoleranz von nur 2,6 Gramm auf.

Vor Versuchsbeginn legte sich MacDougall selbst auf das Bett und atmete mehrmals heftig ein und aus, um das Gewicht eines Atemzugs zu bestimmen. Doch die Waage bewegte sich nicht. Der letzte Atemzug wiegt offensichtlich nichts.

MacDougalls erster Patient, ein Mann, starb am 10. April 1901 – unter den Augen von vier Kollegen des Experimentators. Der Mediziner notierte drei Stunden und vierzig Minuten lang, wie sich das Gewicht des Sterbenden veränderte. »Durch die Verdunstung von Wasser beim Atmen und durch Schwitzen verlor der Patient kontinuierlich 28 Gramm pro Stunde«, notierte er in seiner Studie »Hypothesis über die Seelensubstanz zusammen mit experimentellen Beweisen für die Existenz solcher Substanz«.

Voll konzentriert verfolgte er das Ableben seines Patienten, um den exakten Todeszeitpunkt abzupassen. Ein Blick auf die Waage würde ihm verraten, was passiert, wenn die Seele den Körper verlässt. Als das Luftholen des Sterbenden aussetzte, »schnellte der Zeiger der Waage mit einem deutlich hörbaren metallischen Klacken nach unten – und blieb dort stehen«, berichtete MacDougall, der »einen schlagartigen Gewichtsverlust um 0,75 Unzen«, das entspricht 21,2 Gramm, registrierte.

Nun wähnte er sich am Beginn einer wissenschaftlichen Sensation. Denn fünf weitere Probanden lagen schon bereit. Doch der nächste Patient verlor erst 15 Minuten nach seinem Atemstillstand 0,5 Unzen (14 Gramm). Die Seele sei wohl zu »faul« gewesen, den Körper gleich zu verlassen, erklärte der Forscher die Verzögerung. Ein Dritter erfuhr einen unerklärlichen Verlust in zwei Schritten von 0,5 Unzen und eine Minute später nochmals von einer Unze (28,3 Gramm). Zwei weitere Sterbende verloren zwar Gewicht – doch es stieg dann wieder. Und der letzte Proband verschied so schnell, dass MacDougall die Waage nicht mehr justieren konnte. Doch im Mittel kam er auf ein Seelengewicht von rund 21 Gramm.

Während die Experimente in der Forschergemeinde heftig diskutiert und kritisiert wurden, bejubelten vor allem Gläubige im Bible Belt der USA den »wissenschaftlichen Beweis« für die Existenz der Seele. Und dies umso mehr, als MacDougall das Experiment auch an fünfzehn Hunden durchführte, die er vergiftet hatte. Sie wiesen nach ihrem Tod keine Gewichtsänderung auf. Dies, so folgerte MacDougall, könne nur bedeuten, dass ausschließlich Menschen eine Seele haben. Zum selben Ergebnis kam 1917 auch H. LaV. Twining, ein Physiklehrer an der Los Angeles Polytechnic High School. Bei seinem Experiment mit Mäusen gab es keine Gewichtsabweichung, als die Tiere starben.

Die 21 Gramm Seelengewicht kursieren seitdem in der Populärkultur, schreibt Tanja Brock in ihrer Studienarbeit *Tod in Film und Gesellschaft am Beispiel von »21 Gramm«* und verweist neben Musikstücken und Romanen insbesondere auf den Film *21 Gramm* von Alejandro González Iñárritu. Darin setzt sich der mexikanische Regisseur mit der Seele auseinander, deren Bedürfnisse »bis zum Beginn des 20. Jahrhunderts eine zentrale Säule im Verständnis des Menschen waren«, so Michael Utsch von der Evangelischen

Zentralstelle für Weltanschauungsfragen. »Durch die rasanten wissenschaftlichen und technischen Neuerungen hat eine Blickverengung stattgefunden, die heute viele als ›Seelenverlust‹ bemängeln.« Dabei sei es »aktuell notwendiger denn je, sich der Seele zuzuwenden«, glaubt auch die evangelische Theologin und Journalistin Johanna Haberer. Für sie beschreibt die Seele »alles, was den atmenden, fühlenden, lebendigen Menschen ausmacht. Dies lässt sich nicht wiegen und vermessen«. Sie ist »kein Ding im Körper«, bekräftigt auch Johann Hinrich Claussen, Kulturbeauftragter der EKD. »Vielmehr versteht die evangelische Theologie die Seele als den ganzen Menschen in seinem Gottesverhältnis.«

Daher sei MacDougalls Experiment überholt – und auch wissenschaftlich nicht haltbar, urteilt Professor Matthias Graw. »Die Messtoleranz der Vorrichtung dürfte kaum für derartige Ergebnisse valide sein«, sagt der Vorstand des Instituts für Rechtsmedizin der Münchner Ludwig-Maximilians-Universität. Schon als MacDougall seine Ergebnisse publizierte, kritisierten andere Ärzte sein Experiment, weil die Anzahl der Versuchspersonen viel zu klein war und er nicht berücksichtigt hatte, dass bei Toten die Lunge das Blut nicht mehr kühlt, wodurch die Körpertemperatur steigt und sie noch einmal kurz schwitzen, was den Gewichtsverlust erklären könnte. Der erfahrene Rechtsmediziner Graw betont noch etwas anderes: »Ein organischer Hinweis auf eine ›Seele‹ wurde bei keiner einzigen Obduktion gefunden.«

Der verschwiegene GAU

1957 ereignete sich in der Sowjetunion ein Atomunfall, der fast so schwer war wie Tschernobyl. Nur erfuhr die Welt kaum davon.

von Fabrice Braun

Der Artikel war vorsichtig formuliert, obwohl der Anlass gravierend war: »Schwerer Unfall in sowjetischem Atomwerk?«, lautete die Überschrift des Berichts, der am 18. März 1959 in der österreichischen Zeitung *Die Presse* erschien. Darin war die Rede von »einem katastrophalen Unfall anlässlich von Versuchen mit Atom-Waffen im Zentral-Ural im Februar 1958«. In der Region Swerdlowsk sollte bei der »Atomexplosion« ein Gebiet von »angeblich zirka 8000 Quadratkilometern« durch radioaktiven Staub verseucht worden sein, »zwölf Dörfer und eine Reihe von Kolchosen« seien evakuiert worden. Von Toten schrieb die Zeitung nicht, aber von »172 Fällen von ersten atomischen Verbrennungen sowie mehr als zwanzig Fällen von Augenkrankheiten, die teilweise zur Erblindung führten«. Als Quelle nannte *Die Presse* einen »Kernphysiker aus einem der Satellitenstaaten, der soeben aus der Sowjetunion zurückgekehrt ist«.

Ein atomares Desaster, bei dem eine Fläche dreimal so groß wie das Saarland kontaminiert wurde – eigentlich eine apokalyptische Nachricht. Doch nur wenige Medien griffen den Bericht auf, und wenn, dann nur in knappen Zeilen. Das lag auch daran, dass sich die Katastrophe hinter dem Eisernen Vorhang ereignet hatte, weit entfernt am Ural. Verlässliche Informationen von dort zu bekommen, war im Kalten Krieg fast unmöglich, und die Sowjetunion hatte noch dazu allen Ausländern verboten, in das betroffene Gebiet zu fahren.

In den Fünfzigerjahren befanden sich die Sowjetunion und die Vereinigten Staaten in einem atomaren Rüstungswettlauf, und nicht nur in der UdSSR, sondern auch in den USA und in Westeuropa wurden die Risiken bei der Entwicklung von Atombomben lieber verschwiegen. Die nuklearen Experimente galten als notwendig für die nationale Sicherheit, und die Regierungen versicherten immer wieder, dass keinerlei Gefahr drohe.

Fast zwanzig Jahre lang gelang es der Sowjetunion, den Atomunfall im Ural zu vertuschen. Erst im Jahr 1976 veröffentlichte der sowjetische Biochemiker und Dissident Zhores Medvedev im US-Magazin *New Scientist* einen Artikel über eine »tragische Katastrophe«, die sich 1958 im Ural ereignet haben sollte. »Die Explosion schleuderte radioaktive Stoffe hoch in den Himmel. [...] Starke Winde wehten die radioaktiven Wolken mehrere Hundert Kilometer weit. Zehntausende Menschen waren betroffen, Hunderte starben, obwohl die wirklichen Zahlen nie bekannt gegeben wurden.«

Aber selbst jetzt blieb eine Reaktion der Öffentlichkeit aus. Wohl auch, weil Medvedevs Artikel von Experten, von denen viele für die Atomindustrie arbeiteten, stark kritisiert wurde. Sie stimmten zwar zu, dass ein Gebiet östlich der Stadt Kyschtym radioaktiv kontaminiert worden war, führten das aber auf den Fallout von Atombombentests in der Nähe zurück.

Erst kurz vor dem Ende der UdSSR 1989 bestätigten die

sowjetischen Behörden der Internationalen Atomenergie-Organisation IAEO, dass sich tatsächlich ein Unfall ereignet hatte. Medvedev hatte recht gehabt. Er hatte sich zwar um einige Monate im Datum geirrt und die Ursache des Unfalls falsch eingeschätzt, aber 1957 war es in der Atomfabrik Majak im Ural tatsächlich zu einer Katastrophe gekommen.

Majak gehörte zu den Anlagen, die nach 1945 für das sowjetische Atombombenprojekt errichtet worden waren. Nachdem die USA mit der Zerstörung von Hiroshima und Nagasaki gezeigt hatten, welche Macht diese neuen Waffen besaßen, wollte auch Stalin die Atombombe haben, um jeden Preis. In geheimen Städten in Sibirien und im Ural wie »Swerdlowsk-44«, »Tomsk-7« und »Krasnojarsk-26«, in denen bis zu 20 000 Menschen lebten, arbeiteten Wissenschaftler an Nuklearwaffen. Eilig wurden Forschungslabors errichtet und Reaktoren gebaut.

In Majak in der Nähe von Kyschtym wurde 1948 der erste Nuklearreaktor der UdSSR errichtet. Hier konnte das Plutonium für die Atombomben hergestellt werden. Am 29. September 1957 versagte ein Teil der Kühlung, nach einer chemischen Reaktion flog ein riesiger Betontank mit flüssigem Atommüll in die Luft. Mehr als 70 Tonnen hoch radioaktiver Stoffe traten aus und wurden bis zu einem Kilometer hoch in die Luft geschleudert. Dabei wurde etwa so viel Radioaktivität freigesetzt wie in Tschernobyl. Zurück blieben kontaminierte Felder, Wälder, Flüsse und Ortschaften auf einer Fläche, die ungefähr der Größe Mecklenburg-Vorpommerns entspricht. Getreide und Gemüse durften in weiten Gebieten nicht mehr angebaut werden. Ungefähr 260 000 Menschen waren betroffen, mehr als zehntausend mussten umgesiedelt werden.

Das Fiasko von Kyschtym gilt als der drittschwerste Atomunfall der Geschichte – nur die Katastrophen von Tschernobyl und Fukushima waren verheerender. Die genaue Zahl der Todesopfer ist bis heute unbekannt. Der Großteil der radioaktiven Partikel fiel auf das Gelände der Atomfabrik, nur zehn Prozent wurden vom Wind auf bewohnte Regionen verteilt. Dieser Umstand und die schnelle Evakuierung mehrerer Orte verhinderten wohl Schlimmeres. Bei den Rettungsarbeiten kam niemand ums Leben, soviel man heute weiß. Eine russische Studie von 1992 stellte die These auf, dass in den Jahrzehnten nach dem Unfall mehr als 8000 Einwohner an den Folgen der Strahlung gestorben sind, eine neuere Untersuchung des Ural-Forschungszentrums für Strahlenmedizin von 2017, die im *Journal of Radiological Protection* veröffentlicht wurde, kam hingegen zu dem Schluss, dass die Krebsrate in der Region nur geringfügig stieg und statistisch gesehen nur 26 Menschen durch den Unfall an Krebs starben.

Wie schlimm die Folgen der Explosion waren, ist auch deshalb schwer abzuschätzen, weil die Gegend um Majak schon vor dem Unfall stark verseucht war. Die nuklearen Abfälle wurden jahrelang rücksichtslos in den Fluss Techa gekippt. Schon von 1951 an durfte man das Wasser des Flusses nicht mehr trinken, der Karatschai-See, der inzwischen mit Beton und Gestein aufgefüllt wurde, galt jahrelang als einer der verstrahltesten Orte der Welt. Die Atomanlage von Majak ist heute noch in Betrieb, auch wenn nur noch zwei Reaktoren laufen.

Fabrice Braun, geboren in Nürnberg, ist unter anderem seit 2017 Autor bei der SZ.

Skandal am Kaiserhof

1891 soll es im Grunewald zu einer freizügigen Party gekommen sein. Die Folgen waren gravierend. Und eine Frage ist bis heute ungeklärt.

von Josef Scheppach

Am zweiten Januarsonntag 1891 bahnen sich Pferdeschlitten ihren Weg durch den Pulverschnee des Grunewalds. Die Lustpartie endet am Jagdschloss. Damen in Pelzen und Männer in Gardeuniform eilen ins Innere des pittoresken Renaissance-Anwesens im Südwesten Berlins. Die neun Männer und sechs Frauen gehören der kaiserlichen Hofgesellschaft an. Eine illustre Runde aus Freiherren, adligen Damen, einem Schwager des Kaisers sowie der ältesten Schwester seiner Majestät. Es wird fürstlich getafelt. Man tanzt und trinkt Champagner. Auf Contenance und Etikette wird verzichtet. Die Stimmung steigt, und das Treiben wird zu einer wollüstigen Swingerparty. Jeder darf mit jedem. Männer mit Männern, Frauen mit Frauen. Sex zu dritt, alles ist erlaubt.

So jedenfalls schildert ein anonymer Briefeschreiber den Grunewald-Gruppensex. Schon am nächsten Tag erhalten einige Beteiligte und weitere Mitglieder des Hofs peinliche Post: Beschrieben wird bis ins kleinste Detail nicht nur das ausschweifende Stelldichein. Zur Illustration legt der Anonymus Pornobilder bei. In sie hat er Porträts der Beteiligten geklebt; unter anderem von Ernst Günther von Schleswig-Holstein (1863–1921), dem Bruder der Kaiserin. Sein Spitzname in Hofkreisen: »Herzog Rammler«. Er ist für seine sexuellen Eskapaden bekannt, ebenso für seine regelmäßigen Bordellbesuche. Da die feinen Herrschaften die Angewohnheit haben, sich die Post von ihren Bediensteten geöffnet vorlegen zu lassen, fallen dem Personal die deftigen Texte und vulgären Bilder entgegen. So macht die Geschichte in Berlin schnell die Runde.

Um nicht weiter desavouiert und an den Pranger gestellt zu werden, schalten einige Partygänger die Polizei ein. Im Mai 1892 wird Kommissar Eugen von Tausch auf den Fall angesetzt – ohne Erfolg. Nun nehmen Orgien-Teilnehmer die Sache selbst in die Hand. Ein Grafologe wird hinzugezogen. Seiner Meinung nach soll eine »krankhaft weibisch veranlagte Person von eitlem und geziertem Aussehen« der Verfasser der Schmuddelbriefe sein. Damit lenkt er, wenn auch ungewollt, den Verdacht auf den lebenslustigen Zeremonienmeister des Kaisers, einen »Event-Manager«, der höfische Feste ausrichtet. Hans Louis Karl Leberecht von Kotze (1850–1920), ebenfalls an den Sexspielen beteiligt, gilt als eitler Geck. Er wird als »weibisch« und »fatzkenhaft« diffamiert. Denn er kleidet sich extravagant – mit Hang zu ausgefallenen Krawatten. Zudem hat er den Ruf, ein Klatschmaul zu sein.

Um Kotze die Schuld zuzuschieben, entwenden die Hobbydetektive aus dessen Schreibtisch angeblich verdächtige Löschblätter. Zwei davon sollen die Spiegelschrift der Handschrift der inkriminierten Briefe tragen. Obwohl die Belege ominös bleiben, schaffen es die Verleumder, den Kaiser von der Schuld Kotzes zu überzeugen. Da Kotze als Rittmeister unter der Militärgerichtsbarkeit steht, wird er vom Chef des kaiserlichen Militärkabinetts am 17. Juni 1894 in Arrest verbracht. »Der Monarch hatte den Mann verhaften lassen, ohne dass überhaupt ein Strafantrag auf Beleidigung vorlag – schiere Rechtsbeugung«, wettert Historiker Wolfgang Wippermann in seinem Buch *Skandal im Jagdschloss Grunewald*. Zum Entsetzen der Militärgerichtsbehörden aber geht der Versand der Briefe weiter. Für sie kann Kotze nun wahrlich nicht verantwortlich sein, denn Schreibmaterial war ihm entzogen worden. Nach acht Tagen wird er mangels Beweisen aus der Haft entlassen.

Doch der Kaiser lässt weiter ermitteln. Rund tausend Aktenseiten kommen zusammen – nur nichts Belastendes gegen Kotze. Am 9. April 1895 bestätigt Wilhelm II. den Freispruch und verlangt eine Entschuldigung von jenen, die Kotze zu Unrecht beschuldigt haben. Doch drei Intriganten weigern sich. Nun sieht sich Kotze in seiner Ehre verletzt und fordert sie alle zum Duell.

Man einigt sich auf ein »Kollektivmandat«, bei dem sich nur einer der Geforderten duellieren muss. Der achtfache Schusswechsel am 13. April 1895 nahe dem Bahnhof Halensee endet mit einer Beinverwundung Kotzes. Solche Duelle waren zwar verboten, gleichwohl werden die Kontrahenten vom Kaiser nicht bestraft, sondern ausdrücklich gelobt. Er lässt Kotze sogar ein privates Geschenk überbringen: ein Osterei aus Blumen, schließlich ist Ostern. Damit ist die Affäre aber noch nicht zu Ende. Kaum genesen, strengt Kotze eine Verleumdungsklage gegen seinen Intimfeind aus dem Triumvirat an: Karl Ernst Adolf Freiherr von Schrader (1848–1896). Dieser kontert mit einer Duellforderung. Am Karfreitag 1896 stehen sich die Männer auf dem Ravensberg bei Potsdam gegenüber. Schrader trifft ein tödlicher Schuss in den Unterleib.

Bei der Orgie im Jagdschloss blieben die adligen Damen und Herren unter sich. Das Personal – hier ein Bild vom Festkomitee des Berliner Gesindeballs 1898 – hatte später Spaß: beim Lesen der Post.

Nun hätte Kotze eigentlich von einem normalen Gericht wegen Totschlags oder gar wegen Mordes zum Tode oder zumindest zu einer langjährigen Zuchthausstrafe verurteilt werden müssen. Doch er wird im Juni 1896 von einem Militärgericht wegen »Tötung im Zweikampf« zu nur zwei Jahren und drei Monaten Festungshaft verurteilt. »Sie verbringt er ganz kommod mit seinem Burschen, der ihn mit allem, auch Champagner, versorgte, um schon wenige Monate später vom Kaiser begnadigt und aus der Haft entlassen zu werden«, schreibt Wippermann. »Nun galt er jedenfalls in seiner, der höfischen und adligen Welt, als ehrenhafter Offizier und Ehrenmann.«

Zwei Jahre vor seinem Tod geht diese sang- und klanglos unter. Aus der Schnurre eines Hofskandals war ein epochaler

Sittenskandal geworden, der die herrschenden Vorstellungen von Männlichkeit und Ehre derart ins Wanken brachte, dass man sie letztlich aufgibt.

Unklar bleibt, wer die »Giftkröte« (Wippermann) war, die in den Briefen so kundig von den Abgründen triebhafter Lust am Hofe schreibt. Etwa 200 der frivolen Botschaften werden heute noch im Geheimen Staatsarchiv Preußischer Kulturbesitz in Berlin aufbewahrt – und harren der Aufklärung.

Wie starb Glenn Miller?

Der Bandleader verschwand am 15. Dezember 1944 spurlos über dem Ärmelkanal – sein Flugzeug wurde bis heute nicht gefunden.

von Sofia Glasl

Mit mehrtägiger Verspätung erreichte die Big Band der US Army am 18. Dezember 1944 den Flughafen Orly nahe Paris. Das Wetter und die anhaltenden Kampfhandlungen des Zweiten Weltkriegs hatten den Start der Maschinen vom Stützpunkt nahe London immer wieder verzögert. Nach der erfolgreichen Befreiung von Paris sollte die Swing-Band unter der Leitung von Glenn Miller mehrere Weihnachtskonzerte in Frankreich spielen und im Radio auftreten. Miller war damals bereits einer der größten Stars seiner Zeit: Mit der »Moonlight Serenade« aus dem Jahr 1939 hatte er seinen eigenen »Miller Sound« gefunden, seine Interpretation von »Chattanooga Choo Choo« war 1941 im Film *Adoptiertes Glück* zu hören gewesen und erhielt als erster Titel überhaupt eine Goldene Schallplatte.

Miller war also auf dem Zenit seines Erfolgs, als er 1942 als Reaktion auf den Angriff auf Pearl Harbor zum Militär gegangen war, sein Eintritt war ein ziemlicher Coup: Mit 38 Jahren war er nicht mehr im klassischen Rekrutenalter und beteiligte sich aktiv an Radioprogrammen zur moralischen Stärkung der Alliierten sowie der Sendung *Music for the Wehrmacht*. Die Unterhaltungssendung richtete sich explizit an die Einwohner der von den Nazis besetzten Länder sowie an Deutsche, die an der Wehrmacht zweifelten. Unter seiner Leitung war die Army Air Force Band sehr gefragt. Miller wollte deshalb bereits am 12. Dezember nach Frankreich vorausfliegen, um in Paris alle Vorbereitungen zu treffen und seine Band in den folgenden Tagen in Empfang zu nehmen.

Die verzögerte Ankunft der Band hatte nun alle Abläufe durcheinandergebracht, die Musiker mussten mehrere Stunden am Flughafen warten, bis sie abgeholt wurden. Erst langsam ging ihnen auf: Auch Millers früherer Flug war storniert worden, ihr Bandleader niemals in Frankreich angekommen – aber auch von seiner Fahrt zum Flughafen nie zum Stützpunkt in England zurückgekehrt. Eine Flut aus Telegrammen und Telefonaten folgte, in der versucht wurde, Millers Verbleib nachzuvollziehen.

General Ray Barker, der Stellvertreter des Alliierten Oberkommandierenden Dwight D. Eisenhower, soll schockiert ins Telefon gerufen haben: »How the hell did we lose Glenn Miller?« – und stellte damit eine Frage, die auch Jahrzehnte nach dem Zweiten Weltkrieg noch die Gemüter beschäftigen sollte. Wie um Himmels willen konnte Glenn Miller spurlos verschwinden, und was passierte mit ihm? Die Kommunikationsmaschinerie des Militärs lief sofort heiß, denn es galt zu vermeiden, dass Millers Familie aus der Presse davon erfuhr, dass er vermisst wurde, oder Gerüchte oder gar Verschwörungserzählungen über seinen Verbleib in Umlauf gerieten: ein weltweit bekannter Musikstar, der erst aus freien Stücken ins Militär eintritt und dann spurlos verschwindet – da muss man keine Spionagethriller gelesen haben, um Schlimmstes zu befürchten. Erste Nachforschungen ergaben:

Miller war am 15. Dezember in Richtung Paris aufgebrochen, ohne seinen Vorgesetzten Bescheid zu geben. Lieutenant Colonel Norman Baessell von der Air Force hatte ihm einen Platz in seiner kleinen Propellermaschine angeboten, einer *Noorduyn UC-64A Norseman*, Ziel: Paris. Miller hatte die Chance kurzerhand genutzt. Die Maschine jedoch kam nie in Paris an.

Glenn Miller, Norman Baessell und der Pilot wurden am 22. Dezember nach einer Untersuchung offiziell für tot erklärt, vermutlich über dem Ärmelkanal abgestürzt. Millers Ehefrau Helen erhielt am 23. Dezember eine persönliche Mitteilung und zahlreiche Beileidsbekundungen von hochrangigen Vertretern des Militärs und der US-Regierung. Am 24. Dezember erfuhr dann auch die Öffentlichkeit von Glenn Millers Tod. Und das Flugzeug? Wurde bis heute nicht gefunden, und die Gerüchteküche brodelte schon von Januar 1945 an über. Die Deutschen versuchten eine Propagandastory in Umlauf zu bringen, Miller sei sehr wohl in Paris angekommen und dort in einem heimlich von den Alliierten betriebenen Bordell an einem Herzinfarkt gestorben. Später kursierte die Behauptung, Miller sei überhaupt nicht nach Paris aufgebrochen, sondern einsam in einem britischen Krankenhaus gestorben – und zwar an Lungenkrebs. Die Todesursache sei jedoch vertuscht worden, weil Millers wöchentliche Radiosendung in der CBS von der Zigarettenmarke Chesterfield gesponsert worden war. Glenn Miller, der Vorreiter des Marlboro-Cowboys? Eher unwahrscheinlich. Auch kursierten Theorien darüber, dass Millers Maschine von Friendly Fire getroffen worden sein könnte – ein plausibles Szenario, jedoch nicht belegbar.

Alle paar Jahre greifen die Medien Millers Verschwinden wieder auf, denn nicht nur das Flugzeug wurde nicht gebor-

Glenn Miller schrieb mit seinen Arrangements und Eigenkompositionen Musikgeschichte.

gen, auch die zunächst vorgenommene Untersuchung enthält inhaltliche Lücken. Der amerikanische Historiker Dennis Spragg hat auf Bitten von Millers Verwandten sämtliche militärischen Unterlagen und Protokolle aus der Zeit gesichtet. In seinem 2018 erschienenen Sachbuch *Glenn Miller Declassified* kam er zu einem recht profanen Schluss: Die ursprüngliche Untersuchung war korrekt und nur aufgrund mangelnder Kapazitäten lückenhaft, nicht um etwas zu vertuschen. Die Propellermaschine muss über dem Ärmelkanal abgestürzt sein, tauchte jedoch auf dem Radar nicht auf, weil sie wegen des schlechten Wetters unterhalb der zulässigen Höhe flog. Weshalb kein Notruf aufgezeichnet wurde? Bei so geringer Höhe war vermutlich keine Zeit mehr dafür.

Der heilige Silvester

Um den Namensgeber des Jahreswechsels ranken sich viele Legenden. Wer war dieser Mann, der als Papst 21 Jahre lang in Rom regierte?

von Florian Welle

Am 31. Dezember heißt es mit Joachim Ringelnatz einmal mehr: »Die Kirchturmglocke schlägt zwölfmal Bumm. Das alte Jahr ist wieder mal um.« Doch nur die wenigsten werden wahrscheinlich bei Party, Sekt und Böllern einen Gedanken an jene historische Persönlichkeit verschwenden, der der Jahreswechsel seinen Namen verdankt: Papst Silvester I. Wer war dieser Silvester, der am 31. Dezember 335 n. Chr. in Rom starb, nach einem 21 Jahre währenden Pontifikat? Schaut man auf die Webseite von *Katholisch.de*, dem Nachrichtenportal der katholischen Kirche in Deutschland, erfährt man, dass er »als einer der bekanntesten Päpste der katholischen Kirche in die Geschichte« eingegangen ist. Dabei gründet sein Ruhm vor allem auf Legenden, heißt es weiter.

Was auf den ersten Blick verwundert, lässt sich auf einen zweiten womöglich mit jenem geflügelten Wort aus John Fords Western *Der Mann, der Liberty Valance erschoss* erklären, wonach man die Legende drucken soll, wenn sie zur Tatsache geworden ist. Freilich war der Buch- und Zeitungsdruck zu Silvesters Lebzeiten noch ein fernes Verspre-

Papst Silvester I. mit Gefolge beim Einzug in Rom, wo er vom Kaiser empfangen wird. Darstellung aus der römischen Basilika Santi Quattro Coronati (Die vier Gekrönten).

chen. Folgt man jedoch dem Ökumenischen Heiligenlexikon, begann die Legendenbildung bereits im 5. Jahrhundert, fand anschließend Eingang in den *Actus Silvestri* und Jahrhunderte später in die *Legenda aurea* des Jacobus de Voragine. Bei dieser Sammlung, zwischen 1263 und 1273 entstanden, handelt es sich laut dem Altphilologen Rainer Nickel um nicht weniger als das »am meisten gelesene und am weitesten verbreitete Buch des Mittelalters«.

Historisch Belegbares gibt es wenig über das Leben von Silvester I. Das fängt bei seiner Geburt an – in Rom, irgendwann um die Mitte des 3. Jahrhunderts. Und hört noch lange nicht auf mit der Frage nach seinem persönlichen Beitrag zur Tolerierung des Christentums durch Kaiser Konstantin. So schreibt das katholische Nachrichtenportal, dass

»sein Pontifikat vor allem deswegen Bedeutung« erlangt habe, »weil sich unter seiner Regentschaft im Römischen Reich die entscheidende Wende von einer christenfeindlichen hin zu einer christenfreundlichen Staatspolitik vollzog«. Und im Ökumenischen Heiligenlexikon findet man die Zeilen: »Weder bei der epochalen Hinwendung Konstantins zum Christentum noch bei der Bewältigung der kirchenpolitischen und dogmatischen Auseinandersetzungen spielte Silvester eine für seine Zeitgenossen erinnerungswürdige Rolle.«

Auffällig ist, dass Silvester I. bei zwei wichtigen Ereignissen nicht zugegen war: bei der Reichssynode in Arles im Sommer des Jahres 314, dem Jahr seines Amtsantritts. Und, eine Dekade später, beim Ersten Konzil von Nicäa, auf dem das erste christliche Glaubensbekenntnis verabschiedet wurde. Der eine oder andere brachte das Fernbleiben in Nicäa 325 mit Silvesters Alter in Verbindung. Dem steht entgegen, dass der Papst immerhin noch zehn Jahre leben sollte. Die bekannteste, weil folgenreichste Legende über Papst Silvester ist sicherlich die von der Konstantinischen Schenkung. Danach wurde ihm von Kaiser Konstantin unter anderem die Herrschaft über das Weströmische Reich zugesprochen, angeblich zum Dank für die Heilung von der Lepra. Doch nicht um diese Legende, die schon im Mittelalter als Fälschung enttarnt wurde, soll es hier gehen, sondern um weit weniger bekannte Heiligenerzählungen, die über das Kirchenoberhaupt erzählt werden.

Silvester wurde vermutlich im Jahr 284 zum Priester geweiht. Die Diokletianische Christenverfolgung erlebte er daher noch hautnah mit. Folgt man der *Legenda aurea*, die ihm das Aussehen eines Engels andichtete, ließ ihn der römische Statthalter Tarquinius ins Gefängnis werfen, nachdem er sich geweigert hatte, den heidnischen Göttern zu opfern. Zuvor prophezeite er dem Statthalter jedoch noch dessen Tod in der darauffolgenden Nacht.

Und siehe da: Während des Abendessens erstickte Tarquinius an einer Fischgräte, während Silvester unter Jubel wieder freikam. In einer Variante der Geschichte überlebte der Statthalter gerade wegen Silvesters Warnung und trat aus Dank zum Christentum über.

In einer anderen Legende berichtet Jacobus de Voragine von Silvester als Drachendompteur. Seit Kaiser Konstantin den christlichen Glauben angenommen hatte, hauste das Wesen in einer Höhle und tötete täglich viele Hundert Menschen. Silvester versprach dem Kaiser, es »mit der Kraft Christi dazu zu bringen, von allen seinen Untaten abzulassen«. Unterstützt vom Heiligen Geist, der ihm zuvor im Gebet erschienen war, gelang es ihm, den Drachen mit den Worten des Apostolischen Glaubensbekenntnisses zu zähmen und ihm anschließend das gifthauchende Maul zuzubinden.

Zum Unbegreiflichen, das man sich im Mittelalter über Silvester erzählte, gehört auch der Disput, den er mit Helena, der Mutter Konstantins, und zwölf Rabbinern geführt haben soll, an dessen Ende er einen Stier vom Tod auferweckte. Daraufhin ließen sich seine Widersacher taufen. Unstrittig indes ist, dass in die Amtszeit des Papstes die Entstehung bedeutender Sakralbauten fiel: von der ersten Peterskirche über die Basilika Sankt Paul vor den Mauern bis hin zur Lateranbasilika. Seine letzte Ruhe fand Silvester I. zunächst entweder in den Priscilla-Katakomben im Norden Roms oder in der darüber erbauten Kirche. Im 8. Jahrhundert wurden seine Reliquien in die Kirche San Silvestro in Capite in Rom umgebettet.

Der heilige Silvester, dessen Name übersetzt »Waldbewohner« bedeutet, gilt als Schutzheiliger der Haustiere und als Patron für ein gutes neues Jahr, einschließlich einer ertragreichen Ernte. Vorausgesetzt jene Bauernregel trifft nicht zu: »Silvester Wind und warme Sunnen, wirft jede Hoffnung in den Brunnen.«

Bildnachweis

S. 24: Rue des Archives / RDA / SZ Photo
S. 34: mauritius images / Peter Horree / Alamy
S. 37: picture alliance / Everett Collection
S. 43: Katharina Hesse / laif
S. 49: IMAGO / piemags
S. 59: picture alliance / dpa
S. 63: United Archives / TopFoto / SZ Photo
S. 69, 70: picture alliance / ASSOCIATED PRESS
S. 77: INTERFOTO / Granger, NYC
S. 84: gemeinfrei / Urheber unbekannt
S. 87: DeAgostini / Getty Images
S. 92: gemeinfrei / C2RMF
S. 97: Beinecke Rare Book & Manuscript Library, Yale
S. 103: Stefan Boness / IPON / SZ Photo
S. 109: United Archives / TopFoto / SZ Photo
S. 121: gemeinfrei / Urheber unbekannt
S. 125: Scherl / SZ Photo
S. 131: ullstein bild
S. 136: Rue des Archives / RDA / SZ Photo
S. 141: Stefan Boness / IPON / SZ Photo
S. 151: SZ Photo
S. 159: AdobeStock / benjaminzoeller.de
S. 165: gemeinfrei / https:// hdl.handle.net/21.15108/7135
S. 171: bpk / Smithsonian American Art Museum / Art Resource, NY
S. 175: 2007 Getty Images
S. 185: Rue des Archives / Tallandier / SZ Photo
S. 192: mauritius images / Art Collection / Alamy
S. 195: Rue des Archives / PVDE / SZ Photo
S. 205: Atish Waghwase
S. 209: United Archives / kpa Keystone / SZ Photo
S. 215: picture alliance / Everett Collection
S. 219: gemeinfrei / Courtesy of Dan W. Deluca
S. 223: Getty Images / Bettmann
S. 228: picture alliance / dpa
S. 231: Getty Images / ZU_09
S. 253: mauritius images / The History Collection / Alamy
S. 257: mauritius images / Ann Stewart / Alamy
S. 261: LMPC via Getty Images
S. 271: United Archives / kpa Keystone / SZ Photo
S. 273: mauritius images / Pictorial Press Ltd / Alamy, Urheber unbekannt
S. 279: gemeinfrei / Codex Manesse, UB Heidelberg, Cod. Pal. germ. 848, fol. 124R
S. 283, 289: gemeinfrei / Urheber unbekannt
S. 298: picture alliance / dpa
S. 303: picture alliance / dpa / Lothar Heidtmann
S. 311: Collection of the Maine State Museum
S. 324: picture alliance / akg images
S. 329: FIA / Rue des Archives / SZ Photo
S. 331: gemeinfrei / Peter1936F

Die Rechteinhaber einiger Abbildungen konnten trotz intensiver Recherche nicht ermittelt werden. Der Verlag bittet Personen oder Institutionen, welche die Rechte an diesen Abbildungen haben, sich zwecks angemessener Vergütung zu melden.

Hunderte weitere Geheimnisse aus der Geschichte
erwarten Sie in der Kolumne »Dem Geheimnis auf der
Spur« der *Süddeutschen Zeitung*.
Jetzt nachlesen unter: sz.de/dem-geheimnis-auf-der-spur